CB130004

EDITORA DO CONHECIMENTO

Auxiliando a humanidade a encontrar a Verdade

Rumo às Estrelas

© 2018 – Conhecimento Editorial Ltda

Rumo às Estrelas
H. Dennis Bradley
(*Tow ards the Stars*)

Todos os direitos desta edição reservados à
CONHECIMENTO EDITORIAL LTDA.
Rua Prof. Paulo Chaves, 276 – Vila Teixeira Marques
CEP 13480-970 — Limeira — SP
Fone/Fax: 19 3451-5440
www.edconhecimento.com.br
vendas@edconhecimento.com.br

Nos termos da lei que resguarda os direitos autorais, é proibida a reprodução total ou parcial, de qualquer forma ou por qualquer meio — eletrônico ou mecânico, inclusive por processos xerográficos, de fotocópia e de gravação — sem permissão por escrito do editor.

Tradução: Monteiro Lobato
Revisão: Mariléa de Castro
Projeto gráfico: Sérgio Carvalho
Ilustração da capa: Banco de imagens

ISBN 978-85-7618-479-9
1ª Edição – 2019

• Impresso no Brasil • *Presita en Brazilo*

Produzido no departamento gráfico da
Conhecimento Editorial Ltda
grafica@edconhecimento.com.br

Dados Internacionais de Catalogação na Publicação (CIP)
Angélica Ilacqua CRB-8/7057

Bradley, H. Dennis
Rumo às Estrelas / H. Dennis Bradley ; tradução de Monteiro Lobato — Limeira, SP : Editora do Conhecimento, 2019.
294 p.

ISBN 978-85-7618-479-9

1. Espiritismo I. Título II Lobato, Monteiro, 1882 - 1948

19-1826 CDD – 133.9

Índices para catálogo sistemático:
1. Espiritismo

H. Dennis Bradley

Rumo às Estrelas

Tradução de
Monteiro Lobato

2019

EDITORA DO
CONHECIMENTO

Sumário

Livro I

A busca da verdade

I - A arma dos deuses

Ergue-se o pano num palco singelo – Um drama mental de vida e morte – Por que o autor mandou Mefistófeles para o lixo – A Verdade entra – Salto no Desconhecido – A humanidade como um ajuntamento de loucos – Dolorosa imbecilidade – O autor discorre sobre a verdade

Ergue-se a cortina para o prólogo de um drama mental. Ação muito pouca, com as principais figuras permanecendo invisíveis.

No palco, nenhuma decoração que atraia os olhos, nem o tema da peça exige movimento físico. Mas a cada cena desdobrada, novos campos de conhecimento se abrem, que arrastam o investigador para novos rumos do pensamento.

O cenário está limpo. Mefistófeles, disfarçado em materialismo, foi varrido para o monte de lixo. Seus miasmas foram recalcados para as regiões mais baixas do pensamento. Os arranjos da invenção foram desprezados, a Verdade faz sua entrada em cena com a maior simplicidade e de todo despida de ornamentos.

Nada que lembre o carnaval da vida. Trata-se da maravilhosa realidade: a exploração dos mais ocultos recessos duma colossal verdade. Embora sejam as cenas que vão transcorrer mais espantosas que quaisquer outras ainda imaginadas, nem a ilusão, nem a imaginação tomaram parte nelas.

As palavras que os personagens invisíveis vão dizer não brotaram de mim. Também não é minha a filosofia que essas palavras encerram. Por isso, para ressalva do meu eu, não assumo nenhuma responsabilidade pelo que for dito, e como não quero impô-lo também não quero que o desnaturem.

Não exijo que aceitem minhas observações. Minhas são; só minhas; produtos da minha personalidade – e a minha personalidade, seja ela uma herança ou uma criação individual, é tudo quanto possuo.

No incompreensível plano da vida é insignificante a parte de cada pessoa. Tudo que podemos fazer não vai além de sintonizar-nos de modo a sermos sensíveis às mais delicadas vibrações da emoção.

Minha filosofia não é a de um asceta a viver na solidão dos seus sonhos, sim a da marionete no remoinho de uma grande metrópole, que subitamente vê abrir-se diante de si um imenso abismo; daí o salto que dá no desconhecido.

Só na amplidão do pensamento a magnificência da realidade pode ser concebida. Materialismo é morte. Todas as coisas palpáveis e que imaginamos reais são transitórias e perecíveis. Tudo que é material não vive.

O frágil, embora devastador, materialismo ameaça a nossa civilização. Mostra-nos a humanidade como um ajuntamento de loucos. É sanguissedento em todos os sentidos. Com os seus instintos de animalidade inferior, antagoniza o progresso mental.

Só a força das altas inteligências que o contrabatem evitará que esse rebanho de loucos – fidalgos e campônios – se destrua a si próprio.

A onipotência está no espírito, não na matéria – temos que aceitar isto.

Muitos considerarão loucura esta filosofia, e minhas ideias serão apresentadas pelos materialistas como argumentos favoráveis a suas teses, filhas de uma imbecilidade fatal. As etapas pelas quais tem que passar o gênero humano são fatais – decorrem do desígnio de poderes superiores.

A cada homem é dado o poder de afeiçoar o seu próprio destino. Eis a democracia estabelecida pelos deuses. Mas quando um descalabro material ameaça a existência do homem, sobrevém a intervenção.

O grande plano do Universo não poderia nunca ser baseado numa mentira ou numa ilusão. Quem olha para as estrelas compreende a insignificância da terra. Se pudéssemos nos deslocar para além da zona em que atua a força de gravitação do nosso planeta, então alcançaríamos a esfera do pensamento.

Nos instantes ele solilóquio a ação do drama se suspende, mas o drama continua em repouso sobre a pétrea solidez da verdade.

Verdade – a arma dos deuses. Para lhe compreendermos a força, temos que lhe analisar as qualidades. A verdade é a única trilha para o conhecimento ou descoberta da beleza eterna.

É devastadora a verdade, porque arranca do rosto do mundo a hipocrisia dos séculos. Única arma que destrói de um golpe os dogmas do evangelho do medo, criado para a escravização das criaturas; que anula as mentiras das leis feitas para a opressão; que desmascara as mentiras da reverencia tradicional, inventadas para retardar o progresso; e que esmaga as mentiras do patriotismo insular[1], impostas pelos materialistas afim de proteger seus ninhos.

Verdade – arma suprema que ousa combater os carunchosos ideais do passado. Vede a Europa: um deserto em que o mais rígido materialismo figura de deus supremo. Como oferendas, recebe sacrifícios de sangue e os tesouros da arte e da ciência. A bárbara dança da guerra perpetua-se diante dos seus olhos.

Esse deus carnívoro devora a alma do homem. É ele, na verdade, um meio para alcançar um fim, mas esse fim é morte, porque o materialismo vale pelo beco sem saída da vida; é uma ilusão, porque seus frutos apodrecem antes de colhidos.

O mundo, em geral, aceita ou deseja a verdade? A grande maioria considera a verdade uma crueza ou uma extravagancia? Pode qualquer dos governos existentes revelar aos tristes e malconduzidos governados quais os seus verdadeiros desígnios? Não são todas as formas de governo baseadas no dogma do medo, falsa doutrina que está levando todos os países à bancarrota?

[1] O autor é inglês e se refere ao patriotismo pragmático das Ilhas Britânicas.

O intelecto se tornou suspicaz, porque só vê a verdade como mentira pragmática, ajeitada para manter as maiorias sob o entorpecente da estupidez.

E, tanto assim, que quando uma grande Verdade é descoberta recebem-na com ceticismo, e muitos anos se passam antes que ao rebanho seja permitido entrar-lhe no conhecimento. E se essa Verdade, embora tenha a seu favor todas as provas, se apresenta em condições de perturbar o equilíbrio das forças sociais, religiosas e políticas, todos os esforços são empregados para escondê-la ou suprimi-la.

Este livro contém em si a Verdade.

Logo depois de entrado no drama mental que ele descreve, minha filosofia me arrasta a não esconder o asco que sinto pelos dirigentes da terra e seus estúpidos dirigidos.

Minhas palavras eu as lanço à gente viril da nova geração. Tenho repugnância à decadência dos espíritos gastos. Para estes, só o chicote do meu desprezo.

Trago uma nova luz para as inteligências livres. Urna nova revelação.

Urna grande Verdade.

A Verdade – eis a arma dos deuses.

II - Revelação

Aparecem Joseph De Wyckoff e George Valiantine – Por que o autor detesta hinos – O quinto ser – O autor fala com sua irmã falecida – Acontecimento extraordinário – Os reinos do desconhecido – O pêndulo entre a vida e o Além – "O peso. do conhecimento se atenua com a leveza do riso" – A gravidade é a carga dos asnos" – Espíritos

16 de junho, 1923

Em junho de 1923 fiz minha primeira entrada na América, e depois de uma semana de visitas encontrei-me dono do meu tempo.

A vida em New York, Filadélfia e Atlantic City não me impressionou nem me seduziu, mas meu intento aqui não é analisar a vida americana. Direi apenas que depois de fazer o que para lá me levara, tive oportunidade de aceitar o convite de um amigo, Joseph De Wyckoff, para uma estadia em sua casa de campo, Arlena Towers, em Ramsey, estado de New Jersey. Ramsey fica a 25 milhas de New York, de modo que eu podia ir e vir de carro, sempre que quisesse.

Arlena Towers está situada num lugar alto e lindo. Consta de duzentos ou trezentos acres de terras agradavelmente afeiçoadas, de um lago onde se pesca peixes para o almoço e de um campo de golfe onde os da casa exercitam os músculos.

De Wyckoff é russo de nascimento, mas vive na América há mais de 30 anos. Inteligente, hábil, crítico, astuto. Na profissão de advogado, que exerceu, acumulou muita riqueza.

Em Arlena encontrei outro hóspede, Joseph Dasher, rapaz de vinte anos, estudante.

Dos meus encontros com De Wyckoff na Inglaterra vim a saber que era dado a estudos de espiritualismo, e sobre o tema conversamos ligeiramente. Mas eu nada conhecia do assunto, que além de interessar-me muito pouco eu encarava com o maior ceticismo.

Em Arlena Towers, De Wyckoff perguntou-me se desejava assistir a uma sessão espírita, ou o que quer que fosse. Respondi que sim, vendo nisso apenas algo de divertir, e ele telefonou a um médium de nome George Valiantine, convidando-o a passar conosco o fim da semana.

❄ ❄ ❄

Antes do jantar, nesse sábado de junho de 1923, tive curta palestra com Valiantine. Psicólogo nato e estudioso do caráter das pessoas, formo minha opinião sobre os homens dentro de poucos minutos.

Até então jamais me encontrara com um médium, genuíno ou simulado, e por isso aquele me interessou como bem típico. Deu-me a impressão de um americano comum, simples no trato e no falar. Não sabia expressar-se com fluência; não revelava educação superior nem leituras. Mas não percebi nele os silêncios capciosos, as evasões hábeis ou a exuberância efusiva que trai os charlatães ou os piratas.

Tinha a voz normal e agradável, mas como que denunciativa de escassa educação. Anoto este detalhe pela importância que tem na sequência desta história.

Fomos quatro para a mesa: De Wyckoff, Dasher, Valiantine e eu. A Lei Seca estava em vigor, mas apesar disso ou podia louvar a adega do meu anfitrião. Naquela noite, entretanto, só tivemos água gelada. Não gostei, mas apreciei a precaução; ninguém poderia atribuir ao álcool nada do que ocorresse.

Terminado o jantar e tomado o café, conversamos por meia hora mais ou menos sobre vários assuntos, nenhum deles ligado ao espiritualismo. Em seguida fomos para o quarto onde ia realizar-se a sessão.

Quarto de toalete, com ampla janela de sacada e porta para o banheiro – o banheiro que o separava do meu dormitório. Outra porta para o corredor. Mobília simples. Antes de aberta a sessão as portas foram fechadas e encostadas com móveis. Impossível a alguém entrar ou sair.

Dos quatro presentes eu podia atestar a integridade mental de três – a minha, a de De Wyckoff e a de Dasher; este jamais assistira a uma sessão espirita.

De Wyckoff colocou nos pulsos do médium uma fita fosforescente, de modo que pudéssemos no escuro discernir o movimento de suas mãos. Sentamo-nos em círculo, ou melhor, nos quatro cantos de uma mesa, afastados uns cinco pés um do outro. No centro colocaram-se duas cornetas de alumínio, com as extremidades fosforescentes. Quando as luzes elétricas foram apagadas, tive a impressão de que tudo não passava duma idiotice. Como pessoas inteligentes se submetiam a coisas tão infantis? Pus-me a imaginar de que maneira um homem fino como De Wyckoff pudera ser induzido a perder tempo com tais bobagens.

Quedamo-nos sentados e a conversar em tom natural sobre várias assuntos – mas é coisa insulsa isso de conversa de matar o tempo, sobretudo quando só entre homens. A hora se passava sem que nada sucedesse. Cantamos o "Tipppe-rary", o "John Brown's Knapsack", o "Clementina" e outras coisas na moda que nos foram ocorrendo. Nenhum tinha voz aceitável, sendo a minha a pior de todas. Retomamos depois a conversa – e comecei a aborrecer-me e a filosofar sobre a estupidez humana. Que pena! Perder meu tempo ali, quando na biblioteca existiam livros que eu desejava ler e uns conhaques que me sabiam tão bem. Muito preferível a rotina usual da vida àquela estulta exibição ele imbecilidade.

Depois cantamos hinos. Isso foi pior. Podia ser ótima a intenção, mas sempre tive horror à miserável música dos hinos. Também lhes detesto os versos maus, e minha inteligência se revolta com o rastejante pedinchamento à Deidade, a qual até deve ofender-se com tão ineptas reiterações.

Vinte minutos se passaram assim. Se o propósito de tais cantorias era alcançar dos presentes uma certa passividade mental, criando uma atmosfera ele comunhão de pensamentos, confesso que de minha parte o resultado não foi atingido. Por felicidade a expressão do meu rosto não podia ser vista no escuro; meu nariz estava torcido demais e meus lábios só denunciavam desprezo.

Eis a minha atitude mental naquele momento; a princípio, meio interessado na "brincadeira"; depois, irritado; depois, com a irritação transformada em desprezo. Nenhuma esperança de ilusão, de encantamento, de exotismo; nada além dum cérebro frio já cansado com aquela excepcionalmente sonífera exibição.

Foi quando, sem nenhum aviso, o assombroso aconteceu.

***

Sobreveio repentino e profundo silencio, e senti a presença de alguém mais no quarto. Suave voz de mulher soou. Chamava-me pelo nome, e essa voz, vinda da distância de um metro à minha direita, revelou-se-me cheia de ternura. Conservei minha calma habitual e o meu senso de observação. Não me senti nem de leve perturbado ou afetado, e foi em tom natural que respondi: "Sim". Meu nome de batismo foi repetido duas vezes. A voz mostrava-se alegre como a dum amigo que revê outro depois de longa ausência.

– Sim, estou aqui. Que tem a me dizer?

– Oh, eu te quero muito, muito! exclamou a voz. Essas palavras foram ditas num tom carregado de beleza e ternura. Muitas vezes na minha vida comum as ouvi equivalentes, simplesmente faladas ou declamadas pelas grandes atrizes, mas nunca com aquele indizível acento de ternura.

Meu espírito consultou a memória, na tentativa de achar no passado quem assim me amasse, mas nada descobriu.

– Poderá dizer-me quem fala? Indaguei.

– Annie, foi a resposta.

Tive num relâmpago a compreensão de tudo, mas com o natural ceticismo de quem pela primeira vez defronta o explicável, pedi que se identificasse melhor.

– Annie, sua irmã.

Sim, ela, Annie! – e pusemo-nos a conversar em voz clara, perfeitamente audível, como conversam duas criaturas da terra; e mutuamente nos dissemos mil coisas maravilhosas.

O diálogo foi ouvido por todos os presentes, nenhum dos quais sabia das minhas relações com Annie, nem sequer que eu tivera uma irmã com esse nome, falecida dez anos trás.

Eu e Annie tínhamos sido duas criaturas afins, com uma compreensão recíproca bem pouco vulgar entre irmã e irmão. E dado o meu temperamento inquieto, irritável, indagador e insubmisso, essa afinidade foi coisa que não senti para com qualquer outro membro da minha família.

Compreensão inexprimível, e nem sequer articulada, porque a articulação era desnecessária. Um pouco mais idosa que eu, Annie possuía muita leitura e um intelecto por demais desenvolvido para que os tolos a apreciassem.

Tinha a voz suave e finamente modulada, e sua dicção em público era única. Jamais encontrei mulher que falasse como ela.

Naquele momento, ao dirigir-se a mim depois de dez anos de separação, falou-me com todas as peculiaridades da sua maneira pessoalíssima de dizer. Cada sílaba tinha a pronunciação perfeita de outrora; a entonação, a mesma.

Durante quinze minutos conversamos sobre assuntos que só a ela e a mim nos era dado conhecer.

Disse Annie que por vários anos tentara comunicar-se comigo; que nunca me abandonou; que sempre me tem guardado e acompanhado em minhas viagens. Sabia dos livros que eu escrevera e de outras coisas sucedidas depois de sua morte. Disse que quando eu ficava só em meu quarto, a trabalhar, seu espírito vinha para meu lado e procurava facilitar meu pensamento. Ao discutir meus livros revelava doce e delicada timidez de voz. "Quando você está escrevendo, eu sempre procuro ajudá-lo."

Perguntei de sua vida no Além, e respondeu-me estar perfeitamente feliz. Vida sem dor – maravilhosa!

Estava radiante de ter descoberto meio de comunicar-se comigo. Conversamos tanto, e tão intimamente, que por fim nos sentimos vexados de estar tomando quase todo o tempo da sessão com uma palestra assim pessoal. A nota dominante na fala de Annie era a da alegria máxima – a alegria da eternidade, a magnificente alegria da sobrevivência, da certeza de progressos sobrenaturais, do conhecimento do que para nós é inconcebível.

Antes que se retirasse perguntei-lhe se viria a conversar comigo na noite seguinte. Prometeu-me que sim.

Dissemo-nos "Boa noite!" – e no ar soou o ruído de um beijo.

❋ ❋ ❋

Eis o singelo relato do mais espantoso acontecimento da minha vida. Mas desde o primeiro instante tudo me pareceu natural; o sobrenatural tornou-se-me natural e aceitável à razão. A dúvida desaparece quando uma prova esmagadora a defronta; o espírito instantaneamente passa a aceitar o que até então lhe parecia absurdo.

Críticos literários chamam-me céptico, cínico, iconoclasta. A linguagem de sempre, em todos os casos em que as máscaras da mentira e da hipocrisia são arrancadas – as máscaras com que, na sua fraqueza, a grande maioria procura disfarçar-se. Quando a hipocrisia esconde qualquer coisa, temos que olhar isso como um insulto à inteligência. A prostituição não pode dar-se como virtude.

A verdade tem que ser aceita com as calorosas boas-vindas devidas a um raro porém honroso viajante.

Logo que me defrontei com a maravilhosa verdade revelada por minha irmã, recebi-a com o respeito e a atenção que lhe era devida. Como eu não mortificasse Annie com vulgaridades dubitativas, foi-me dado receber em poucos minutos o conhecimento completo e a prova perfeita da existência de esferas supraterrestres. A despeito das inumeráveis religiões, ainda no coração dos que as aceitam e praticam subsiste uma considerável dose de dúvida quanto à sobrevivência depois da morte. Para as pessoas de intelecto desenvolvido é tão forte esta dúvida, que o mais que podem admitir é a possibilidade de alguma forma de vida além da comum; mas esta crença tem muito de ficção imaginativa determinada pelo medo da morte. Contemporâneo da mais devastadora guerra da História e dos efeitos igualmente devastadores da paz, vivendo na era do tumulto feito governo e do ódio erguido à categoria de suprema lei humana, eu não achava razão nenhuma para que a vida do homem fosse eterna. A civilização tornara-se-me uma farsa e a palavra humanidade um nome sem sentido. Alegar a superioridade do homem sobre os outros animais soava-me a absurdo. Os animais têm a inteligência de não se exterminarem a si próprios.

Era assim que eu pensava em Arlena Towers, naquela noite de junho. Gélido de temperamento, determinado a lutar com boas armas na guerra da vida e a proteger-me a mim e aos meus, ser-me-ia impossível, quando a hora derradeira sobreviesse, agarrar-me à fé vicejada em meu peito nas primeiras fases da vida – e arruinada quando verifiquei a podridão circundante.

Minha glacial faculdade crítica não passa de criação minha, filha da minha desilusão. Constitui agora parte de mim mesmo, que reterei sempre, tanto nesta como em outra vida que eu eventualmente alcance.

Ponho aqui esta explanação do meu temperamento como réplica a qualquer sugestão de sentimentalismo emotivo, explicativo das maravilhosas experiências e do grande conhecimento que adquiri durante estes últimos meses.

Quando a narrativa das minhas experiências apareceu no "Daily News", de Londres, um amigo, que além de ser um dos maiores escritores ingleses é um dos mais fecundos intelectos que conheço, confessou que, conhecendo-me como me conhecia, tinha de aceitar a verdade do relato, mas que o explicava como um extraordinário fenômeno de subconsciência.

Esta teoria do subconsciente constitui o recurso último dos adiantados que ainda não vieram a conhecer por experiência própria a maravilhosa realidade.

Mas não vejo possibilidade do subconsciente. produzir a conversa realizada entre mim e minha irmã. Ainda que o subconsciente pudesse produzir sons audíveis, esses sons só poderiam ser ouvidos pela fonte que os emanou.

Ao dar-se aquilo, porém, eu não estava pensando em Annie; estava mesmo tão longe dela que tive de voltar-me ao passado para recordar sua voz.

Para satisfação dos cépticos, deixem-me analisar as passiveis hipóteses de truques por parte de Valiantine.

A imaginação nenhum papel representou em nossa experiência. Tenho ouvidos de extraordinária agudeza. A voz não partira da boca do médium, nem sequer do lado em que ele se achava. Valiantine não se moveu da sua cadeira, nem caiu em transe, nem fez nenhuma sugestão, nem tomou a menor parte no caso, desde que minha irmã começou a falar até que nos deixou. Permaneceu imóvel, calado, atento.

A hipótese de ventriloquismo é grotesca. Homem nenhum consegue imitar, sem o uso da boca, as qualidades da voz natural; e além disso ninguém poderia falar com as características de Annie, com a sua enunciação individual, sua escolha de palavras e seu conhecimento de fatos só dela e de mim sabidos.

Quem de súbito chega a um ponto do caminho de onde descortina a filosofia da vida e do Além, é natural que demore os olhos surpresos na paisagem nunca sonhada. As portas do intelecto abrem-se-lhe de par em par e novos campos de conhecimento convidam-no a viagens de descoberta.

Mas por mais que nosso espírito revoe alto e se esforce, as limitações terrenas impõem-nos a atitude da criança que pela primeira vez demora os olhos no alfabeto.

Neste livro descreverei minhas experiências e o que delas decorreu. Pouco importa que os leitores aceitem minhas teorias ou minha filosofia. Não sou nenhum missionário em procura de prosélitos.

A coisa única que proclamo é a verdade da narrativa. Não a embelezo com decorações e arranjos.

Creio que a Verdade é a grande força oculta do imo da criação. E creio também que é tempo dessa verdade abrir-se para o coração dos homens. A Verdade repousa sobre sólidos alicerces e não pode ser confundida com a fantasia e a ilusão.

A Verdade que me foi mostrada ergue-se sobre o pedestal indestrutível de um fato; de um fato inexpugnável aos ataques da dúvida, e por sua substância espiritual refratário a qualquer tentativa material de negação.

Desde o primeiro momento esse fato deixou de ser um

objeto de dúvida, porque se tornou matéria de conhecimento. E com este conhecimento meu cérebro, limpo dos embaraços da filosofia material, sentiu-se livre de erguer-se ás paragens do desconhecido.

Se me demorei na análise da origem do meu novo pensamento, foi porque a tenho como a solidíssima base que alcancei de súbito e que me habilitou a em poucos meses realizar tremendos voos mentais.

Depois da partida de minha irmã a sessão prosseguiu por ainda duas horas, durante as quais cinco novos espíritos vieram conversar conosco, cada qual falando com o seu acento personalíssimo.

As vozes vinham de vários pontos do recinto. Vinham como que do teto, ou do alto dum dos cantos do aposento. De nenhum modo podiam ter sido obra dum ventríloquo, já que às vezes partiam de vinte pés distante do médium.

Se alguém aventar a ridícula hipótese de ventriloquismo, terá de admitir que Valiantine é o maior mimico e o maior ator falante que o mundo jamais viu, visto que nessa noite seis tipos distintos de vozes foram ouvidos, com suas peculiaridades pessoais de cadencia, sonoridade e inflexões.

Mas essa hipótese desaparece em absoluto diante do fato de Valiantine falar simultaneamente com as vozes do Além. Em dados instantes sua fala se misturava à do espírito, como acontece nos salões em que se reúnem várias pessoas.

As cornetas de cima da mesa só foram usadas por um ou dois espíritos. O recurso às cornetas vem de que aumentam o volume das vozes fracas. Uma ou duas vezes antes da entrada do espírito já a corneta flutuava no ar e circulava pelo recinto.

❄ ❄ ❄

O segundo espírito que se manifestou foi o do ocupante de Arlena Towers antes de De Wyckoff. Anunciou-se como Artur Brandise, de quem, pouco antes de sua morte, De Wyckoff adquirira a propriedade. A conversação entre o antigo e o novo proprietário correu muito pessoal e fluente. Brandise confessou-se feliz na esfera para a qual havia passado. Nada o poderia fazer retomar a vida na terra, mas apesar disso conservava o seu interesse pela propriedade e gostava de conversar a respeito dela. Comentou várias modificações exteriores que De Wyckoff havia realizado.

O seguinte a aparecer foi um índio canadense, que falava francês e mau inglês. Anunciou-se como "Kokum" – e era um dos espíritos-guias de Valiantine. O aparecimento de Kokum foi dramático. Do alto do teto desceu uma voz poderosa, como jamais conheci nenhuma, que exclamou: "Kokum, aqui." Sua voz grossa de baixo profundo encheu o quarto e fez-me rir. O índio manteve conversa com todos os presentes. Eu pouco tive que perguntar-lhe, mas o que perguntei me foi respondido de modo agradável.

De Wyckoff já se comunicara com ele anteriormente e sabia sua história. Pediu-lhe para cantar, e o índio, depois alguma insistência, rompeu com "La Paloma".

Nunca em minha vida encontrei voz igual – de ouvir-se a um quarto de milha distante. Não havia nela nenhuma qualidade musical mas o volume era tamanho que me provocava o riso. Isso enfadou o índio, que parou e declarou não continuar porque eu me ria dele. Foi-lhe explicado que meu riso vinha apenas da surpresa diante de tanta força vocal – explicação que o satisfez e o levou a prosseguir. Depois que concluiu e recebeu nossos agradecimentos, ocorreu-me perguntar-lhe se o dono de tal voz possuía força correspondente – e se queria tocar-me.

Num segundo, dedos invisíveis bateram-me na cabeça amistosamente.

Descrevo em tom leve este incidente não só porque o merece como porque tal tom se sintoniza com o meu estado de espírito na ocasião; mas devo frisar que essa voz gigantesca soava dentro do quarto e estou certíssimo de que nenhum dos presentes poderia produzi-la.

Assim como na terra o pêndulo oscila entre a farsa e a tragédia, será que em outras esferas oscila entre a beleza e o divertimento? Devemos admitir que a inteligência no além possua tantos graus de variação como sucede a nossa inteligência aqui? Continua o espírito a aprender e a desenvolver-se?

Impossível alcançar de chofre os cumes do conhecimento

– nem mesmo em séculos. Estamos ainda na primeira infância, e em outro plano passaremos a uma segunda infância.

O peso do conhecimento é aligeirado pela leveza do riso. A seriedade absoluta nunca pode gerar convicção, e sua esterilidade denuncia falta de inspiração. Na terra a seriedade pesada constitui a carga dos asnos. O homem de sabedoria traz o humor a flor da pele.

❋ ❋ ❋

Logo depois da retirada de Kokum apareceu um espírito a falar em dialeto irlandês. Já havia, disseram-me, se manifestado em outras ocasiões e foi reconhecido e saudado por De Wyckoff e Valiantine. Pat O'Brien, chamara-se na terra o homem habitado por esse espírito, já morto havia quarenta e dois anos. Fora carpinteiro em Chicago; a morte o havia colhido em viagem de retorno à Irlanda.

A conversa entre Pat, De Wyckoff e Valiantine revelou-se cordial e amiga, pontilhada aqui e ali de toques de alegria. Isso me interessou muito mais que um chá elegante no Mayfair.

Também trocamos frases, e em certo ponto De Wyckoff interveio, dizendo: "Suponho, O'Brien, que Bradley é irlandês, embora o não proclame." Mas O'Brien não concordou, e, em tom levemente agressivo: "Não é irlandês, não. Sim, um pequeno John Bull."

Penso que Pat me julgou pela aparência física, porque já um repórter americano me havia descrito como "um inglesinho alerta que parecia recém esfregado ". Esse aspecto físico, e também o fato de nas minhas réplicas não denunciar-me como irlandês, fez que Pat não se iludisse. Não obstante declarei-lhe que minha gente viera de Galway, mas que eu fora educado em Londres. Isto de nenhum modo o impressionou, e creio mesmo que não me deu crédito.

Por fim a personalidade de Pat O'Brien desapareceu do quarto.

❋ ❋ ❋

Depois deste irlandês surgiu um espírito que falou em

voz extremamente aguda. Vim a saber que era Bert Everett, o principal espirita-guia de Valiantine. Aparece sempre em todas as sessões. Everett foi cunhado do médium, tendo falecido havia já dezoito anos. Graças a ele é que Valiantine descobriu suas faculdades mediúnicas.

Um espirita excepcionalmente alegre, o de Everett; tinha o habito de rir-se gostosamente ele tudo. Falava com rapidez e muita volubilidade, sempre bastante pessoal.

Perguntei-lhe umas tantas coisas sobre a existência dos espíritos, e, seguro de si, suas respostas foram claras e fáceis.

Sua filosofia era a seguinte. A comunicação entre os espíritos e os da terra tem por fim estabelecer a fé na imortalidade. O pensar é a coisa mais importante da vida. Pensamentos invejosos, ou maus em geral, perturbam-nos, restringem-nos a atmosfera. Um homem é literalmente o que esse homem pensa. Seu caráter resulta da soma dos seus pensamentos. O árduo e construtivo trabalho mental dá origem a desenvolvimentos felizes e a indizíveis bênçãos. Na terra foi Everett muito estreito em sua religiosidade; há carolice excessiva nas religiões cristãs, disse ele. Mas antes melhorou do que piorou com a prática da religião. O amor é o segredo da vida. E o ódio, a coisa pior. Esses dois sentimentos determinam fortes vibrações; o amor, vibrações harmoniosas; o ódio, vibrações discordantes.

Ficaram para sempre em minha memória as suas últimas palavras antes de retirar-se. Não foram pronunciadas dramaticamente, mas com firmeza e convicção. "Só existe uma grande realidade: a imortalidade."

❄ ❄ ❄

Ao tempo da partida de Everett estávamos já com mais de duas horas de sessão, mas a despeito das pausas o tempo havia corrido com rapidez.

Começamos a discutir se poríamos fim aos trabalhos. Súbito, um som inarticulado se foz ouvir: uma das cornetas moveu-se, ergueu-se pequena altura e caiu. A seguir, um som assobiado. Novamente a corneta ergueu-se, como se movida por considerável esforço e dela saiu um murmúrio impossível de ser interpretado. Perguntamos quem estava querendo falar. Aos poucos a voz ganhou intensidade e enunciou um nome novo para nós. Com dificuldade e gradativamente, sempre por meio da corneta, viemos a saber tratar-se do espírita de um Dr. Krauskopf, que desejava confiar-nos certa mensagem. Sua voz gutural foi lentamente adquirindo força, até que soou alta. Tinha um rude acento judaico, muito pronunciado.

Esse espírito mostrava-se desesperadamente ansioso por fazer-se entendido, o que muito prejudicava a sua manifestação. Impaciente em excesso. Só depois que lhe pedi o nome letra por letra, é que pudemos identificá-lo.

Joseph Dasher ajudou-me a reter as letras. Era o Reverendo Dr. Joseph Krauskopf, morador na Avenida Prilaski n.0 4715. em Filadélfia, graduado pelo Seminário Hebraico de Nova York e autor de várias obras. Havia morrido seis dias antes. (Esse espírito usava a palavra "morrer", embora os médiuns espiritualistas, bem como os espíritos, nunca falem assim; dizem "passar". Tem sua significação o fato de Krauskopf inconscientemente empregar uma expressão da terra). Seu corpo, disse-nos ele, fora cremado, e muitas vezes seus colegas e amigos debateram um ponto: se a cremação afetava a vida do espirita. A mensagem que ele queria transmitir-lhes era esta: "O espírito sobrevive à cremação."

Logo que a recolhemos, Krauskopf emudeceu, dando-nos a impressão de ansioso por afastar-se, como se estivera muito apressado e só aparecesse para aquilo.

Deixou-nos depois destas palavras: "Muito vos agradeço, meus senhores, pelo serviço de levardes minha mensagem aos amigos." Apesar da polidez do agradecimento notamos a autoridade do tom, mais reveladora de uma personalidade autoritária do que de alguém que pede. Utilizava-se de nós como de quatro simples mensageiros, o que não deixou de me ofender.

O mais curioso foi revelar tamanha pressa em ir-se que, começando sua frase de agradecimento no meio do quarto e através da corneta, derrubou-a logo a seguir e disse a última palavra já longe de nós, num dos cantos do teto.

Uma saída extraordinariamente viva – impaciente, urgente, dramática e real. Cena tão prodigiosa, que se não fora o anterior colóquio com minha irmã eu a teria tomado como ilusão.

❄ ❄ ❄

Meia-noite; levantamos a sessão, acendemos as luzes, arrumamos os móveis e fomos tomar qualquer coisa no cômodo próximo.

Valiantine achava-se em condições perfeitamente normais, o mesmo se dando com os outros; na realidade ele não fizera nada, além de conservar-se sentado e falar com os espíritos, como todos nós o fizemos. Suas faculdades mediúnicas parecem-me prodigiosas. Funciona como instrumento de produzir comunicações apenas. Não age como receptor; as vozes não se manifestam pela sua boca, nem sequer partem do lugar onde ele está. Um perfeito magneto passivo.

❄ ❄ ❄

Qualquer tonto imaginará explicações para tudo isto; um homem inteligente apenas conclui pela realidade do sobrenatural.

❄ ❄ ❄

Foi-me agradável comer um sanduíche e beber um brandy com soda, e foi-me esplendido sentir que aquele sonho nãp o era, e sim a verificação da eternidade. As figuras desconhecidas com as quais me comuniquei permaneceram reais quando o acender das luzes nos restabeleceu a visão física; mas a estranha luz do novo conhecimento passou a brilhar como um farol plantado na rocha diamantina da verdade – luz inextinguível, que assalto nenhum apagará, que desafio nenhum apequenará. Eu havia conversado com o. espirita de minha irmã sobre coisas desconhecidas e inexplicáveis...

III - Segunda visita

> O autor recolhe-se e reflete sobre as revelações da noite – Uma presença invisível – A aurora – "Ela voltou e falou-me de novo" – Provando o miraculoso – Chicote para a estupidez humana – "Não há morte" – "O espiritualismo não é para os débeis" – Conversa em espanhol

Só depois da meia-noite me recolhi. Eu havia passado por uma tremenda revolução mental, mas como possuísse mentalidade filosófica, não me senti excitado, nem perturbado. Testemunha dos horrores da guerra, a morte não me impressionava, ainda que significando silêncio eterno. A humanidade fez tão horrível tumulto de si própria que nos autoriza a rir-nos dela com desprezo, a gargalhar para a sua corrupção e a vivermo°s com plena expansão do nosso egoísmo no deleite da beleza física e da cultura mental com as poucas criaturas que nos interessem neste rebanho de loucos.

Desconheço o que seja o medo. É emoção inédita para mim. Se fosse posto a tormentos, minha principal reação seria de cólera ante essa inútil estupidez. Quanto ao medo mental, não existe em meu cérebro brecha por onde ele entre. Um desafio eu o recebo como estímulo tão precioso como o caviar. É ao que chega neste mundo o intelecto filosófico. Desilusão completa.

Se o termo da aventura da vida na terra é apenas fumo, que o fogo crematório reduza tudo a cinzas e sejam elas lançadas ao vento com um gesto de desprezo ante o nada que aquilo é.

E como eu não tinha medo da morte que leva ao nada, assim também nenhum medo senti da morte que nos leva a um novo plano ou esfera – já que é uma esfera onde continuamos a progredir. O pêndulo oscila. Na mocidade vai para a fé e as grandes esperanças; depois move-se para a desilusão de tudo; por fim se volta para as estrelas – e há conhecimentos novos e campo virgem para a imaginação.

***

Posso dormir a qualquer hora e sempre que queira. O sono me vem imediatamente, de noite, de manhã, de dia, de tarde; numa festa tediosa, num soporífero jantar solene, num tumultuário *meeting* político, num *night club* quando não estou dançando. Posso dormir com os olhos abertos e enquanto falo – e conservar-me livre para os meus sonhos...

Quando naquela noite apaguei as luzes e deitei-me, procurei afastar do espírito o pensamento de tudo quanto sucedera afim de dormir imediatamente. Dentro de alguns segundos, entretanto, senti algo esquisito: uma leveza, como se meu corpo estivesse a levitar-se da cama. Imaginação, pensei. Mas a coisa continuou. Discuti comigo mesmo, chamando-me idiota de estar a iludir-me e tentado a aceitar a ilusão como realidade. Mas era de fato um movimento físico, que continuou com maior vibração e maior sensação de leveza.

Súbito, a minha cama entrou a oscilar suavemente e ergueu-se acima do assoalho. Friamente argumentei comigo mesmo sobre o caso, durante uns cinco minutos. Andava por ali mais alguém; eu já admitia a possibilidade de comunicação com o invisível. Mas estava muito saturado das revelações da noite e sem desejo de mais. Tão cansado que só queria uma coisa, dormir.

Nada de medo em minha atitude, apenas cansaço. Ergui-me e acendi as luzes.

Aqueles fenômenos de movimento não eram imaginárias, como veremos adiante.

Dormi de luzes acesas e dormi calmamente; acordei de madrugada, bem disposto, a tempo de apagá-las antes que trouxessem o café.

Linda manhã de junho, tão agradável que o lado físico da minha natureza exultou de prazer eufórico.

Fui com os demais para o desjejum – café e delicioso melão *cantaloup*. Contei por alto os sucessos da noite. Estávamos na terra e nessa manhã a terra me parecia juvenilmente boa.

❋ ❋ ❋

Depois do desjejum conversamos sobre o espírito do Dr. Joseph Krauskopf. Na lista telefônica de Filadélfia descobrimos o endereço que ele nos dera. Pedimos ligação. Ninguém nos atendeu. Tentamo-lo mais vezes, a intervalos – e nada. Na lista de New York havia mais um Krauskopf, o Dr. Paul Krauskopf. Telefonamos-lhe e fomos atendidos. Inquirimos do Dr. Krauskopf de Filadélfia, parente do Dr. Paul talvez. Não; não era parente, foi a resposta, apenas conhecido. "Então não sabe que ele morreu segunda-feira passada?"

Esse Dr. Krauskopf, como pude verificar depois, era homem muito conhecido e autor de vários livros, de modo que a notícia ele sua morte aparecerá nos jornais. Nós, entretanto, jamais tínhamos ouvido pronunciar o seu nome. A primeira vez foi quando o seu espírito nos procurou.

❋ ❋ ❋

Perambulei em companhia de Valiantine por uma hora e tanto, e a impressão recebida confirmou a do primeiro momento. Nascera na América e jamais viajara no estrangeiro. Levei-o a falar de si, de suas faculdades mediúnicas, de sua força. Não me pareceu do tipo materialão ou mercenário. Trabalhava na indústria de pedras de afiar e frequentava com regularidade sessões espíritas, sem nada receber por isso.

Se Valiantine por acaso empregasse truques, então seria de tirar-se-lhe o chapéu como a homem mais hábil em malandragens do que todos os primeiros ministros da Europa.

A tarde, antes do chá, a filha de De Wyckoff, Josephine Withstaniey, moça de feições de Madona que eu conhecera em Londres, apareceu com o marido, vinda de carro de New

York. Ficaram para jantar e foram convidados para a sessão da noite. Excusaram-se; tinham compromisso em New York. Vim a saber que o casal não cria nem descria no espiritualismo; muito moços ainda e cheios de vida, não sentiam nenhuma necessidade de interessar-se por outros mundos, tão bem se achavam neste.

De Wyckoff, tipo do experimentador que investiga sempre, procurava aumentar o número dos assistentes às sessões para dispor de mais elementos de verificação. Como a filha e o genro não pudessem ficar para a noite, consultou-me a propósito de convidar a sua cozinheira e o copeiro. Essa cozinheira, uma espanhola de nome Anita Ripoll, nada conhecia de espiritualismo, nem jamais assistira a nenhuma sessão. Havia enviuvado de seis meses, de um marido também espanhol, morto de pneumonia e que não estivera a serviço de De Wyckoff.

O copeiro, Percy Wheatley: tipo do bom criado inglês, inteligente, muito bem educado, perfeito de maneiras, minuciosamente atento a todas as necessidades dos hóspedes. Naturalmente céptico, tinha comparecido a sessões anteriores e se convencera à vista de experiências pessoais. Dele mesmo vim a saber disso mais tarde.

* * *

As nove horas da noite desse sábado, 17 de junho, demos início a mais uma sessão em Arlena Towers. Éramos seis: De Wyckoff, Joseph Dasher, Anita, Ripoll, Percy Wheatley, Valiantine e eu.

Quinze minutos depois das luzes apagadas manifestou-se o espírito de um Dr. Barnett, que falou em voz alta, com acento escocês. Era um dos guias de Valiantine. A praxe é receber o espírito com saudações, como se dá entre amigos da terra. Barnett fez-me impressão de um homem idoso, firme e inteligente. Apresentados, conversamos. Contou-me que havia muitos espíritos ansiosos de se comunicarem conosco e que se tivéssemos paciência os guias nos ajudariam do melhor modo. O grande desejo deles era convencer-nos de que não existe morte, já que o espírito das criaturas sobrevive.

Depois que o Dr. Barnett se retirou ficamos uns cinco minutos a conversar.

Eu estava ansiado para que minha irmã novamente se manifestasse. Fora maravilhoso aquele nosso primeiro encontro, mas voltaria Annie? Não ficaria tudo só naquilo, como acontece tantas vezes? Ela prometera voltar, sim – voltaria? Estava eu nessas cogitações quando a senti no espaço.

Annie apareceu e novamente conversou comigo. No silêncio do recinto, sem que houvesse o menor som ou agitação percebi, senti sua presença antes que uma palavra fosse dita. Qualquer coisa imponderável, como que macia, como que flutuante, estava no ar. Por fim Annie falou, chamou-me pelo nome – e conversamos, conversamos precipitadamente; ansiadamente, maravilhosamente. Sua voz era toda ela simpatia, compreensão e radiância. Como posso descrever o que é indescritível? Duas almas irmãs tinham saltado todas as barreiras do infinito e realizavam o miraculoso.

Que dissemos um ao outro? Tudo quanto nos passou pela cabeça, em assuntos que eram só nossos. A fixação dessa conversa seria um insulto à beleza, embora viesse demonstrar de modo exuberante a realidade do sobrenatural.

Mais tarde acentuei para os presentes que aquele colóquio fora a coisa mais bela e fina que jamais se me apresentava na vida – na minha vida cheia de amigos artistas de alta compreensão. Éramos dois espíritos alcandorados de plano – dois intelectos em fulgurante harmonia.

Os que não podem conceber coisa nenhuma acima do vulgar, certo que torcem o nariz à arrogância desta minha declaração; mas eu me rio deles porque sei que fui erguido a um plano infinitamente acima de qualquer coisa que possam conceber.

Os poemas da vida nós os reservamos para nós mesmos; aos outros só damos fatos.

O falar de Annie rutilava num esplendido tom de virilidade alegre; muitas vezes sua voz tão clara e delicada enchia de risos o ambiente.

Foi a sorrir que me falou da sua vinda a meu quarto. Eis como se expressou: "Fui ao seu quarto a noite passada e senti que você se amedrontou. Não deve nunca ter medo de mim,

Herbert. Quero-o muito. Foi apenas uma tentativa para revelar minha presença."

Respondi-lhe que absolutamente não me amedrontara, mas que estando mentalmente cansado das emoções decorrentes da maravilhosa revelação inicial, só queria repouso; por isso acendi as luzes.

Logo em seguida, não por espírito de dúvida mas para ter mais uma demonstração do miraculoso, formulei-lhe uma pergunta relacionada a sua vida na terra. Havia nessa pergunta algo que só ela podia saber. Perguntei aquilo ao acaso e de forma que a resposta não pudesse ter sentido para nenhum dos presentes.

O efeito foi dramático. Annie deixou escapar um soluço, e em voz alterada exclamou: "Por que, oh, por que me fala disso? Bem sabe como sofri. Por favor, por favor não me faça retornar a dor sentida..." O angustioso da sua, réplica fez-me arrepender da pergunta. Revoltei me contra mim mesmo por ter sucumbido à tentação de insistir em provar a mim mesmo o fato da vida do além.

Apesar de tudo, que era a sua revolta senão a mais admirável das provas? A alma delicada de minha irmã continuava a viver, compreendendo, sentindo, pensando, e capaz ainda das alegrias e dores da vida terrena. Ao ser apunhalada com uma recordação dolorosa, deu-me ainda uma vez outra prova da eternidade.

Pedi-lhe que me perdoasse.

Foi esse o único momento em que a nossa harmonia se perturbou. Continuamos a conversar e tive mais evidências sua personalidade. Sem a menor atenção aos presentes, faltei-lhe da vida que eu levava. Pouco se me dava do que pensassem de mim, ainda quando minha conversa caía no terreno mais íntimo. Não levo vida convencional, nem dou nenhum valor à opinião dos outros a meu respeito; mas a opinião de Annie, seus conselhos e sua filosofia, eram-me de enorme interesse. Deu-me ela conselhos, pois sabia da minha vida e de tudo que eu fizera. Seu conhecimento a meu respeito era mais intelectual do que inquisitorial. Não lhe fugi às questões mais íntimas, e suas respostas foram sempre dadas com simpatia, ternura e sem desvios.

Uma coisa maravilhosa me veio de surpresa, quando Annie abordou o assunto de meu filho mais velho, Dennis, que tinha seis anos quando ela morreu e estava agora numa escola pública. Annie falou do caráter desse menino e do seu temperamento sensível; contou que frequentemente o procurava e o observava amorosamente; notou como ele estava mentalmente desenvolvido e ela segura dos seus sucessos. Para finalizar, incumbiu-me dum recado para Dennis: "Quando estiver com ele nas férias do outono, diga-lhe, da minha parte, que eu o visito sempre e agora lhe mando saudades."

Dos presentes só De Wyckoff sabia que Dennis frequentava uma escola pública. Valiantine tudo ignorava, e ainda que o soubesse não poderia tratar do caso nos termos em que minha irmã o fizera.

Acho até ridículo estar eu a acentuar estes pontos, porque ninguém ali poderia imitar a voz de Annie. Seria o mesmo que exigirem de mim uma imitação vocal da Tetrazzini. Acresce que era absolutamente impossível a quem quer que fosse estar no conhecimento da matéria personalíssima entre nós tratada.

Enquanto eu conversava com minha irmã, De Wyckoff fazia o mesmo com Valiantine, de modo que suas vozes e a de Annie eram ouvidas simultaneamente.

Meu colóquio durou vinte minutos, sendo com grande pesar que sentimos a conveniência de interrompê-lo. De Wyckoff observou para Valiantine: "Deve haver um extraordinário acúmulo de força para que ela possa conversar por tanto tempo." Ao que Valiantine respondeu: "Sim, demorou-se bastante hoje; tem sempre muito a dizer."

Neste ponto Annie perguntou-me: "Diga-me, Herbert, qual dos seus amigos foi o promotor do nosso encontro?" Respondi nomeando De Wyckoff e perguntei-lhe se queria agradecer-lhe. Não tive resposta; imediatamente sua voz se manifestou a três metros de distância, voltada para o meu amigo.

– Mr. De Wyckoff, quero apresentar-lhe os meus agradecimentos por ter proporcionado a meu irmão esta grande verdade.

De Wyckoff retribuiu polidamente a gentileza, tratando-a

de "Miss Bradley" (não conhecia o seu nome de casada). E Annie, ainda: "Obrigada, obrigadíssima." Depois acrescentou: "Está com muita pressa?"

De Wyckoff apontou para Valiantine: "É ali com aquele amigo."

Numa fração de segundo a voz de Annie manifestou-se no outro extremo do quarto, onde se achava o médium: "Diga-me, cavalheiro, se estou me demorando demais esta noite."

– Não, não! Fique o tempo que quiser, respondeu Valiantine.

Annie voltou-se de novo para mim, retomando o fio da conversa, mas logo depois despediu-se com o mais terno dos adeuses.

Intelectuais, como em nosso pequenino orgulho nos imaginaríamos, é o toque íntimo o que sobretudo nos impressiona e convence. Argumentos, teorias, explicações científicas: que é isto senão a desmaterialização das nossas emoções mais altas? Que é real e que é irreal? O real, como o concebemos, é frio, áspero e morto; e o irreal é fresco, belo e esplendidamente vivo. Todos sabemos da materialidade da rotina, e também sabemos dos admiráveis campos do espírito e do pensamento artístico.

O amor é a grande força criadora do Universo. Nesta concepção residem a suprema filosofia e o supremo conhecimento.

Amargurado pela prostituição dos poderes do homem, não creio que me dispusesse a estudar os problemas do além apenas atraído pelas manifestações físicas que me perpassassem diante dos olhos, por mais maravilhosas que fossem. Fui entretanto levado a isso pela mais simples das formas, a que promove o contato do amor com o amor, da alma com a alma, da mente com a mente. O que me tinha sido inconcebível foi-me revelado como o segredo da concepção e da vida aqui e no além.

Num dia, sem o procurar e sem sofrimento, tive o prêmio de uma visão do desconhecido. Essa visão poderia ser varrida como folha seca ao vento, ou ficar em mim como um rochedo plantado por Deus. O futuro decidiria da alternativa. Mas desde que o novo conhecimento emergiu no terreno do amor, o espírito intrépido pode singrar os mares da fortuna com plena confiança no bote da sabedoria.

❋ ❋ ❋

Retirou-se Annie e veio Kokum. Sua. voz potente encheu o recinto. A conversa tornou-se geral e pouco merecedora de fixação – ainda que eu a houvesse retido na memória. Perguntei-lhe se conhecia a senhora que falara comigo "Oh, sim, foi sua resposta, conheço-a, sem dúvida. Uma linda senhora, muito apreciada de todos daqui."

Esta observação despertou-me a curiosidade, porque minha irmã falecera em idade madura e muito abatida pela moléstia. No momento da morte tinha o rosto sulcado pelas rugas do sofrimento; mas quando a vi pela última vez, já. extinta, seu rosto pareceu-me o duma jovem de dezoito anos a sorrir. Sei como as feições mudam na morte e não ignoro a estranha dignidade que muitas vezes as impregna, mas nunca observei maior mudança do que em minha irmã. Foi como se os anos de dor e tortura nada pudessem contra a beleza juvenil que a morte lhe restituíra. E não fui eu o único a receber tal impressão; todos da casa igualmente se maravilharam.

❋ ❋ ❋

Kokum retirou-se e logo a seguir uma das cornetas deu de agitar-se. Foi erguida no ar, assobiando, como se uma tentativa estivesse sendo feita para a articulação de qualquer coisa. Depois começou a correr pelo quarto, com barulho de hélice de avião. Duas ou três vezes regirou num círculo, fazendo brrrr; e sempre com esse brrrr elevou-se até a um dos cantos do teto, donde caiu sobre o assoalho com violência – como um avião cai.

Maravilhoso como era o fenômeno, nem por isso me convenceria da existência de espíritos. As mais prodigiosas manifestações físicas deixam-me insensível. Por mais inconcebíveis e autênticas que sejam nenhuma impressão fazem em mim, porque delas não me vêm estimulantes mentais. Coisas assim apenas me interessarão momentaneamente. Muito frias e incoerentes; insusceptíveis de criar emoção; inúteis no ensinar algo de valor. Coisa nenhuma nelas conduz ao desenvolvimento mental, nem denúncia inteligência superior, nem nos abre caminho para uma filosofia profunda, nem nos ergue a um plano superior de conhecimento.

***

Veio depois Pat O'Brien, com o seu dialeto irlandês, sempre rico de humor e de todos os sinais de uma forte personalidade. Dicção fácil e fluente, sem qualquer gagueira ou hesitação. Quando algum de nós lhe dirigia perguntas, não esperava que o perguntante concluísse a frase.

***

O'Brien informou-nos de que outros espíritos aguardavam oportunidade de comunicação e desapareceu. Logo depois uma das cornetas se ergueu com esforço no ar, e após duas ou três tentativas falhas moveu-se em círculo, tocando em cada um de nós. O que se seguiu foi prodigioso.

Quando a corneta tocou em Anita Ripoll, esta emitiu uma exclamação, ao mesmo tempo que uma voz soava no ar rápida, ansiosa: " Anita! Anita!"

– Si! Si! Respondeu ela em espanhol, muito agitada. Aqui estou, aqui estou!

E em voz emocionada, para os presentes: "É José! José!

Tinha reconhecido o esposo. É o que se seguiu foi um diálogo entre marido é mulher, precipitado, volúvel, meridionalíssimo em intensidade e expressão.

Só falaram em espanhol, de modo que não pude compreendê-los com facilidade; mas todos percebemos o sentimento daquilo. As palavras se atropelavam. As frases se misturavam numa excitação muito latina. Aparentemente, entretanto, nem um nem outro demonstrava surpresa diante do prodígio. Duas almas que se tinham amado e provavelmente nunca refletiram sobre a outra vida, aceitavam-na agora como coisa perfeitamente normal. E como mutuamente se conhecessem a fundo, não perderam tempo com citações dubitativas. Moços ainda os dois; Anita não passava dos trinta.

Conversaram sobre suas vidas na terra, seus negocinhos domésticos; ele falou dos seus sentimentos depois da morte e ela do que sentiu depois que ele se foi.

De Wyckoff; que acompanhava atentamente a conversa, não resistiu à tentação de dirigir a palavra a José.

Imediatamente Anita e o marido descambaram para um dialeto que mais tarde De Wyckoff nos declarou ser uma mistura de vasconço e espanhol corrompido. Em sua vida comum numa aldeia do sul da Espanha era naquele jargão que conversavam. Enquanto estiveram a serviço de De Wyckoff, logo que chegaram à América e antes de se familiarizarem com o inglês, só falavam em espanhol.

Muito curioso aquilo; sempre que se dirigia a De Wyckoff, José usava o espanhol; mas assim que se dirigia a Anita, sem a menor vacilação pulava para o dialeto vasconço. José agradeceu a De Wyckoff o ter-lhe dado emprego depois do seu falecimento, e pediu-lhe que a ajudasse a trazer da Espanha dois filhinhos. Ao formular este pedido fez alusão a uma conversa tida no ano anterior com De Wyckoff sobre a lei que estabelece quotas de imigração e que impediu a vinda das crianças.

À pergunta de De Wyckoff sobre como viera ter a Arlena Towers, José respondeu ingenuamente: "Acompanhei o grupo", referindo-se ao grupo de espíritos que nos procuravam.

O dialogo durou dez ou doze minutos, durante os quais marido e mulher exprimiram o mais urgente que tinham no coração.

* * *

Uma cena dessas não poderia nunca ter sido preparada teatralmente. Impossibilidade absoluta. Para isso seria necessário que fosse Anita uma formidável atriz e Valiantine um maravilhoso mágico. Autor teatral como sou, tendo criado muitas peças, posso assegurar que uma cena assim, a ser arranjada, exigiria no mínimo três semanas de ensaio.

As duas sessões a que assisti em Arlena Towers foram excepcionais e maravilhosas em seus resultados. Comunicação com o mundo dos espíritos pareceu-me coisa tão fácil como falar pelo telefone – embora mais proveitoso e menos irritante. Eu nada sabia então das dificuldades do espiritualismo, como a gente tem que esforçar-se, perseverar através de inúmeros desapontamentos; só hoje, depois de meses e meses de estudo, é que compreendo como fui feliz de ter o fogo no começo tão soberbas demonstrações de evidência.

Pensamento, intelecto, personalidade, individualidade, emoção, afeição e memória, tudo isto sobrevive à morte do nosso corpo. Constituem vibrações eternas do espírito.

É tolice supor que podemos promover manifestações espirituais à vontade, como um divertimento para blasés e cínicos ou fracos mentais que querem provas. Poderão os espíritos pairantes em esferas altas portar-se como escravos à disposição de criaturas indignas como somos? Haverá homem tão tolo que se suponha no pináculo do conhecimento? Se há, que abra os olhos, corra-os em torno de si, depois olhe dentro de sua alma e procure encontrar-se a si próprio.

***

Depois da admirável cena entre os dois imigrantes espanhóis tudo mudou. Em vez da clareza, coerência e inteligência já observadas, apareceram dois espíritos que não puderam fazer-se ouvir.

Um deles fez penosos esforços para articular em sons seus pensamentos, mas sem nenhum resultado. Tudo quanto conseguimos apreender foi o seu nome, lago ou Jacó, nada mais. A corneta caiu imóvel sobre a mesa.

O segundo era um "Cristofo Ângelo", ou coisa assim. Também não conseguiu fazer-se entendido. Cantou umas estâncias italianas, como para ajudar a nossa memória – ninguém conseguiu identificá-lo, ou obter dele qualquer coisa de válida.

Para compensação, porém, apareceu o espirito de uma menina cheia de infantilidades encantadoras e risadas felizes. Honey chamava-se, e era sobrinha de Percy Wheatley, uma aleijadinha da perna que falecera com cinco anos de idade. Honey pairou em redor de Percy quase todo o tempo, conversando deliciosamente, com ocasionais observações dirigidas aos outros. Disse da vida esplêndida que levava no outro mundo, onde crescia e aprendia, muito contente de ver-se liberta do aleijamento.

Eu tinha Percy rente a mim, a minha direita, de modo que pude observar bem; e a menina falava tão perto de nós que me deu a impressão de estar em seu colo. A ternura e o carinho do tio e da sobrinha disseram-me da aceitação daquelas duas almas.

Em dado momento pareceu-me divisar o vulto duma criança: uma névoa luminosa sobre os joelhos de Percy. Nevoa de contornos argênteos. Súbito, desceu e ficou a brincar no chão, mas sem interromper a conversa. Voltou ao colo, em seguida.

Podia ser imaginação minha. Interrompi a conversa e indaguei dos outros se estavam vendo algo. Todos me deram resposta negativa, exceto Percy, que disse: "Sim, estou vendo a forma luminosa duma criança." Pedi-lhe que continuasse na conversa e me avisasse quando a forma se movesse – o que ele fez várias vezes e em todas vi a névoa luminosa no ponto exato que ele indicava. Os outros, entretanto, nada viram.

Terminada a sessão, comentei com Percy o caso; contou-me que a sobrinha já lhe aparecera em outras ocasiões, e que fora justamente isso, essa prova tão pessoal, que vencera o seu cepticismo.

Pouco depois apareceu o espírito de Mrs. Bryans, uma dama idosa, de voz suave e trêmula. Era parenta próxima de De Wyckoff, com quem desejava conversar. Tratou-o pelo seu apelido familiar, como tinha o costume de fazer na terra. Conversa de enorme valor psicológico, mas extremamente íntima; não posso por isso estender-me mais, ainda que com a restrição muito percam as investigações psíquicas. Apenas afirmarei que foi uma conversa impressionantemente evidenciadora da realidade da outra vida.

No fim da sessão veio Bert Everett, o guia principal e o mestre de Valiantine. Falou naquela sua voz aguda, por vezes fazendo o recinto vibrar com as suas risadas estridentes. Bert mostra-se muito deleitado com a esfera em que está e não pode conter o riso diante das estreitezas do nosso mundinho terreno. Filosofa de modo claro e simples. Mentalidade curta que fora na terra, muito acanhada de vistas, desenvolveu-se depois ela morte e alargou-se de modo a adquirir uma concepção infinitamente mais ampla das coisas. Sentia-se feliz com os progressos efetuados rumo à completa realização. Falou das leis naturais tão opostas às leis feitas pelos homens. E em especial acentuou que o desenvolvimento da nossa individualidade neste nosso mundo constitui uma preparação para a vida mental e espiritual nas outras esferas.

* * *

A sessão, longa de três horas, acabou à meia-noite. Ao acenderem-se as luzes saí do recinto como quem deixa o teatro onde assistiu à representação de uma peça maravilhosa de realismo, na qual cada personagem nitidamente se definisse no esforço de elevar os espectadores a esferas mais altas. Impressão de que nós, espectadores, sim, éramos sombras, e os atores, a verdadeira realidade.

Naquele palco às escuras tínhamos tido a visão da verdade infinita.

Sim, tudo real ali. Tudo o que É. Só entrou em cena o que não é, quando a claridade das lâmpadas, fazendo-nos voltar à vida terrena, fechou-nos os olhos às paisagens do eterno.

IV - Mergulhando para trás

O tom menor da verdade – Uma sombra amiga– A vulgaridade do mar – Onde a arte perece – O crítico deplora várias coisas – Nova filosofia do autor – Médiuns fraudulentos – O "Daily News" entrevista o autor – Promessa

Estética, romances, sátira política, divagação filosófica: tons maiores em que os escritores podem compor suas melodias literárias. O tom menor da verdade é música para poucos. Para a maioria a verdade é a nota da discórdia.

Depois daquela impressionante segunda sessão fiquei por algum tempo, antes de recolher-me, a comentar suas passagens e a comparar observações.

Com prazer deitei-me, pensando nos belos sonhos em perspectiva. Apagadas as luzes, e cansado como estava, dispus-me a dormir. Mas sem demora notei no quarto a presença de alguém. Medo não tive nenhum, mas o cansaço não me animava a prosseguir em experiências, e a sombra visitante afinal me deixou em paz. Um segundo depois eu dormia profundamente.

Na manhã seguinte fui de carro com De Wyckoff a New York, onde passamos a noite, e na terça-feira cedo trocamos os nossos adeuses no *deck* do *Mauretania*, que me ia levar a Inglaterra.

Viagem fora do comum. Meu espírito estava cheio – tão cheio que a confinada vida de bordo me pareceu estupidez sem significação. A vulgaridade abunda e exibe-se mais no momento do oceano do que em terra firme. Todos os meus passos na América, somados aos seis dias de regresso, não deram nada que pudesse comparar-se às duas noites de Arlena Towers, em que tive as primeiras visões do mundo do além.

A vida para o artista tem que ser um sonho. Se desce à horrível rotina da existência, sente-se logo nauseado e sua arte fraqueja.

No *Mauritânia* encontrei diversos conhecidos, com nenhum dos quais me abri sobre experiências psíquicas. Impossível encontrar inteligência receptiva em criaturas em perpétuo estado de coma a força de *cocktails*.

Era aquilo uma enfadonha multidão de passageiros, na maior parte empregados no comércio vítimas da doença que se chama "vencer na vida". Um homem salvou-me do opressivo tédio – um esportista de bom humor e de cultura snobica.

As mulheres, todas indispostas e horríveis no dançar. A única nota de interesse que delas me veio foi quando uma cantora de ópera, contralto, me perguntou, durante uma discussão sobre literatura americana, se eu conhecia as obras de Joseph Krauskopf, morto uma semana antes. Era uma admiradora dos seus livros. Pareceu-me fantástico aquele elogiar a um homem com quem eu falara seis dias depois de morto!

O enfadonho da vida de bordo, entretanto, deu-me ensejo de ajustar a mente à nova filosofia revelada.

Em Arlena Towers eu tivera contato com doze espíritos diferentes, de ambos os sexos, cada qual valendo por personalidade distinta. Nenhuma semelhança em suas vozes, em seus acentos, em seus modos de frasear, em suas maneiras de falar ou nos assuntos tratados.

Foram maravilhosos os resultados obtidos nas duas sessões e nada do que vi poderia ser explicado normalmente. Para quem quer que aceite, como tais fatos nos obrigam a aceitar, a evidência daquela materialização de forças sobrenaturais, torna-se concebível que a sensibilidade, ou talvez as faculdades psíquicas ocultas em alguns dos assistentes, somadas às possuídas pelo médium, criem as condições próprias para a comunicação com os espíritos – condições que parecem constituir a mais delicada das vibrações.

Condições personalíssimas e atmosfera adequada devem representar um fator de maior importância do que podemos supor.

O espiritualismo na América é mais debatido na imprensa do que na Inglaterra. Durante os últimas dias passados lá interessei-me na leitura de alguns comentarias céticos. Um deles, do ilusionista Houdini, não era nada convincente, mas lançava a sua proposta de produzir pelo ilusionismo os mesmos efeitos que se conseguem com os médiuns. Essa afirmativa é profundamente absurda...

Minhas experiências em Arlena Towers abriram-me novos horizontes e compeliram-me a estudar e observar.

Existem duas influências estúpidas que é preciso vencer, a massa crédula e a incrédula. Das duas o meu desprezo maior vai para a crédula, que uma palha move; já a cabeça dura dos incrédulos me desperta mais interesse.

No começo dos estudos sobre os fenômenos psíquicos ficamos na dependência de um médium. Em regra, a comunicação com o além só pode ser assegurada por esse meio.

Não é fácil de ser determinada ou definida a função do médium. Sua presença, ou suas faculdades ocultas, na aparência agem como instrumento receptor das vibrações por meio das quais os contatos se tornam passiveis, os sons são ouvidos, os movimentos sentidos e as visões vistas. O único símile temo-lo nos aparelhos de rádio, que nos permitem captar músicas produzidas em outro continente. O médium em geral se revela tão inanimado como o aparelho de rádio que temos sobre a mesa.

Médiuns de voz direta são excepcionalmente raros. Esses nada fazem. Não abrem a boca – e a voz vem de qualquer parte do recinto onde se realiza a sessão. Outros caem em transe e a voz lhes sai da boca. Outros produzem apenas fenômenos mecânicos, como o movimento de objetos. Existem ainda médiuns de outros tipos, que mencionarei mais tarde.

É evidente que muito disto pode ser imitado pelos charlatões e haverá tantos médiuns falsos quantos verdadeiros. O mesmo se dá em todas as profissões, porque a natureza humana ainda está muito longe do sublime.

O espiritualismo descansa num delicado fio de seda. No recesso do cérebro esconde-se o grande desejo de aceitá-lo, mas tão sensível é esse desejo que a mais leve suspeita pode destruí-lo.

Tudo ainda está como que em estado etéreo, e os conhecimentos advindos são ainda muito fugidios. A opinião das massas, que olha o assunto sempre de passagem, forma-se com facilidade mas sem consistência. Quando um charlatão é desmascarado, a conclusão geral é que todos os médiuns são charlatões e que o espiritualismo não passa de fraude. Uma semana depois de minha chegada à Inglaterra vi em várias folhas de Londres trechos das mensagens obtidas pela médium Travers Smith por meio da escrita automática. Mensagens atribuídas a Oscar Wilde, cujo nome se escrevia automaticamente no começo dos trabalhos, em caracteres extraordinariamente semelhantes aos desse autor.

Interessei-me pelo assunto, porque venha donde vier é assunto sempre interessante. As citações publicadas impressionaram-me pela muita identidade com o estilo e o pensamento wildeano. Numerosas pessoas inclinavam-se a aceitar as citações como genuínas, mas tinham medo de comprometer-se; outras aproveitavam o ensejo para demonstrar a sua natural estupidez negativista. Um escritor teatral, que em sua vida nunca produziu um só dito agudo, achou que aqueles trechos "não tinham agudeza". A mim me parecera o contrário: extremamente vivos, com grande fulgor mental. A publicação produziu certo interesse, de modo que dia 27 de julho (1925) o *Daily News* veio com um artigo de fundo. Genuíno ou não, escreveu o articulista, o tom da mensagem wildeana era muito fino. Mas observou, a seguir, que a dificuldade do espiritualismo estava no estúpido ou no comparativamente pouco inteligente da maior parte das comunicações. Julguei-me no dever de refutar essa impressão, e telefonando para o jornal pedi a remessa de um repórter. Desse passo resultou no *Daily News* uma nota em que há o seguinte:

"– Se o leitor conhecesse Mr. H. Dennis Bradley havia de surpreender-se, como nós nos surpreendemos, de verificar que também ele recebeu comunicação dos mortos. Céptico e cínico e alerta como Mr. Bradley se revela em seus livros "Not For Fools" e "The Eternal Masquerade" – para nada dizer dos seus escritos de durante a Guerra – não se trata de homem de crença fácil, nem fácil de ser iludido. Toda sua vida vem sendo a dum questionador e desafiador. Torna-se por isso espantoso que recentemente haja tido uma experiência que considera a mais prodigiosa da sua carreira – tão prodigiosa que lhe mudou completamente a atitude para com a vida. De absoluto incrédulo na sobrevivência, tornou-se um paladino de tal ideia".

Desde essa ocasião tenho fugido de vir a público tratar da matéria. Convites para conferências em sociedades literárias e centros espiritualistas, recusei-os todos. Distrações que me embaraçariam o trabalho, além de que o conferencismo não passa de mera ilustração de um ego em retrospecto.

O fugidio sonho do mundo espiritual fascina. Dele não há escapar, ainda que as atrações materiais nos seduzam. Sobrevém-nos a ânsia de desfazer os véus ocultadores da Realidade. Mas é uma investida contra o impossível; e intuitivamente sentimos as torturantes dúvidas que se nos depararão pelo caminho.

❄ ❄ ❄

Fui apresentado a Mrs. Barbara McKenzie do *British College of Psychical Science*, encantadora dama, fina, intelectual, nimbada de um halo de serenidade. Mrs. McKenzie assegurou-me que tudo faria para ajudar-me, mas que o grande óbice estava no encontro de bons médiuns.

Decidi-me a fazer uma exploração, e de início só encontrei terrenos áridos. Insisti, porém, porque essas experiências são infinitamente atrativas.

Não ignoro os gigantescos progressos materiais da Inglaterra com sua civilização chegada ao magnificente pináculo do sucesso: dois milhões de desempregados; dessa Inglaterra que pela sua alta filosofia e prodigiosa civilização conseguiu amontoar uma dívida de milhares de milhões de esterlinos – herança que gloriosamente vai transmitir aos inocentes filhos dos gloriosos heróis.

Enojado de sua covarde hipocrisia, mergulhei para a frente sem temor, e ainda que a sabedoria dos conhecimentos grangeados não passe de mera intoxicação para outrem, estarei bem pago.

Para onde quer que minhas explorações me possam levar, hei de empreendê-las.

E uma coisa prometo: sejam quais forem minhas experiências, fixá-las-ei com fidelidade; e quaisquer que sejam as minhas impressões, elas representarão a minha ideia da Verdade – sem a menor contemplação para com esposas, amantes, filhos, filhas, governos, leis religiosas ou qualquer outro esses convencionalismos cômicos que procuram dirigir o pensamento individual.

V - Manifestações Físicas

O estudante faz uma profecia – Mr. Evan Powell – O médium atado à cadeira – Fenômenos físicos – Sessão negativa – Espíritos inferiores – Desastrado incidente

De regresso à Inglaterra supus que me seria simples estudar o espiritualismo e fazer experiências em sessões a que eu assistisse. Com grande surpresa verifiquei o contrário. Comparativamente, poucas sessões são realizadas na Inglaterra, em virtude de haver poucos médiuns de confiança. Isto nos mostra que não se trata de profissão lucrativa; do contrário tê-los-íamos a granel. Muitas pessoas encontrei com interesse no assunto, mas sem saber como conseguir os elementos necessários. Embora as manifestações pareçam ter existido em todos os tempos, o estudo do espiritualismo foi tão desvirtuado que ainda permanece nos cueiros – e estou convencido de que apenas tocamos numa franja dos cueiros.

Fagulhas vivas só existem algumas na Inglaterra, mas antes do fim do século poderemos ter aqui todo um braseiro de compreensão.

Além das pessoas que mostram desejo sério de conhecer a verdade do espiritualismo, há o tipo da criatura superciliosa e bastante indulgente para dignar-se a permitir que uma sessão seja promovida em tal dia e hora, depois do jantar, a que poderá dar a honra de comparecer, contanto que a prima Kate, que foi tão interessante em vida, a coitadinha, apareça e lhe dê impressões da vida no além.

Temos nisto uma atitude impertinente, mas típica; porque é impossível antecipadamente saber o que haverá numa sessão – nem sequer se haverá alguma coisa.

Foi graças aos bons ofícios de Mrs. McKenzie que consegui minhas primeiras experiências na Inglaterra.

A primeira de modo nenhum me impressionou. Ocorreu em Londres, com o médium Evan Powell. Dez pessoas presentes, todas de mim desconhecidas – como também me era desconhecido o médium.

Apresentaram-me à assembleia como "Mr. Dennis". Evan Powell foi firmemente atado a sua cadeira, de efeito a não poder mover-se. Informaram-me que é o uso em certas provas, para afastar completamente a sugestão de fraude. Por necessário que o seja, senti-me irritado ante o sacrifício imposto a uma criatura humana só porque possui faculdade de servir de instrumento das comunicações. Fosse eu um espírito já em outro plano e me recusaria com desdém a qualquer contato com tal gente.

Senti nessa ocasião o que sinto hoje: que a atitude de suspeita e desconfiança constitui o maior entrave para o nosso progresso nesse campo.

Atrás do médium havia um gabinete com reposteiro, onde figuravam uma mesinha com algumas flores e um disco luminoso de umas nove polegadas quadradas. Suprimidas as luzes, ficamos em trevas e de mãos dadas. Hinos foram tentados para os quais não contribui em vista da minha miserável voz e falta de educação musical.

Depois de alguns momentos de espera o médium caiu em transe, com uns grugulejos desagradáveis aos ouvidos compassivos. E entrou a falar como se fosse Black Hawk, aceito como tal por muitos. Era esse Black Hawk o guia do médium. Mas sua voz e seu acento em nada se distingam dos de Mr. Powell – embora sua língua fosse o que se chama "pigeon-English" – inglês de trapo.

A mim se dirigiu várias vezes, tratando-me de Mr. Dennis, o que não me foi muito convincente.

Nenhum outro espírito apareceu, mas houve o que está classificado de "manifestações físicas". A mesa ergueu-se do chão, lá no gabinete, vindo colocar-se no meio da sala, as flores voaram pelo recinto, tocando em mim e nos demais nos joelhos e no rosto. Também o disco flutuou no ar. A mesa tanto dançou que acabou revirando.

Foi apenas isto tudo quanto se deu. Estávamos com um dia quente e úmido, condição bastante desagradável para quem tem de permanecer longo tempo de mãos presas.

Não pretendo criticar Mr. Powell, já que as condições atmosféricas lhe eram adversas, e admito que se trata de um médium autêntico; mas fenômenos mecânicos nunca me interessaram. Se a plena luz do dia a mesa do meu quarto se puser a subir pelas paredes, absolutamente não exultarei.

Se aquela fosse a primeira sessão a que eu assistisse, muito provável que fosse também a última, tanto me desinteressaria de continuar no estudo da matéria. Para a minha inteligência a sessão de Mr. Powell foi completamente negativa – mas se digo isto, também acentuo o absurdo de esperar bons resultados em todas as ocasiões. Os médiuns possuem certos poderes, mas poderes que variam e de que não podem dispor a vontade. Também não podemos conceber que os espíritos estejam sempre a postos, à espera de que os chamemos.

Os fatos desta experiência, que para mim não provam coisa nenhuma, apenas mostraram que há fenômenos físicos. Se cientistas demonstrassem de modo absoluto que tais fenômenos ocorrem sem nenhuma interferência humana, ainda poderia haver nisso algum interesse. Mesmo assim não me estimulariam em nada. Para quem já adquiriu a certeza da vida depois da morte, em coisa nenhuma tal certeza se amplia com a observação de fenômenos físicos. Somos levados a julgá-los como manifestação de espíritos inferiores. Entretanto, por estranho que o pareça, há mais gente impressionada por eles do que pelos fenômenos mentais.

Depois que me pus a ler a literatura que há sobre o espiritualismo senti náuseas de ver como certos escritores tratam a matéria.

Encontrei num livro um capítulo consagrado a certa sessão realizada no escritório de um jornal londrino, assistida muita, gente de nota e na qual tudo quanto aconteceu foi o depósito de um par de suspensórios sobre os joelhos de um dos presentes. E sobre este mesquinho fato girou a controvérsia sobre o espiritualismo, se era verdadeiro ou falso. Tais exibições são retrogressivas, e verdadeiramente degradantes para a coisa etérea que é o espírito. Perto delas a sessão de Mr. Powell, apesar de simples e desafetada, assume aspectos duma pantomima *por excelência*.

Inevitavelmente o espiritualismo varrerá de seu campo este tipo de experiências. Antes de pretendermos alcançar a ação temos de procurar as grandes altitudes.

Só a influência do espírito que está acima de nossa concepção explica o segredo da inspiração e do gênio.

VI - De novo no mundo desconhecido

Feda fala ao autor, que por sua vez fala ao espírito de W. A. – W. A. diz da sua vida em outra esfera – "Não importa mudar de lugar" – A jornada de W. A. na terra – Seus hábitos de vida – Sir Marshal Hall – Conan Doyle aplica uma nova teoria – A mulher que desejava esquecer

Nas coisas materiais uma vontade forte controlará seu próprio destino; mas em matéria espiritual nós somos joguetes de forças mais altas.

As circunstancias me foram favoráveis no decorrer dos meus estudos. Obtive contato com a maioria dos médiuns ingleses graças a Sir Oliver Lodge, que deles tirou a muita informação interessante publicada em seu livro *Raymond*. Com grande destaque nesse livro aparece Mrs. Osborne Leonard, a médium que depois de trabalhar oito anos com Sir Oliver Lodge passou a ser tida como das mais notáveis da Inglaterra.

Mrs. Leonard marcou-me encontro para a manhã de 28 de agosto de 1923, época em que eu ainda não lera *Raymond* e portanto nada sabia da sua mediunidade.

Compareci acompanhado de minha mulher, que embora interessada em estudos psíquicos jamais assistira a sessões; o encontro não fora pedido em meu nome, de modo que a médium nada sabia a nosso respeito.

Impressionou-me, logo de começo, a sua serena maneira de falar e a suavidade de sua voz. Uma senhora aparentemente na casa dos trinta, de olhos honestos, franca, despida de qualquer afetação.

A sessão realizou-se na sala de espera, com nós três apenas e o recinto em penumbra. Para a tomada de notas fora colocada uma lâmpada com abajur numa mesinha a minha frente. Mrs. Bradley sentou-se bem perto e defronte da médium, a fim de melhor observar-lhe a expressão do rosto e os seus menores movimentos.

Mrs. Leonard era controlada por um espírito de nome "Feda"; logo que caiu em transe esse espírito manifestou-se.

Tinha voz muito diferente da de Mrs. Leonard – voz de menina que ainda não chegou à puberdade.

Eis a relação fiel do que se passou.

FEDA (dirigindo-se a mim) – Muitos espíritos têm nestes últimas anos procurado comunicar-se consigo, Mr. Bradley, não por via indireta, mas por meio da sua própria mente, que eles procuram desenvolver. Esses espíritos aconselham-no a que fique só sempre que tiver de escrever. Trabalhar controlado não será bom para o que pretende fazer. Mas desejam, quando pegar da pena, que o senhor lhes sinta o magnetismo. E que tome nota de todos os pensamentos que lhe ocorram. Há o espírito de um oriental, homem nascido há mais de mil anos, que está sempre consigo, Mr. Bradley. Um dia o senhor o verá. É uma das maiores forças daqui, e muito se interessa numa nova e admirável obra. O senhor está predestinado a guiar, Mr. Bradley.

Assim disse Feda, e depois de algum tempo surgiu o espírito de W. A.[2], que falou por seu intermédio. Começou declarando que "passara" depois de uma sufocação de garganta. Feda o descreveu como de face mais comprida que oval, lábios grossos, nariz reto, levemente dilatado nas narinas, sobrancelhas encontradas e escuras, testa quadrada.

W. A. (falando por intermédio de Feda) – Na terra tratavam-me pelo apelido de "B ".[3] Estou numa fotografia de grupo ao ar livre, que você verá muito breve.[4] Eu não me julgava em tempo de "passar", de modo que me surpreendi quando

[2] Parente próximo de minha mulher, falecido em dezembro de 1922. Objeções de família obrigaram-me a ocultar-lhe o nome.

[3] Absolutamente verificado.

[4] A fotografia está em meu estúdio em Dorincourt.

isso ocorreu tão subitamente. Durante minha vida na terra não acreditava na sobrevivência. Não que não a desejasse, mas meu cérebro não podia compreender. Houve um importante aniversário no dia em que passei, lembra-se? Há qualquer coisa muito importante entre você e eu – no seu bolso.[5] Verifique-o depois.[6] Estamos todos muito interessados em seu trabalho literário, que eu procuro ajudar.

Em seguida referiu-se a James e ao espírito de um rapaz que falecera muito jovem e se tinha desenvolvido no além.

W. A. – Os espíritos querem que o seu trabalho seja direto, saia de você e não de médiuns. Minha existência no mundo espiritual é rica de conhecimento e vitalidade, e sinto-me feliz de ainda poder ser útil. O mundo dos espíritos não é nada misterioso, mas completamente natural. Nada mais que um passo a frente – uma nova sala em que entramos. A, princípio, logo que deixei a terra, senti-me desapontado; mas agora estou satisfeito. Até correr posso. Quando estava na terra eu sentia muito mais força do que podia mostrar. Lá pelo fim da minha vida veio-me o cansaço, de modo que foi com satisfação que recebi meu fim. Encontrei aqui Charlie.[7] Estou trabalhando em certa máquina que me deu prazer na terra e acho de utilidade. Esse trabalho me tem ajudado muito, porque de algum modo condiz com as regras e leis daqui.

FEDA – Vejo o retrato de W. A. ao lado de uma máquina em que há uma espécie de roda de rebolo. Foi encontrado em um galpão perto de sua casa.[8]

W. A. – Boa coisa foi que eu "passasse", mas no começo me entristeci de não ter concluído coisas que principiara a fazer muito tarde. É tão agradável sentir-nos bem! Ando interessado em certa senhora idosa que não vai bem na terra. Dê-lhe lembranças minhas; diga-lhe que a vi há dois dias com os olhos num livrinho e em duas folhas de papel escritas. Estava pensando muito em mim. Há qualquer coisa rabiscada

---

[5] Feda observou que W. A. tinha os olhos no meu bolso e procurava indicar qualquer coisa.

[6] Verifiquei-o mais tarde. Eram duas cartas que eu tinha na carteira, ambas sobre assuntos espiritualistas.

[7] Não descobrimos quem fosse.

[8] Quando na terra, W. A. teve oficina num galpão perto de sua casa, onde torneava marfim – uma de suas manias.

no livro; também qualquer coisa com 1 e um 5, ou 5 e um 1.[9] Deixei na terra uma jovem que muito me interessa e possui bom poder psíquico. Duas letras do seu nome: "m" e "s" – e existem duas formas para esse nome.[10] Ela as vezes sente minha presença e em certa ocasião quase me viu. Percebo que me pressente quando me aproximo. Diga aos que me conheceram que mudar de mundo não tem importância; posso daqui encontrar qualquer pessoa até em Tombuctu. Sinto prazer em reconhecer casas quando passo por cima, e árvores, e paisagens. Na terra vivi no campo, onde há um jardim. O jardim não rodeia totalmente a casa. Casa não muito alta, de dois andares. Perto da de "S ". Quer procurar no bolso aquilo de que falei e gritar que encontrou? Agrado-me quando você fala de mim, mas não gosto de ser tido como morto. Sinto-me muito feliz e sem nenhum desejo de voltar. Admirável a gente sentir-se são! Como são horríveis as limitações que a doença traz... O medo também limita muito. Hoje estou livre de tudo e confiante na JUSTIÇA (*alrightness*) das coisas. Sentimos isso aqui continuamente. Não fui punido por não conceber a vida do além; era o meu cérebro que não me ajudava. Quando "passei", não sofri nada no fim. Pouco antes senti um cheiro de que não gostava.[11] Horrível, tão horrível que foi um alívio quando passei. Eu estava comatoso, mas não sofria. Se continuasse a viver não melhoraria. Sinto-me hoje reconciliado e feliz. Uma tia me tem auxiliado muito aqui. Ela já havia passado antes que eu nascesse. Era muito jovem; agora está formada. Não a conheci quando se me apresentou. Antes de passar eu tinha feito planos para uma excursão, e comprado coisas indispensáveis. Cartas chegaram a minha casa logo depois que passei, falando desses projetos. Eu gostaria de ter interceptado essas cartas em caminho.[12] A queda que tive

[9] Verificamos mais tarde que Mrs. H., de quem W. A. falava, estivera lendo o seu livro de orações onde havia duas cartas de W. A.; e que chorara lembrando-se de sua morte. Também estivera lendo um recorte de jornal sobre espiritualismo, datado de 1 de agosto, e o número da casa em que ela residia é 5. Tudo isto apuramos antes de lhe contar da sessão espírita.

[10] Presumo que se referia ao nome de minha mulher, que é Mabel. Na terra ele a tratava de "Mabs ".

[11] Eter.

[12] W. A. preparava-se para uma viagem ao sul da França e adquirira roupas, etc. que chegaram no dia seguinte a sua morte, como também chegaram cartas relativas à viagem.

ficou sempre em meu espírito,[13] mas não penso nela agora.

Neste ponto Mrs. Bradley fez-lhe uma pergunta.

FEDA – W. A. é muito teimoso e recusa-se a sair do assunto para responder à questão.

W. A. – Sim, sei que sou teimoso, e neste ponto não melhorei aqui. Também sou impaciente. Na terra aborrecia-me com o estado dos meus olhos. Agora já não preciso usar óculos.[14] Não eram tão maus assim os meus olhos, mas preocupavam-me e eu tinha medo de perder a vista.

Lembra-se de como caçoavam do meu topete? Agora estou perfeitamente em regra, com uma boa cabeleira. Fiquei triste de não ter você falado comigo em outras sessões.[15]

MRS. BRADLEY – Quer pôr-se em contato com F e X? Quer que eles venham à sessão?

W. A. – Gostaria que viessem; explique-lhes o que se passa. Sinto-me sempre bem na companhia de vocês dois. Você (Mabel) me pressente quando me aproximo e com frequência eu a procuro, tendo-a ouvido várias vezes falar de mim, o que muito me agrada. Tentei pancadinhas de sinal na sua cama, para estabelecer um código: duas pancadas, 'sim"; uma, "não". Quando quiserem falar comigo pensem só numa coisa. Eu baterei no alto do guarda-roupas. Uma noite tentei acordar Mabel, abrindo a porta do seu quarto de dormir; mas refleti logo que era estupidez: ela poderia pensar que fosse algum ladrão.[16] Fiz outra vez doze tentativas para abrir a porta. Quando me ouvirem bater, não olhem fixamente para o ponto donde vierem as batidas. Não haverá necessidade de nenhuma concentração; tudo não passa de sutis vibrações sem as quais os espíritos nada podem fazer. Aparecerei em sua casa de Dorincourt e espero conseguir qualquer coisa. Sempre que meu espírito descer a terra levarei comigo vibrações adequadas. (Para mim): Se o conseguir, estarei habilitado a ajudar

[13] Num jogo de tênis, no outono de 1922, W. A. caiu com um desmaio cardíaco.

[14] Na terra W. A. usava óculos.

[15] Provavelmente, as minhas sessões na América.

[16] Logo depois da morte de W. A., minha mulher dormiu em sua casa, no quarto contíguo ao em que seu corpo jazia. Altas horas da noite a porta do quarto abriu-se de súbito. Minha mulher levantou-se e fechou-a. A porta abriu-se pela segunda vez. Minha mulher tornou a trancá-la e por prevenção deixou as luzes acesas. Mesmo assim a porta abriu-se pela terceira vez, e foi com esforço que Mabel teve ânimo de fechá-la novamente.

você – e falarei diretamente.

W. A. (respondendo a uma pergunta de Bradley) – Comunicar-me-ei com você em plena luz; é mais fácil trabalhar no escuro, mas gosto dum pouco de luz. Também o rádio opera melhor no escuro – eliminam-se certas vibrações. Praticarei com um pouco de luz, de modo a aprender a evitar as más vibrações. Quero que você prossiga nos seus trabalhos literários, para esclarecimento de outras criaturas. Não estude todos os dias. Está no caminho certo, e o que faz não é para poucos, sim para o mundo inteiro, para dar à humanidade algo a que apegar-se. Não me esqueço de como na terra é difícil obter certeza sobre a existência depois da morte. (Para Mrs. Bradley) – Lembra-se de quando derramou vinho na toalha e deu um pulo? A mesa em R – G – estava magnetizada.[17] Fui muito sensível na minha vida terrena, o que era ao mesmo tempo bom e mau para mim. Qualquer coisinha me dava nos nervos e tanta gente não me entendia! (Para Bradley) – Você também é muito sensível, Herbert, mas de modo diferente. Possui grande: força e poderá ajudar inúmeras pessoas. Não sente uma espécie de brisa quando está escrevendo? Procure observar. Certa ocasião levei-lhe flores, mas só consegui que fosse notado o perfume. Recebo os seus pensamentos, Herbert, mas é quando você fala que os apanho com maior clareza. Não deixe de falar-me sempre que possa. Sofri na terra uma bem má tosse, mas agora nada tenho.[18] Estou estudando ciências, e também ajudando os que "passam", especialmente os que ignoravam a realidade da vida aqui. Tenho também visitado outras esferas; a minha é a terceira. Parecida com a terra, mas de muito maior beleza. As esferas mais altas são menos pessoais. Aqui, na terceira, as famílias vivem unidas numa calma vida doméstica. Um espírito leva milhares de anos para elevar-se além desta esfera. Existe o espírito de um índio que dá a você muita força. Outros há com a mesma preocupação. Tempo há de vir em que antes da sessão você saberá que espírito vai aparecer. Os espíritos não ignoram os seus últimas aborrecimentos com negócios materiais e querem ajudá-lo a pôr tudo em ordem. Também não ignoram que

[17] Fatos verificados.
[18] Fatos verificados.

em virtude disso você achou melhor não dar começo ao trabalho literário que tinha em mira.[19]

BRADLEY – Desejam os espíritos que me dedique a uma certa forma de trabalho literário? Poderá afetar a minha personalidade a produção de comédias, dramas, etc.?

W. A. – Escreva o que quiser. Os espíritos estão praticando por seu intermédio e usando o poder natural. Em tempo próprio terá uma explicação científica da vida aqui. Durante o sono você tem visitado este mundo, mas depois não se recorda. Um dia, porém, recordar-se-á.

FEDA – Está uma senhora de meia idade atrás de W. A. É quem cuida dele aqui.

W. A. (respondendo a uma pergunta de Mrs. Bradley) – Eu não como nem durmo. Essa senhora apegou-se a mim e olha por mim. Cuida de tudo. Eu me julgo sempre em ordem; ela, entretanto, não pensa assim. Gosto de sentar-me numa cadeira ou deitar-me no leito. Tenho uma boa residência, da qual esta senhora (minha tia) zela. Além disso também olha pelas crianças daqui. Hei de ajudar você, Herbert, a conservar os nervos em ordem e livres de depressões.

BRADLEY – Dê-me alguns conselhos sobre meus hábitos de vida.

W. A. – Estará acertado se seguir como vai. Sua vida tem valor e não é aconselhável que mude de hábitos e apareça como um tonto. Permaneça natural como um ser humano que nada revela de extravagante. Não deixe crescer o cabelo, nem adquira manias. Por seu intermédio quero ajudar as gentes – sobretudo a gente comum.

BRADLEY – Posso continuar tomando vinho?

W. A.– Não há mal nisso, mas os médiuns devem abster-se. (E depois duma pausa de segundos). Existem aqui vários animais. Uma das grandes coisas que procuramos fazer é suprimir a vivissecção na terra. Semelhante prática impede que possamos ajudar-vos melhor. Produz uma terrível vibração, que nos embaraça o caminho. Estamos fazendo tudo para acabar com ela. Já conseguimos alguma coisa, mas ainda é pouco. Animais como o tigre e a serpente não cabem nesta esfera;

[19] Em vez de atacar o trabalho que eu tinha em vista, lancei-me à composição deste livro.

vão para um reino animal onde são refeitos para nova vida física na terra. Os capazes de amor e lealdade vivem conosco nesta esfera. Gostei de encontrar aqui cães, e tenho dois gatos que me seguem. Talvez na terra existisse alguma ligação entre mim e eles, em períodos remotos. Não dou muita importância a gatos, mas estes dois insistem em viver comigo. Aqui não se mata, nem se comem animais. As crianças crescem até a maturidade e os velhos remoçam. Não existe deteriorização. Alcançamos certa perfeição e continuamos a progredir. É sempre dia, como os dias ensolarados da terra, mas não vemos o sol com o um disco. Tenho estudado a ciência desta luz. Ha muita coisa que não posso compreender. Em próximo futuro você adquirirá conhecimentos em dose jamais sonhada. Em seguida se comunicará comigo sobre problemas científicos; usarei às vezes palavras acima da sua compreensão, mas que independente disso você escreverá. Estou levando uma vida admirável, sem ter perdido nada de valor do que adquiri na terra. Estamos neste plano muito próximos do reservatório da vida. Na terra temos de comer e beber para conservar a vida. Prometam-me, Herbert e Mabel, que se comunicarão comigo novamente. É aconselhável que não se comuniquem por mais de meia hora cada vez, e apenas duas vezes por semana. Continue com seus estudos, Herbert, e nunca desanime.

❄ ❄ ❄

A sessão, já com duas horas, terminou afinal; senti que alguém se afastava da saleta, e minutos depois Mrs. Leonard emergia do transe.

Minha mulher estava assombrada. Não somente reconhecera de pronto a personalidade de W. A., como no decurso da conversação viu acumularem-se provas e mais provas sobre a sua identidade. Havíamos, disse ela, conseguido realizar uma experiência superior a tudo quanto sonháramos.

Não houve pausas. Escrevi continuamente, com a maior rapidez possível, até cansar a mão. As notas traem o meu esforço, mas estão fieis. Apenas suprimi repetições inúteis.

Ainda que Mrs. Leonard nos conhecesse muito, era-lhe impossível inventar tantas provas de identidade, baseadas em fatos só de mim e de minha mulher conhecidos. Do ponto de vista metapsíquico, a sessão foi maravilhosa, de tal modo a identidade de W. A. foi estabelecida a força de pormenores pessoais. Além disso, por várias vezes sua voz soou no espaço.

Também devo frisar que antes da sessão nenhum dos presentes tinha a menor ideia do que iria acontecer, nem sequer prevíamos que W. A. nos aparecesse.

Muito interessante o fato dele comunicar-se mediunicamente e de aconselhar-me a não recorrer a médiuns. Igual conselho também me foi dado em outras sessões, com a explicação ele que o meu desenvolvimento tem de vir por meio da comunicação espiritual direta.

❄ ❄ ❄

Para o público em geral parece-me difícil a obtenção destas demonstrações diretas, pessoais. Médiuns de valor existem pouquíssimos, e sem uma demonstração direta, pessoal, de esmagadora evidencia, é muito difícil crer. Nada mais natural e compreensível; as coisas que uma pessoa lê nunca produzem a mesma impressão das coisas que essa pessoa vê ou ouve.

Perguntando à médium se podia marcar-me outro encontro, respondeu-me que estava comprometida até o fim do mês vindouro. Muito do seu tempo é consagrado a criaturas que procuram consolar-se por meio de comunicação com os entes queridos. Por louvável que isto seja, eu não procuro consolação, nem me move a sentimentalidade. Empenho-me apenas no estudo de matéria que talvez traga em si a solução do problema do Universo. Com sentimentalismo não chegaremos lá. Não considero o espiritismo uma fraqueza. Tenho-o, ao contrário, como uma força divina.

❄ ❄ ❄

Um mês mais tarde li das experiências de Mr. Robert Blatchford com Mrs. Leonard, que no "Sunday Herald" ele refere como "Mrs. Tranquil".

Mr. Blatchford era completamente cético, mas já na primeira sessão pôde comunicar-se com sua esposa, de quem obteve todas as provas de identidade. Isso o fez publicar dois artigos muito claros e convincentes.

Antes de aparecer o último desses artigos, Sir Conan Doyle veio com um no qual acentuava o fato de três personalidades de projeção terem ultimamente aderido ao espiritualismo; Marshall Hall, Blatchford e eu.

Semelhante observação fez que o " Sunday Herald" perturbasse meu sono da sesta com telefonemas. Queria saber se era verdade que eu me comunicara com minha irmã, e em caso afirmativo, se eu me tinha assegurado de mais evidências. Às duas perguntas respondi que sim, e acrescentei que nada publicaria por uns meses.

O repórter indagou ainda se eu planejava algum livro sobre o assunto, e se era livro tendente a catequizar incrédulos. Respondi que sim, quanto ao livro, mas que poucos se me dava que outras pessoas cressem ou não, visto não ser eu nenhum missionário – e, pendurando o fone, retomei o repouso interrompido.

No dia seguinte Sir Marshall veio ver-me. Eu o conhecia de anos, mas nunca tínhamos discutido tais assuntos. "Olá, Bradley, eu não sabia que você estivesse onde está", gritou--me na entrada. De fato, nenhum de nós sabia em que ponto o outro estava, antes da informação dos jornais. Tivemos uma conversa interessantíssima, na qual ele contou-me muito mais do que eu lhe pude contar.

Quanto a Sir Conan Doyle, devo declarar que o tenho na conta de um homem sincero e honesto que muito tem feito para a vitória do espiritualismo. Mas Sir Conan Doyle proclama o espiritualismo mais como crença do que como ciência; muito mais como religião do que como instrumento de melhoria humana. Não discuto tais ideias, embora não concorde. Acho que a crença implica a ideia de medo, e que devemos afastar de nós o medo.

Física e mentalmente, o espírito, o intelecto e a personalidade se tornam impotentes e negativos quando sob a obsessão do medo.

No estudo em causa Sir Conan Doyle fala do modo do qual

o espiritualismo afeta a humanidade. Diz ele: "Como pode um moço penetrar num bordel, se sabe que o espírito de sua mãe falecida está caminhando ao seu lado?"

Esta concepção implanta o reino do medo. Minha ideia é que o espírito de uma boa mãe, lá no além, deve possuir a delicadeza necessária para não ver tais cenas. Imagino os espíritos na posse de uma compreensão mais alta do que a nossa, e pois não mais encadeados à sordidez material da terra.

Ha outra atitude para com o espiritualismo que desespera as pessoas inteligentes. É a dos que, a despeito de todas as provas, deliberadamente se recusam a crer e consideram-no coisa malsã. Muitos chegam a negar fatos conhecidos unicamente para não perturbar a determinação de nada aceitarem do que não compreendem.

Eis um caso típico, que me foi contado por um brilhante estudioso de psicologia. Achando-se numa sessão, apareceu-lhe o espírito dum amigo morto que deixara na terra viúva moça e linda. Conversaram os dois longamente, e no fim o "vivo" indagou do "morto" se desejava comunicar-se com sua mulher. O "morto" respondeu que sim. Mas como o "vivo" conhecesse as ideias da viúva, refletiu com seus botões: "Sei que ela é materialista, mas farei a proposta. Quero ver-lhe a cara! Vai recusar com ódio!"

E foi o que sucedeu. A viúva desculpou-se, alegou doença, medo de ser perturbada – evidentes evasivas de quem não crê. Tudo, menos fazer uma tentativa para comunicar-se com o esposo. Recusou-se até a ouvir o relato do que ele dissera. Parentes seus que souberam do caso também se opuseram agressivamente a que a viúva se encontrasse com o morto. E não se falou mais no assunto.

Mas por que razão perturbar-se-ia ela com vir a saber, por experiência própria, que o esposo estava espiritualmente vivo e em situação de instruí-la sobre o além? Preferiria, então, permanecer na crença de que tudo quanto restava do esposo era a podridão de uma carne que os verme roíam na tumba? Seria isto a sua filosofia ou o seu desejo? Ou era apenas medo – medo de que o marido condenasse a vida de prazeres que ela levava?

Temos ainda aqui um caso de medo – o medo que um

espírito nos fiscalize as ações. Dancemos, dancemos e que vá para o inferno a ideia de eternidade.

É horrível e errada esta miserável concepção do espiritualismo. Supor que a função dos espíritos seja espiar a sordidez das nossas vidas, é ideia que só pode ocorrer a cérebros bem mesquinhos. Se o espírito se digna a olhar para as fragilidades humanas, claro que o fará com um sorriso de tolerância. A concepção artística da vida espiritual nos planos superiores tem que admiti-la como alheia às sujidades da terra.

O espiritualismo ou é tomado como realidade estupenda ou rejeitado como vacuidade.

VII - Caos, fantasia e invenção

Capítulo para os céticos – Incoerência – Belle: rosto negro mas espírito branco – Um grande homem do Oriente – O autor diverte-se – Impressões– Apesar de burlesco, o investigador da Verdade se entristece – Moonstone

Este capítulo vai agradar aos céticos. Enfeixa experiências sem o menor valor ou interesse; mas como nosso livro constitui um relato imparcial de investigações psíquicas temos de fixar não só o de rigoroso valor probante como o caótico, o tedioso, o inútil. Isto servirá como ilustração dos desapontamentos com que os estudiosos da metapsíquica esbarram pelo caminho.

Tive a 4 de outubro o meu primeiro encontro com Mrs. Brittain, médium clarividente que já trabalhara com Sir Conan Doyle, sem grande sucesso aliás. Mas recomendada a amigos seus, produziu com estes fatos que ao grande escritor pareceram suficientes para atestar o seu valor mediúnico. Também Sir Oliver Lodge trabalhou com Mrs. Brittain, sem grandes resultados.

Era a primeira vez que eu a via – e ela a mim. Levei comigo uma Miss A., moça extremamente viva, clarividente a intervalos, e talvez dotada de faculdades mediúnicas ainda encobertas. A sessão foi só de dois; Miss A ficou de lado.

Mrs. Brittain não caiu em transe; remexeu-se muito e foi indicando os espíritos que via em redor de mim. Enunciou muitos nomes, masculinos e femininos, nenhum dos quais meu conhecido. A coisa continuou nesse tom por algum tempo, numa mistura de nomes, mensagens, descrições, etc., tudo muito sem coerência. Seria até cômico, se não fora o patético esforço de Mrs. Brittain para conseguir algo aproveitável. Por fim desistiu.

Miss A. declarou que alguns dos nomes e retratos cabiam em pessoas de suas relações. Como matéria de evidência era muito pouco e tive de dar a sessão como falha.

Mrs. Brittain mostrou-se desolada, e eu também, não só de vê-la assim como da perda do meu tempo. Achei-me, entretanto, no dever de dar-lhe nova oportunidade – e outra sessão foi marcada para o dia 10 do mesmo mês.

Fui só a essa sessão, que correu mais variada; Mrs. Brittain caiu, imediatamente em transe, sob o controle de um espirita-guia de nome "Belle". Belle tinha voz mais aguda que a de Mrs. Brittain, aliás dum tom que pode ser conseguido por qualquer pessoa. Descreveu-se como senegalesa, de pele de azeviche mas espírito branco. Haviam-lhe ensinado inglês no Senegal.

BELLE – Estou vendo de pé ao vosso lado um homem, aí de uns quarenta e cinco anos. Cabelos grisalhos, bela testa, belos olhos. Sofreu muito antes de "passar". Foi homem bastante ativo e ocupado; sempre inquieto, gostando de nadar enquanto falava. Mostra grande interesse pelo vosso trabalho. Quer inspirar-vos. Na terra foi materialista e nem sequer considerava o além como problema, tão pouco isso o interessava.[20] Diz que podeis atrair espíritos por meio dos vossos trabalhos. Ha muitos espíritos que procuram ajudar-vos. Aparece um de cada vez, mas tendes de fazer tudo por vós mesmo. Juntam-se em grande número para formar uma poderosa bateria, graças a qual se comuniquem convosco diretamente, sem intervenção de médiuns. Dizem que sois médium, não pelos olhos ou ouvidos, mas pela consciência, pela inspiração. Sei que as vezes tentais escrever e nada conseguis.[21] Tendes o corpo na terra e a mente longe. Um grande homem acaba de aparecer. É o espírito de um tal que "passou" no Oriente.

[20] Perfeita descrição dum meu amigo morto.

[21] Verdadeiro. Mas muitos escritores são assim enquanto não conseguem controlar o temperamento.

Está vos guiando. Possui sabedoria; é filosofo. Feda pediu a Raymond que vos ajudasse no obter comunicações diretas; também o pediu a Paul Kennedy, amigo de Raymond. Eles pairam na esfera do Outono. A mãe de Paul ainda vive na terra. Obtende da médium seu endereço e procurai-a.[22] O grande homem do Oriente está aqui. É um admirável profeta

BRADLEY (para o oriental) – A que esfera pertence?

O ORIENTAL – Cuide dos vossos fatos antes de pensar em esferas.

BELLE – O grande homem ainda se aproximará de vós e vos trará inspiração. Mas é de vós mesmo que deveis tirar tudo. Sereis usado como instrumento. O mundo é uma escola de crianças, escola de preparação para vida mais alta. A infantilidade morre. Nas obras que ides escrever os espíritos vos darão uma luz de sol, com que se dissipe a cegueira do mundo. Eles vos darão essa oportunidade. Ha milhares aqui ansiosos por comunicação. O grande oriental guardará a vossa mente contra a invasão dos espíritos obsessivos, só permitindo que se aproximem os bons. Providenciará para que os canais só se abram para poucos. Podereis escolher os vossos guias. Existem duas coisas, religião e ciência; religião é sentimento, ternura, emoção, afeição; a ciência é fria e dura. A ciência é feminina e masculina a um tempo, negativa e positiva.

Neste ponto terminou a sessão, que, embora mais interessante que a primeira, nada apresentou de valia evidencia! Os devaneios da imaginação podem explicar tudo quanto foi dito.

Tive boa impressão de Mrs. Brittain, que é bondosa e honesta; mas os seus poderes psíquicos são variáveis de intensidade, e lhe produzem, quando exercitados, ânsia e cansaço.

❄ ❄ ❄

Outro médium que a seguir consultei foi Mr. A. Vout Peters, sobre quem Sir Lodge forma boa opinião. O relato das sessões feitas com ele ocupa considerável parte de "Ray-

[22] Referência a Raymond Lodge, Paul Kennedy e Mrs. Kennedy, figurantes no "Raymond" de Sir Oliver Lodge. Encontrei-me mais tarde com Mrs. Kennedy, uma encantadora senhora de conversa excepcionalmente interessante.

mond". Diz Sir Lodge que "em linhas gerais Mr. Peters operou tão bem como qualquer outro médium". Será assim; mas comigo Mrs. Leonard produz comunicações infinitamente mais interessantes, de muito melhor descritivo e de muito maior valor evidencial.

Visitei Mr. Peters na manhã de 24 de outubro; e já cansado de apresentar-me anonimamente como Fulano ou Sicrano, dei meu nome certo. Mr. Peters recebeu-me com ares místicos. Ares místicos não são fáceis de adquirir. Sua função consiste em impressionar com o toque da poesia, da beleza e da elevação musical, é como sucede com o meu amigo Rabindranath Tagore; mas esta impressão que Tagore dá é ligeira, porque em seus olhos boia o humor do conhecimento e o sorriso da simplicidade. Exuda o mistério das coisas, mas na intimidade deixa transparecer o humorismo.

Impressões criam emoções e a emoção é a vida. Eu não sei resistir às minhas impressões; são-me mais reais do que as coisas materiais. Afeiçoadas sob forma artística, as impressões têm vida mais longa que o prédio de tijolos onde resido.

Muito provável que Mr. Peters possua reais poderes psíquicos. Também muito provável que esses poderes nem sempre atuem; variarão de intensidade. Mas ao tempo da minha consulta estavam positivamente em verdadeiro coma, a ponto de exigirem o socorro da invenção.

Reunimo-nos numa salinha um tanto bolorenta, especialmente reservada para as sessões. Nada se comia ali, e ninguém fumava, para que não se poluísse a atmosfera. Depois de algumas palavras de pseudo-sabedoria, o médium pediu-me um objeto de uso pessoal. Dei-lhe o relógio de pulso. Ele o apertou numa das mãos e correu a outra pela testa, como procurando extrair inspiração.

Mr. Peters produziu o seguinte retrato meu, mas não mordi a isca da lisonja.

MR. PETERS – Vida notável. Tudo vê com profundidade. Tem aberto o seu próprio caminho e criado os seus próprios sucessos. Pouco o prendem teorias. Sempre si mesmo. Apanha as coisas de todos os lados e de todos os pontos de vista. Popular: gosta de proporcionar prazer. Tem uma religião curiosa. Sem fanatismo. Não dá importância a crenças. Só respeita as coisas que ajudam e elevam a humanidade. Lançou de si a ortodoxia. Perturbações entraram-lhe na vida o ano passado, escurecendo-a, mas breve terá de novo a luz. Já vê as coisas sob novo aspecto e com profundidade.[23]

Numa carta que me escreveu, Mr. Peters pedira-me que lhe levasse algo pessoal duma pessoa morta. Ao dar-lhe esse objeto, ele descreveu assim o seu antigo possuidor:

MR. PETERS – Ativo. Vivo. Energético, cheio de vida e força. Altura mediana. Rosto alongado; testa alta. Lábios cheios, mãos quase pequenas. Progressista. Disposição amável... Oh! Estou sentindo uma terrível dor de câimbra...

Retorceu-se e fez caretas. Pediu-me que lhe pegasse a mão, o que fiz com relutância, certo de que seria por pouco.

MR. PETERS – Sinto dor no peito; não posso respirar nem pensar. Tenho as mãos inúteis. A dor parte das costas e desce pelas pernas. Dor repentina, que não espere. Quero falar e não posso...

Seguiu-se uns momentos de inconsciência.

MR. PETERS – Não posso fazer o que queria. Luto e nada consigo. O seu amigo, dono deste objeto, olhava par a frente, esperando algo muito diverso da morte. Esperava luz; veio a sua separação da vida do mundo. Procurou voltar. O senhor não é a única pessoa que o atrai aqui. Ha uma fotografia que hoje o aborrece. Era impaciente. Queria sempre realizar mais do que realizava. Caráter pouco amigo dos estranhos. Conserva-os a distância. Só se entregava aos íntimos – uma vez ou outra. Hábil no conceber coisas. Muito feliz. Ação pronta. Aborrecia-se com as demoras. A morte sobreveio-lhe em período de plena felicidade. Dor súbita, sem aviso.

Com tantos arquejos descreveu, Mr. Peters a horrível dor, que era de uma pessoa sentir-se movida com o penoso da sua profissão.

MR. PETERS – Sentia-se como esmagado no peito. Moribundo. Dores tremendas. Tinha o corpo muito sensível. Nada religioso. Nenhum senso de medo. Difícil de adaptar-se às novas condições, depois de "passado".

[23] Absurdo! Nenhuma perturbação interferiu com a minha vida.

Os paroxismos de Mr. Peters deixaram-me insensível, como também as suas descrições nada produziram em mim; muito elásticas, das que podem caber a milhares de pessoas.

Depois descreveu um velho no qual eu não tinha o menor interesse. Acabou entediando-me tanto que receei também cair num dos seus espasmos.

* * *

Uma velha, em seguida. Que modelo de pintura! "Nariz não grande; boca pequena; olhos cinzentos ou levemente castanhos." Depois de aturado estudo Sherlock Holmes poderia descobrir que um "nariz não grande" podia também ser um "nariz não pequeno", e deduzir que, embora a coisa não estivesse nitidamente definida, era positivo tratar-se de um nariz. A forma da boca foi pintada diplomaticamente, pois seria indelicado falar numa dama de "boca grande". A cor dos olhos está deleitosamente estabelecida, pois se eram cinzentos ou pardos, claro que não seriam verdes.

Esta interessantíssima velha "tinha estado doente e pouco antes de morrer padeceu dores intensas" (dores que, por felicidade minha, não foram demonstradas nas caretas do medium). E, coisa admirável, "esteve de cama por algum tempo". Infortunadamente, a maior parte das criaturas não remetidas ao outro mundo pela guerra ou por desastre de automóveis, raramente escapam de cair doentes e padecer dores no fim ela vida; de modo que podemos ficar bem seguros de que foi isso mesmo o que se passou com a suave e variegada velha. Ninguém duvidará da afirmação de que ela "esteve de cama por algum tempo"...

Apesar da perfeição do retrato, muito lamentei não conseguir reconhecê-la. É provável que a tivesse visto nalgum baile, fantasticamente vestida, o que agora me atrapalha a identificação.

Muita gente possui admirável e sortido arsenal de parentes mortos. Eu, não. Procedo duma família irlandesa em que todos vivem muito. Meu pai ainda está forte, a despeito dos seus noventa anos. Sua avó nasceu em 1740 e morreu com 104 anos. De parentes mortos, só me lembro de minha irmã e dum tio velho. Isso encurta muito o alvo para os clarividentes do tipo de Mr. Peters.

Depois de algumas banalidades sobre o frio de outono, eu disse adeus ao médium; mas não querendo revelar-me leviano em minhas investigações, deixei marcado novo encontro.

* * *

Para essa segunda sessão Mr. Peters sugeriu-me a hora do crepúsculo, dia 8 de novembro – dia e hora em que de novo invadi o seu santuário espiritual.

O curso das coisas, porém, está nas mãos dos deuses, o que tive na segunda sessão tomou forma agradavelmente pitoresca.

Nada de perder tempo com psicometria. Mr. Peters foi pedindo um objeto meu – o meu relógio, que acariciou com êxtase. Quase a seguir seus grugulejas e gestos indicaram o começo do transe. "Moonstone está presente." Esse Moonstone era o seu guia.

Falava um inglês estropiado – inglês de ferreiro de aldeia que representa o papel de D'Artagnan. Mas variável. As vezes afrancesava-se; outras, virava inglês de Bloomsbury, e na maior parte do tempo era inquestionavelmente o inglês de Mr. Peters.

Moonstone revelou-se-me um tipo gentil e afável, muito pessoal. Insistiu em descrever-me, mas senti dificuldade em reconhecer-me nesse retrato. E se a coisa continuasse, eu acabaria incompatibilizado comigo mesmo.

Depois veio novidade – uma 'dama idosa" de "nariz não grande". Dama "não muito alta" e "um tanto terna e convencional". Mas embora cá no mundo essa velha me "quisesse muito", estava com medo do que eu pudesse dizer. E, maravilha! também "sofreu muito antes de passar"...

Depois, outra velha, que "tinha um retrato feito há quarenta anos". Caracterizava-se pelo "rosto longo e a saia de roda". Tinha o nome de "Mary Ann" e no retrato "está de pé junto a uma mesa", e com "um broche"...

Depois, um soldado. "Tipo feliz, não muito alto, cabelos de um belo castanho e nariz bonito." O pobre homem tinha "vivido muito do corpo" e acabou "sofrendo bastante". Se este sofrimento adveio de ter vivido muito do corpo, é ponto que, não ficou explanado, nem tão pouco que apesar de tudo isso fosse "um tipo feliz". Detalhes espantosos: "seus lábios eram um tanto grossos e as mãos, longas e largas; e não era religioso". Profundamente lamentável! "Caiu doente ou foi ferido; ia sarando mas de súbito morreu." Fora vítima de uma "perturbação de estômago, ou dum tiro, ou duma operação". Dos três males com certeza ele escolheria o segundo.

Embora não fosse "nem gordo nem magro", o soldado "aborrecia-se algum tanto com os negócios". Não era "nem gordo nem magro". Um homem, em suma, que não se parecia com coisa nenhuma. Esta minha conclusão, porém, foi prejudicada por um novo detalhe de muita importância: "era alerta e ativo, e dado a cavalos e animais"...

A descrição seguinte foi a duma jovem "entre vinte e cinco e quarenta anos" (esplêndida diplomacia!). Também "alerta e ativa", qual o soldado, e embora "amasse sem sentimento, sofreu bastante do estomago e do peito". Apesar destas aflições, a jovem sabia que "qualquer coisa não frutificara na minha vida" e isso a despeito de que "ninguém me amasse por mim mesmo, só ela"! Declarou que eu havia "experimentado grandes dificuldades e um período de má sorte". E que há "um lado desagradável na minha vida". Ao contar que ela deixara no mundo um retrato, indaguei:

– Pode descrever-me esse retrato?

Moonstone não deu atenção a pergunta e prosseguiu, dizendo que ela é minha "irmã ou prima". Suponho que só possa ser uma das minhas tataravós.

Depois veio a descrição de alguém que "caiu dum cavalo e quebrou a perna". Teve sorte. Em vez da perna podia ter quebrado o pescoço.

Em certo ponto Mr. Peters, ou Moonstonc, entra a falar com mau acento francês. Trata-se dum hospital. "Os leitos não são muito altos."

MOONSTONE – Já visitou um hospital?

EU – Não, não, não. O destino ainda não o exigiu de mim.

MOONSTONE – Vejo um homem. Faz esporte. Tem uma

bola e está em excelentes condições.

EU (*em solilóquio mental*) – Faz esporte com uma bola! Maravilhosamente único...

Moonstone descobre outro tipo de nome "Dick", mas eu me sinto desapontado de em vez de reconhecer nele um meu cachorrinho desse nome, dar com um "homem de quarenta anos que pode ser mais velho". A descrição deste homem é prodigiosamente gráfica. Ele "não é muito alto e tem o rosto um pouco redondo e algum tanto bem barbeado". Reproduzo rigorosamente as palavras usadas e abaixo a cabeça, sucumbido, diante do "algum tanto bem barbeado". Esse homem é "muito operoso, mas não pode trabalhar porque o proibiram disso". Com certeza um membro da Federação dos Pedreiros expulso da liga. Homem que desenvolveu tremenda atividade na viela, teve amigos poderosos e sofria duma dor no peito...

Todas estas citações entre aspas, com leves abreviações, eu as ponho na ordem em que vieram. Mas continuemos na descrição deste último tipo. "Seu fim chegou rápido." Ele "não estava seguro da vida depois da morte", mas "era cuidadoso no vestir e no trato das unhas".

E a coisa vai por aí além. Súbito, quase agressivamente, recebo a queima-roupa uma interpelação no inglês de Mr. Peters:

MOONSTONE – Está reconhecendo este homem?

EU (com a agonia do tédio) – Absolutamente não, meu caro Moonstone.

Moonstone continuou. O pobre mártir "tinha sofrido dos pés e de paralisia das mãos... Era tão ocupado que não teve tempo ele viver; Na terra habitou uma casa de jardim florido. Deixou recomendações para Bill".

Nesse ponto tive o gosto de assistir a emersão de Mr. Peters do seu estado de transe; como estivesse de todo alheio ao que se passara, indagou, ainda tonto, se Moonstone tinha dito algo de valor.

Respondi que entre mim e Moonstone se travara uma admirável discussão sobre a tranquilidade do ar e as capacidades da mente.

Antes da minha partida, depois de contar a Mr. Peters da obra que eu estava a escrever sobre o problema psíquico, perguntei-lhe se desejava, a bem do seu nome, que realizássemos mais uma sessão. Mr. Peters declinou da oportunidade.

Esse médium talvez tenha faculdades de um certo tipo, que só funcionam conjugadas a cérebro diferente do meu. Talvez não harmonizássemos. Mas a ideia que me deu foi de que procurava recorrer à imaginação, de onde as suas criações reduzirem-se a tão miserável coisa, sem toque nenhum de realidade.

Semelhantes produtos poderão interessar aos sentimentais em quem a credulidade se enrosca, mas para o estudioso credulidade é planta destruidora do jardim do conhecimento.

O resultado das minhas sessões com Mr. Peters foi, portanto, negativo. Vim com a impressão de um caos de piruetas, com a fantasia a dançar má música e a invenção a arreganhar os dentes, como caveira em orgia.

E assim vai a investigação espiritualista; ora a explorar os lodosos becos da aventura mental, ora a atravessar florestas de lianas sufocantes, ora a chafurdar nos pântanos da sentimentalidade, até alcançar o terreno firme e limpo onde nos sintamos a sós com o deus existente em nosso seio.

VII - A duvidazinha do diabo

A pequenez do homem – Bomba mental – Telegrama dramático – Cuidado com as armadilhas da estupidez! – O filosofo passa em revista a sua mentalidade

Por maior que seja o orgulho do homem, enquanto ele não perceber a pequenez infinitesimal de suas forças não caminhará um passo além do território dos tontos.

Com toda a nossa vaidade e nossa arrogância no afirmar, só conhecemos uma bem mesquinha fração do Universo. Somos prisioneiros das nossas emoções e joguetes no temporal da vida. Vida é movimento, e quietude é morte, é por mais filosóficos que nos suponhamos nosso pensamento e nossa emoção oscilam sempre. Depois de alcançados os mais altos píncaros, tombamos nos mais profundos despenhadeiros da dúvida. Ir e vir. Subir e descer...

Para o sábio só existe dor e prazer. A felicidade é a preguiçosa arcádia da afetação. O homem artista instintivamente despreza o mesquinho terreno neutro da felicidade: pode brincar na sua alegria e autocraticamente extrair requintes de sua dor. O maior de todos nós só possui uma faísca de inteligência, confinada pela casca do nosso corpo. E esta casca nós a imaginamos de suprema importância, persuadidos de que é a soma total, até que a inevitável decadência nos destrua a ilusão...

Foi no mês de novembro que a bomba me alcançou, explodiu diante dos meus olhos e deixou-me arrasado.

Em meus estudos psíquicos eu havia até aquele momento aprendido alguma coisa. Do ponto de vista filosófico minhas experiências em escrita automática (expostas no Livro III) tinham sido de valor. Do ponto de vista pessoal, muito mais dramático, eu ainda estava preso a duas evidências dadas pela voz direta – as comunicações de minha irmã e de W. A.

Estas três prodigiosas revelações seriam o bastante para convencer o intelecto médio sobre a certeza da vida depois da morte; mas a voracidade do apetite mental pede alimentação continua.

Duas pessoas intimamente ligadas a mim tinham morrido durante os últimas dez anos e ambas se comunicaram comigo. Apesar disso, e de já estar eu há cinco meses imerso no colossal problema do além e da evolução contínua da personalidade, fraquejei subitamente, em virtude de nunca mais, depois da minha experiência na América, ter recebido outra mensagem de minha irmã. O seu silêncio, logicamente incompreensível, era perturbador.

Eu havia percorrido todos os canais possíveis de pseudo-médiuns, muitos dos quais só provaram capacidade para invenções paupérrimas.

A despeito desses desapontamentos, eu sentia em meu coração que nada era de molde a destruir as descobertas ele Arlena Towers e da minha conversa com W. A.

Eu, de mim, não necessitava de mais provas da sobrevivência; mas para os iniciados, para os sem imaginação e os cépticos eu sentia que essas experiências não bastavam para firmar-lhes a convicção. Elo a elo tinha de ser forjada a cadeia de evidência capaz de levar o homem médio, de limitada compreensão, ao estado de espírito necessário à compreensão e aceitação compulsória da magnificente verdade.

Nesse meio tempo recebi carta do meu amigo De Wyckoff dizendo que vinha para a Inglaterra em começos de dezembro, e que traria Valiantine para prosseguirmos aqui nossos estudos. Estavam as coisas nesse pé, quando a bomba rebentou sob forma dum cabograma de New York.

Fica sem efeito minha carta verifiquei Valiantine inegável exemplo fraude consciente.

De Wyckoff

O meu atordoamento foi completo. O despacho tinha a frieza característica de De Wyckoff, no seu ódio à fraude. Estava patente que alguma coisa de muita importância fora descoberta, e eu era obrigado a respeitar o juízo de um tão escrupuloso investigador.

Mas por mais que o lesse e relesse, o despacho me deixava no ar. Dia a dia eu me viera concentrando no estudo do maior dos problemas, e aos poucos já havia chegado a alguma coisa. Este livro já estava em meio.

Eu me sentia estranhamente estimulado. O jogo das emoções me atraía. Os deuses mostravam-se generosos no fornecer-me alimento para o espírito. E De Wyckoff, homem de sabedoria, repentinamente acusa Valiantine de fraude! Meu cérebro entrou a regirar no círculo das conclusões. O que tinha sido descoberto, impossível para mim saber. Mas de uma coisa eu estava seguro: da verdade das minhas experiências em Arlena Towers. Nenhum daqueles fenômenos poderia ser explicado pela lógica humana. Mesmo admitindo que por algum truque misterioso fosse passível produzirem-se as manifestações dos outros espíritos, nem De Wyckoff, nem Valiantine, nem Deus poderia abalar a minha certeza de que durante trinta e cinco minutos eu tinha conversado de assuntos pessoais – assuntos desconhecidos de todo o mundo – com o espírito desencarnado, porém vivo, de minha irmã: sua voz, sua personalidade, sua inteligência, sua alma.

E assim, havendo digerido o cabograma e sempre firme na inexpugnável certeza que hei de levar até a cova, ri-me da pequenina dúvida do diabo.

Mas permaneci bastante material para conceber que o cabograma de De Wyckoff iria destruir meu livro.

Tenho plena consciência das minhas limitações, uma das quais é a miserável incapacidade para a mentira. A decisão, pois, que eu tinha de tomar era rever todos os incidentes havidos, por mais prejudicial que o fosse à minha filosofia, que é o pensamento de seda deste trabalho.

Minha lógica só poderia chegar a rígidas conclusões, quase cubistas em suas linhas inexoráveis. As alternativas tinham de estabelecer-se assim: De Wyckoff, sabio; Valiantine, fraude; eu, louco.

Mas ainda assim nada modificaria minha opinião.

Repito: por três vezes na vida estrelas brilhantes me iluminaram o caminho no conhecimento da eternidade. Caminho claro, simples, certo. Apesar disso, vítimas da pobreza do nosso intelecto, sentimo-nos às vezes fracos durante a jornada e, humanos que somos, caímos nos buracos da estupidez.

Eu estava certo de tudo e maravilhado do esquema da criação em que nada morre, mas tudo se desenvolve na eternidade. Quem chega a esta certeza – a certeza da vida do além – e recebe pedras da catapulta dos amigos, há que refugiar-se, ferido, no consolo do próprio eu, procurando aquela partícula divina que sabemos existir na alma de cada homem...

Obtive um segundo encontro anônimo com Mrs. Osborne Leonard para novembro 28. Que resultaria? Repetição da já havido? A ser assim, eu preferiria um silêncio negativo.

Uma coincidência: Joseph e Minerva De Wyckoff, marido e mulher, partiram para a Inglaterra no momento em que eu e minha esposa entrávamos em casa de Mrs. Leonard.

Lembro-me que disse a minha mulher: "Será agora interessante observar se alguma coisa transpira."

Falei com ênfase, metade como desafio ao destino, metade por desejo de evidência.

E, cansado, mas mentalmente perfeito, não esperando coisa nenhuma e pronto para suportar todas as derrotas, rodei de carro para Hertfordshire onde residia a médium.

Há mundos sem fim, exatamente como a vida humana é sem fim. O que importa é compreender isto e procurar desenvolver a personalidade.

Mas a duvidazinha do diabo combate o grande deus da fé.

IX - A maravilhosa evidencia da eternidade

Um símbolo: a jornada da mente através da vida – Feda, Vv. A. e um senhor idoso – Minha irmã confirma o que se passou em Arlena Towers – Uma sessão notável – A vida é uma sombra da existência

Na manhã de 27 de novembro nevava no sul da Inglaterra, e em Kingston Hill o nevoeiro se fizera denso a ponto de dificultar o trânsito.

Eu e minha mulher partimos de carro para a casa de Mrs. Osborne Leonard. Atravessamos a parte ocidental de Londres dentro de um "fog" tão sem luz que nos deprimia os nervos, mas perto de Hertfordshire já encontramos o sol. Mudança maravilhosa. Tudo alvíssimo de neve. Cada galhinho ou folha cintilava de brancuras.

Aquela passagem da cegueira do *fog* opaco para o esplendor da luz pareceu-me simbólico da jornada da mente através da vida...

O encontro fora marcado por um amigo, de modo que Mrs. Leonard ignorava a nossa identidade. Minha mulher sentou-se-lhe ao lado e eu pus-me a mesinha de tomar notas. Logo no começo do transe Feda apareceu.

FEDA – Bom dia! Sua irmã e W. A. estão aqui. Mandam a Bradley saudações e dizem que têm estado com ele quase que diariamente, desde a última vez que se comunicaram. Ambos têm estado a impressioná-lo, mas não conseguiram manifestar-se.

W. A. – Não falo por mim só; estou falando também em

nome de outros. Temos influenciado a sua mente, e convencidos de que nos é possível fazê-lo em alto grau. (Para mim) Há qualquer coisa que estamos preparando para você.

FEDA – Annie está reclinada sobre Bradlley, como que procurando dirigir sua mão. Todos nós procuramos influir no espírito de Bradlley, e há muitos caminhos para isso. Um seu trabalho consiste numa espécie de ensaio de tamanho médio, que pode ser lido numa hora ou duas. Vimo-lo reunindo papéis num livro. Num livro que é uma mistura. Vários assuntos se entrelaçam ali, alguns relativos ao espiritualismo. Bradley os apresenta sob uma luz nova, e de maneira nova. Esse trabalho oscila entre dois pontos de vista, e queremos forçá-lo a definir-se, mas sem abandonar a imparcialidade.[24]

W. A. – Sim; é como o assunto deve ser tratado; estamos cansados de vacilações.

O SENHOR IDOSO – Tenho estado ajudando-o, e suponho que sou responsável por boa parte das suas impressões.

W. A. – Há poucos dias estive presente a uma entrevista que você concedeu a certo homem. Conversaram sobre assuntos psíquicos, e você apresentou uma espécie de programa para o futuro, nada para desenvolvimento imediato. Não deve comprometer-se muito, Bradley; a matéria é muito vasta e interessante. Exige cautelas. Desabrocham coisas em redor de você que serão de grande importância dentro de alguns meses. Não se prenda ao que não for essencial. Bem percebe que há muito que fazer. Coisas inesperadas acontecerão. É bom estar preparado para elas.

O SENHOR IDOSO – Meu nome é M. J. B. Procuro estar com Bradley por amor ao trabalho que ele está realizando. W. A. tem procurado esclarecer "Old A.",[25] mas não ·espera consegui-lo; o velho é impermeável, mas todos aqui gostamos dele.

W. A. – Tenho-me como autoridade no assunto. Old A, não recebe facilmente ideias novas. Está acostumado a tudo ver com os seus próprios olhos e a não dar importância aos pontos ele vista alheios. Não me parece possível, Herbert, que você possa fazer qualquer coisa com ele. Melhor deixá-lo, já

[24] Notável apreciação do meu livro e da minha atitude mental.

[25] Parente próximo de W. A. e tratado assim na família.

que tem tanta coisa em que aplicar-se.[26] Fiquei contente dele poder comunicar-me da última vez. Desejava-o muito. Sempre estive esperando por vocês dois. Harry está comigo – Harry F. Somos muito ligados. Estou ajudando você em seus trabalhos literários e pretendo fazer o mesmo quando falar em público. Tem que fazer isso. Uma grande oportunidade aproxima-se.[27] Os guias estão se preparando. Um dos seus guias é James, o professor. Entre ele e você existe uma ligação. James pode ajudar de duas maneiras, psíquica e intelectualmente. Na terra escreveu muito – e de um modo admirável. A princípio, coisas leves; depois, trabalhos muito sérios.[28] Você tem que fazer o mesmo. Continue com o trabalho começado. Siga sua própria orientação, não mude; nós daqui vamos auxiliá-lo nos pontos mais sérios. Conferências públicas constituem coisa diferente. Hoje seu cérebro e a língua não cooperam: tão bem como o seu cérebro e a mão. Ajudá-lo-ei no falar, embora na terra eu não brilhasse no discurso. Pigarreava e engolia dezenas de vezes. A inarticulação ocorre quando a mente se distrai. Na companhia de poucas pessoas você consegue impressionar, Herbert. Precisa porém dirigir-se a público mais numeroso. Esqueça a sua ojeriza ao falar e prepare-se. Farei que você esqueça as personalidades do auditório. Se conservar-se consciente da presença delas, estará prejudicado; deve falar como se diante de si só tivesse cadeiras vazias. Corrigirei os seus defeitos.[29] Não se meta, pelo momento, em nenhum negócio novo. Tenha em forma o que espera dizer; prepare o começo, e quando sentir-se firme sobre os pés não precisará sentar-se. A oportunidade aproxima-se. Estarei lá e prometo não deixá-lo falhar. Há de ir adiante e de sentir-se contente dos feitos.

Em seguida W. A. referiu-se a uma fotografia tirada no Cenotafio, em que ele saíra parecido.

W. A. – Foi Mr. Stead quem me falou nisso. Estou à di-

[26] Depois da minha primeira comunicação com W. A. procurei "Old A." e narrei-lhe o sucedido; mas "Old A.", céptico, respondeu que não podia acreditar em espiritualismo e em médiuns. Também acrescentou que "o conhecimento na família dessas comunicações era capaz de trazer perturbações e até doenças".

[27] Antes da sessão eu fora convidado para falar em duas sociedades.

[28] A indicação parece apontar o professor de psicologia de Harvard, William James, morto em 1910 e irmão do romancista Henry James, um estudioso de metapsíquica.

[29] Exato. Detesto falar em público, embora tenha sido forçado a isso várias vezes.

reita, não muito embaixo. Examine-a com uma lente.[30] Sua irmã e eu somos grandes companheiros, mas a condição dela é diferente da minha; Annie tornou-se mais espiritualizada. Impressiona a todos. Belo espírito de alta evolução. Não espero impressionar a você como ela o consegue. Entro muito pelas coisas materiais. Para mim talvez fosse melhor e mais normal que eu voltasse à vida e continuasse a auxiliar as criaturas. Não estou mais na mesma posição de ao deixar a terra, mas é mais fácil ajudar quando nos apresentamos na forma normal comum. Ha muito mais felicidade aqui do que na terra. Muita confiança, um sentimento diverso do da terra. Eu não gostaria de voltar. Há a segurança de que tudo vai muito bem. Até você, Herbert, tem tido seus tempos de pânico – todos os têm na terra, todos que usam do cérebro. Momentos em que duvidamos de tudo. Eu também passei por isso, embora não fosse do grupo dos que pensam muito. Você sempre pensou e analisou mais do que eu. Eu me dava demais às coisas práticas. Vivi lidando com máquinas e velocidades. Neste plano ninguém sente incertezas. Todos trabalhamos para o bem. Sua irmã cuida de crianças. Foi bom que ela "passasse"; se continuasse a viver, sofreria muito da má saúde. Está agora bastante desenvolvida, linda e moça. Eu conservo a mesma aparência da terra. Alguns que de lá chegam ficam mais jovens, restauram-se no vigor antigo. Acho esplêndido isso de sentir-me tão forte; e de poder fazer coisas com a minha força ou a minha mente. Procurei executar trabalhos com as minhas mãos e quando o consegui tive um grande reconforto. Conheço Kingsley.[31] É um moço. Contou-me que você vai visitar seu pai e quer que eu não me esqueça disto. Acrescentou que "sente que terei algo a fazer com ele em próximo futuro". Quero entrar em contato com vocês dois, em casa.

MRS. BRADLEY – Como pode entrar em contato?

---

[30] No dia seguinte minha mulher obteve cópia da fotografia tomada ao ar livre durante os dois minutos de silencio do Dia do Armistício, 11 de novembro de 1923, por Mrs. Deane e Estelle Stead. Essa fotografia mostrou cerca de cinquenta cabeças de espíritos e foi reproduzida em vários jornais, inclusive o "Sunday Herald", de 18 de novembro, que também deu um longo artigo a respeito do fenômeno. Com surpresa nossa, descobrimos no lugar indicado por W. A. uma cabeça de extraordinária semelhança com a sua.

[31] Provavelmente refere-se a Kingsley, filho de Sir Conan Doyle. Por esse tempo eu ainda não me encontrara com este escritor.

Seguiu-se uma breve discussão entre W. A. e Feda. W. A. sugeria o uso do aparelho Ouija e Feda propunha a mesinha; mas ambos concordaram quanto à possibilidade de bons resultados.

W. A. (para mim) – É meu dever ajudar a vocês dois. Conserve-se em penumbra e procure apanhar algumas mensagens. Tenho a impressão de que irei surpreendê-lo. Se o conseguir, não procure prolongar a coisa. Nada de comunicações de mais de meia hora, nem de por mais de duas vezes na semana. Uma ou duas vezes tentei comunicar-me com você, mas não reuni a força necessária. Há forças no ar, mas é preciso captá-las. Quis também comunicar-me com certo homem, mas a força estava muito espalhada.

EU (subitamente para Feda) – Quer perguntar a W. A. se ele ou minha irmã estiveram presentes em Arlena Towers?

W. A. – Sim, estive lá com sua irmã. As condições eram diferentes de todas que eu observara antes.

ANNIE – Muita força junta, física e mental – e tenho medo que isso haja prejudicado a condição de alguém.

FEDA – Sua irmã está a mover as mãos como que procurando inutilmente traçar qualquer coisa. Há algo que não podeis compreender, e isso vos aborrece. Atrapalha os vossos cálculos e afasta os ventos das vossas velas.[32]

ANNIE – Em Arlena Towers houve força maravilhosa.

EU – Lembra-se do que lá se passou?

AN NIE – Claro que sim. Conversamos, e tão agradavelmente! Falei contigo. Falei contigo do mesmo modo que W. A. está falando boje – propondo-me a ajudar-te e animar-te nos trabalhos. Disse-te que tinha estado procurando meios de comunicação e que sabia que tinhas de chegar a este ponto. Lembras-te dos meus agradecimentos à pessoa que te trouxe para nós?

Aqui Feda observou que Annie dera um pulinho.

ANNIE – Fiquei tão contente que até me excitei. Sabes que em Arlena Towers senti um grande choque? Lembras-te que passei meus braços em torno ao teu pescoço? Percebeste isso? Era tão prodigioso aquilo de eu poder falar-te como ou-

[32] Referia-se, evidentemente, a minha atitude mental ante o telegrama de Wyckoff.

trora! Em Arlena Towers senti-me no apogeu da força.

EU – Este ponto é muito importante, porque depois daquela sessão recebi um cabograma de De Wyckoff dizendo que Valiantine fora descoberto em fraude.

ANNIE – Não tenho bastante experiência de Valiantine para falar, mas sei que nada fraudou naquele dia.

W. A. – Você sabe que há forças psíquicas e que em certas condições essas forças, sob forma de palavras e ação, atuam. Quando essas forças se acumulam em alguém, você poderá sentir, ouvir e ver sem que isso esteja debaixo do nosso controle. Nesses casos o médium pode as vezes ser impelido a inconscientemente fazer algo por si mesmo. O que nós queremos que se faça transforma-se em ação. Deixamo-nos arrastar pela correnteza do pensamento, em vez de resistir a ela.

ANNIE – Na curta experiência que tivemos com Valiantine aceitei-o como um admirável médium – e o mesmo pensam outros daqui.

EU – Valiantine estava para vir com De Wyckoff, mas a descoberta de qualquer coisa mudou tudo.

W. A. – Não vem, então, Valiantine?

EU – Não.

ANNIE – Que pena!

W. A. – Que pena, sim. Você devia ter arranjado as coisas de modo que não pudesse haver fraude. Em matéria de fenômenos físicos é fácil provocá-los com aparência da fraude. Um dia explicaremos isto. Eu desejava controlar Valiantine. Havendo condições simpáticas, ele seria impotente para fraudar.

ANNIE – Estive em Arlena Towers. Apresentei-me de modo que quase me podias sentir, e a espaços tinha medo de que não te convencesses da realidade da minha presença. Não me senti completamente materializada naquele momento. Estava apenas eterizada, mas julguei que me pudesses ver. Recordas-te de que falei de Dennis na escola? E havia lá mais alguém comigo – um índio que me ajudava na comunicação. Possuía um tremendo poder. Não te lembras de um som peculiar – não voz, mas um som como de qualquer coisa esfregada?[33] Tive muito boa impressão da minha voz. Espero

[33] De Wyckoff percebeu esse som.

que Valiantine ainda venha. Mais tarde tem que vir, e então hei de ver o que poderei realizar em condições que afastem qualquer dúvida. Valiantine parece-me homem de confiança.

W. A. – Todos esses médiuns são muito engraçados.

FEDA – Não penso assim, W. A.

W. A. – Parecem-me um tanto pancadas, um tanto desviados do normal. Valiantine, entretanto, deu-me ideia dum homem decente – e já foi experimentado por muitas pessoas de valor.

Aqui subitamente surgiu o nome de Tanner.[34] Feda declarou que algo estava sendo feito para trazê-lo.

W. A. – Já encontrei Tanner por aqui. Foi meu conhecido na terra.

EU – Sim, também nós conhecemos Tanner. Está ele nessa esfera?

W. A. – Não está em nosso plano, mas tenho-o visto. Não tardaria vir para aqui. Tem que realizar coisas e encontra dificuldades. Mas vencerá. Eu e Annie havemos de trazê-lo, apesar dos embaraços da sua adaptação. Há que modificar-se muito. Mas já está a caminho. John[35] o tem ajudado. Tanner possui fotografias, uma coleção, com as quais quer fazer qualquer coisa. Tem lá sua ideia.

Neste ponto Feda falou de alguém morto por um tiro.

FEDA – Não era parente, apenas simples conhecido nosso, mas o fato nos doeu. Bastante ligado a M. e H. C. Jovem prometedor. Tudo por causa de uma mulher. Envolveu-se com ela e atrapalhou-se. Mas não teve intenção de matar-se: foi vítima do estado de abstração em que caíra. Estava olhando, ou examinando uma arma, quando o desastre ocorreu. Breve saberei mais sobre o caso e vocês se interessarão.

W. A. (*intempestivamente para mim e com quase dramática insolência*) – Você conhece Moira,[36] Herbert. Ela ainda está na terra, onde eu a ajudo às vezes. Ajudei-a mui particularmente há bem pouco tempo, e mais de forma mental do que física. Tenho procurado governar sua mente. Quero elevá-la

[34] Nome dum amigo nosso, falecido recentemente.

[35] O nome inteiro foi mencionado; era um irmão de Tanner falecido antes dele.

[36] Razões pessoais obrigam-me a dar outro nome. Essa referência produziu um choque elétrico em minha mulher e em mim.

mais e mais. Gosto de Moira... Conheço-a hoje mais do que quando estava na terra. Naquele tempo não a conhecia bem, mas agora estou habilitado a frequentá-la e compreendê-la.

ANNIE – Há uma possibilidade de seres convidado para voltar à América, mais não estamos ansiosos por isso. A oportunidade se apresentará. Se não queremos que vás, nem por isso te impediremos de ir. Mas é melhor que não vás já. Tens muito que fazer aqui, na obra de psicografia. e comunicação falada.

W. A. (*para Mrs. Bradley*) – Você está pensando numa visita que quer fazer, visita curta e aqui perto. Está achando que é maçada e na dúvida se vai ou não. Sou de parecer que deve ir. (Para mim): Você esteve há pouco numa reunião onde se debateram coisas muito interessantes. Uma salada de ideias e pontos de vista. Breve irá comigo a outra. Naquela reunião uma cara bastante engraçada divertiu-me muito. Tão solene... Também você parecia divertido.[37]

FEDA – Sua irmã e W. A. estiveram tentando pancadinhas na cabeceira de sua cama.

EU – Pareceu-me ouvir qualquer coisa – mas sons quase imperceptíveis.

Aqui Feda notou que W. A. fez sinal que sim e disse: "Da próxima vez agiremos melhor."

MRS. BRADLEY (para Annie) – Georgie está com você?[38]

ANNIE – Sim, mas não pude trazê-lo. Georgie está mais desenvolvido do que poderás supor. Neste plano o tempo é diferente, e contado de acordo com o desenvolvimento. Georgie tornou-se um grande auxiliar meu; para ele foi muito melhor vir para aqui – muito melhor. Na terra teria perturbações pulmonares. Não costuma vir à terra com frequência. Eu, sim, porque tenho trabalhos a fazer. Há tantos de nós aqui que vieram antes! Parece que na terra não se faz muito para a preservação da vida. (E depois de uma pausa): F... casou-se ele novo.[39] Isso não me incomoda. Ele ainda está no corpo físico, como vocês. Não importa. A princípio a morte surpreen-

[37] Isso ocorreu numa das chamadas reuniões intelectuais a que eu costumava comparecer. A "cara engraçada" era a dum famoso escritor.

[38] Georgie, filho de Annie, morto anos atrás.

[39] Sou obrigado a suprimir o nome.

de-nos, mas só a princípio. A mim o fato de ter morrido não me aflige mais. Neste plano Georgie é mais que uma criança. Enche-me o horizonte. Há outro rapaz que anda com ele, um que passou há muito tempo. Lembras-te de Irving[40], ele como era hábil, mas de temperamento difícil? Vejo-o frequentemente. Mas formado e definido. Na terra escrevia, e tinha ainda outra ocupação. Moreno, pálido e não bonito; passou subitamente, moço ainda. Parente próximo de M... A. Com certeza lembras-te dele. Era feliz na terra, mas apenas a espaços.

W. A. – Admirável entrar nesta nova vida! Aqui sabemos que fazer o que nos parece direito é o certo. Por isso queremos fazer o que sentimos direito. Vocês na terra quase sempre sabem o que é direito, mas não o fazem. Quando, porém, se certificarem de que existimos, e existimos num plano, ou condição para a qual todos têm que vir mais tarde, só aí todos procurarão fazer o que for possível para bem preparar-se. A incerteza é que faz a gente fraca – moral, mental e espiritualmente. Os que vivem na terra não se sentem seguros de si. Isto parecerá sermão moral, mas eu hoje sei o que digo. Esse homem da América (Valiantine) pode auxiliar a muita gente. É preciso que vocês cuidem dele, que o defendam, que o encorajem e compreendam. Havemos de fazer o que for possível. Estou certo ele que se Valiantine vier à Inglaterra fará com vocês o que fez na América. Tudo depende das condições. Se acham que podem fazer alguma coisa, nós daremos daqui nossa ajuda. Neste momento ele está como quem levou pancada no crânio. Por que não lhe sugerem que venha e continue?

ANNIE – Não vás à América ainda, e lembra-te do que eu disse de Valiantine. Naquela ocasião em Arlena Towers esse homem revelou-se admirável. Como poderia saber tudo quanto eu queria dizer? Tu não ignoras o que eu disse, e sabes que eu disse tudo quanto quis dizer. Valiantine não me parece capaz de artes extraordinárias. Experimentai-o de novo, em boas condições. Tenho que ir-me agora. Meu amor para todos.

W. A. – Meu amor também para vocês dois. Não se amofinem a respeito de "Old A." Estejam prontos para a luta. Daqui os ajudaremos em tudo. Podemos fazê-lo.

---

[40] Conheci um Irving, mas não posso identificá-lo com a descrição de Annie.

* * *

Assim terminou a sessão, depois de duas horas de conversa com duas personalidades distintas. Os espíritos desencarnados de W. A. e de minha irmã revelaram-se-me vivos, inteligentes, alertas. Com a maior evidência ficou provada a identidade de ambos, dum modo que palavras não podem dizer, mas que no-los tornou reconhecíveis sem a menor sombra de dúvida.

Isto forma agora um conhecimento meu – não uma crença; notem bem: um conhecimento. *Sei que não há morte. A vida na terra não passa de sombra da existência. Vivemos por toda a eternidade, de esfera em esfera, e à medida que aprendemos e nos desenvolvemos, aproximamo-nos mais e mais da inteligência do grande e incompreensível Deus que é a inspiração do Universo.*

Suporá alguém que depois das revelações que tive possa eu dar a mínima importância ao modo pelo qual os críticos científicos procurem interpretar a minha evidência?

Os incrédulos vão recorrer as grandes palavras da época, *telepatia e subconsciente*, ou outras assim elementares. Semelhantes teorias, porém, reduzem-se a nada diante da conversa de duas pessoas, ou espíritos, ambos íntimos meus e de minha mulher, conversa que se manteve com as vozes exatas que ambos tinham na terra.

Se a ciência quer esclarecer-se quanto a comunicações psíquicas e espíritas, deve abordar o assunto de modo diferente; mas muitos cientistas ainda se revelam aferrados a essa velha e infantil explicação telepática. Lembram moscas humanas a se alimentarem nos monturos da inteligência.

Vou repassar os pontos mais sugestivos da admirável sessão e da incontestável evidência que me foi proporcionada. O telegrama recebido de De Wyckoff tinha-me perturbado. As experiências na América constituíam a base da minha aceitação da sobrevivência e eram a força que me levava aos estudos a que a partir daquele momento me dediquei. Tal telegrama poderia ter destruído essa base. Não o fez, mas deixou a minha aceitação geral dos fatos como que apoiada numa débil camada de gelo.

Observo de começo algo notável: minha irmã e W. A. sabiam desse meu estado de alma e logo que puderam pôr-se em comunicação comigo amontoaram evidencias sobre evidencias, de modo a plenamente convencerem-me a mim e ao mundo.

Eu havia ido à casa de Mrs. Leonard com a inteligência alerta e preparado para tudo, de modo que me assombrei quando logo no início Feda me, anunciou: "Sua irmã está aqui, e também W. A." O nome e o sobrenome de W. A. foram-me dados por extenso.

Imediatamente depois desse anuncio falaram os dois, e ambos se referiram ao livro em que eu andava trabalhando desde o caso da América. Ambos sabiam que naquele momento, e em consequência do telegrama ele De Wyckoff, a obra oscilava entre dois pontos de vista, e ambos pediram-me que me definisse imparcialmente.

A referência a "Old A." foi algo extraordinário. O nome por extenso e o sobrenome desse velho foram pronunciados, sendo de notar-se que na família é exatamente assim, "Old A.", que o tratam. A nossa entrevista foi citada. W. A. sabia tudo desse seu encontro e do mais que houve entre nós. Quando me avistei com ele e lhe disse da minha comunicação com o espírito de W. A., o velho recusou-se a crer, apesar das provas que dei. Mais tarde enviou-me por via legal uma carta intimatória para impedir que eu publicasse qualquer coisa a respeito do caso, visto como tal publicação poderia ter efeito desastroso na saúde de vários membros da família. Aborreci-me, enfureci-me com a intimação, e levei dez dias para dar resposta – resposta aliás cortês, em vista da consideração que lhe tenho. Declarei-lhe que não me era possível admitir nenhuma interferência quanto ao que eu pudesse escrever, e recusei-me a aceitar a intimação.

A consequência é que estou me utilizando das provas a mim fornecidas por W. A. e não há pessoa inteligente que não perceba a enorme importância disso. Tivesse eu fraquejado, e por mal-entendido sentimentalismo abandonado tão excelente arma, e grande dano estaria feito ao valor da minha descoberta da verdade.

A dificuldade maior do espiritualismo está sempre no lado pessoal. A mentalidade de certas criaturas é desnorteante. Ainda que a maior parte dos homens repila com indignação a pecha de ateísmo, no fundo detesta qualquer referência à vida espiritual. Por que? Semelhante atitude, além de tonta, é ilógica. Essas pessoas olham para as comunicações espíritas com horror, em vez de aceitá-las como uma descoberta de grande beleza.

Gosto de "Old A.". Um velho gentleman de vida irreprochável e bondoso para com todos que o cercam. Entre ele e o jovem W. A. houve mútua afeição e compreensão esplêndida. Apesar disso, quando lhe contei da minha comunicação com W. A. recebeu-me com sarcasmo.

Esse é o motivo de W. A. aparecer neste livro apenas indicado pelas iniciais.

As referências aos meus trabalhos como orador são interessantes. Várias conferências fiz aqui e na América, mas tenho repugnância pelo falar em público. Na quinzena anterior a esta última sessão tive dois convites para falar, e um terceiro justamente na véspera; recusei-os a todos porque tais conferências viriam atrasar a composição do meu livro.

A observação de W. A. sobre a grande amizade que o ligava a minha irmã fere uma corda de grande interesse. Não se conheceram na vida terrena, mas na vida do além procuraram-se e ligaram-se para ajudar-me, justamente pelo vivo interesse que no mundo eu sempre mostrei para com ambos. "Ela está mais espiritualizada"; isto é compreensível dados o caráter de Annie e os dez anos de seu desenvolvimento em outra esfera.

As referências de W. A. a minha incerteza tinham muita significação, e o que disse da miserável saúde de Annie na terra mostra um conhecimento que só poderia ter adquirido por informação recebida no além.

Vamos agora analisar o caso da América, de enorme valor do ponto de vista evidencial.

A sua extrema importância torna necessário que eu frise os seguintes pontos: A sessão fora anônima; a médium não me conhecia. Durante minha primeira conversa com W. A, a

28 de agosto de 1923, nenhuma menção fizera eu relativamente à América, embora W. A. houvesse declarado que muito sentira não ter-se comunicado comigo em outra sessão. Antes de assistir à presente sessão eu não tinha a menor ideia, nem a menor esperança de que pudesse comunicar-me com Annie. Esperava apenas comunicar-me novamente com W. A. mas sem nenhuma certeza disso.

Quando Feda me declarou que Annie estava presente, determinei cá comigo propor-lhe uma pergunta teste, coisa decisiva. Dada a natureza perturbadora do telegrama de De Wyckoff, e compreendendo que a minha teoria da solução ou do abandono de um problema de tremendo interesse humano era um dilema, tive especial cuidado em formular essa pergunta, de modo a não permitir qualquer resposta evasiva.

Recapitulemos a situação. Eu estava em Hertfordshire diante de uma médium que não me conhecia; pedi aos espíritos que me dessem notícia do que sucedera na América, fatos que ali na sessão só eu e eles podíamos conhecer. Eu considerava essa pergunta em condições de, caso respondida de modo adequado, provar de modo perfeito, e além de qualquer dúvida, a sobrevivência depois da morte.

Considere-se a pergunta com as palavras exatas com que a formulei. *"Quer perguntar a W.A. se ele ou minha irmã estiveram presentes em Arlena Towers?"*

A frase não dá indicação prática de coisa nenhuma; podia referir-se a qualquer acidente trivial na vida terrena de ambos, e Arlena Towers podia ser localizada em qualquer parte – mas na resposta eles imediatamente a localizaram na América – e a seguir o incidente exato foi posto em discussão.

Ambos sabiam, e falaram, da minha preocupação mental e das minhas cogitações decorrentes do telegrama de De Wyckoff antes que eu me referisse a esse despacho. Com muita exatidão minha irmã relatou o sucedido na América; recordou o que me disse quanto a minha obra e também o seu agradecimento a De Wyckoff por haver-me posto em contato com ela. Suas referências a Valiantine foram extraordinárias e a análise do caráter desse médium foi exata.

Continuando a amontoar provas, minha irmã relembrou o

que então me disse de meu filho Dennis na escola de Downside. Referiu-se ao índio Kokum, que a auxiliara a por-se em contato comigo, mencionou os sons arranhados que ouvíramos antes que ela falasse, sons que não julguei de interesse anotar na ocasião mas que De Wyckoff observou por achá-los fora do comum. O caráter desta citação de um fato insignificante apresenta extraordinário valor evidencial.

Annie também se refere a sua própria voz, "que estava muito boa". Revelara-se realmente ótima, direta e clara, com todas as belezas da sua cultura e cadencia.

W. A. declarou ter estado presente à sessão de Arlena Towers, sem poder materializar sua voz no grau necessário para fazer-se ouvido por mim; mas disse que desde aquele momento, tanto ele como Annie compreenderam minha opinião sobre Valiantine. E para destruir qualquer sombra de dúvida que ainda pudesse subsistir minha irmã declarou (e isto constitui argumento de valor absoluto): "Como poderia Valiantine saber tudo quanto eu desejava dizer?"

Com esta pergunta obtive a mais incontestável prova jamais concedida a um ente humano sobre a vida depois da morte, a vida de personalidades que desapareceram do mundo e no entanto podem de outra esfera conversar conosco com ia mesma voz que tinham, e compreender-nos e ajudar-nos na solução dos nossos problemas terrestres.

Era algo magnificente. Se em passadas eras o conhecimento disto existiu e foi ocultado dos homens, ou barrado em sua aceitação, é coisa que não saberei dizer. Quanto a mim, a minha opinião é que por mais assombrosos que sejam os progressos materiais da ciência, por mais maravilhosos que nos apareçam os conhecimentos humanos, nada valem diante do clarão cegante desta esplêndida realidade.

Depois da momentosa sessão de Arlena Towers, a sequência de provas que obtive foi coisa tão extraordinária que tenho de dá-la como dos fatos de maior evidência jamais conseguidos neste mundo.

Mal eram feitas as perguntas e já vinham as respostas, extremamente claras, sem vacilações de pausas, com espontânea citação de nomes ou com introdução de comentários de muito a propósito.

Minha mulher perguntara a minha irmã: "Georgie está com você?" Georgie era o filhinho de Annie, e ela imediatamente o descreveu, na sua idade e desenvolvimento, falando da sua fraqueza pulmonar, e da sua morte precoce. Também se referiu ao segundo casamento de F... sobre o qual filosofou de um modo pessoal.

Tudo foi como se Annie e W. A. estivessem apostados em proporcionar-me todas as provas de valor evidencial que eu desejava.

Depois de debatido o caso de Arlena Towers, e a propósito de nada, subitamente W. A. mencionou o nome de Tanner, dizendo que o conhecera na terra e o encontrara no além. Deu-nos o seu nome por extenso – e o efeito foi prodigioso. Tanner morrera um mês antes, mais ou menos, e era bastante conhecido de mim e de minha mulher, como também o fora de W. A. As referências a Tanner mostraram-se perfeitas – e W. A. também se referiu ao irmão de Tanner, John, que falecera anos antes.

Em adição a todas estas provas de valor excepcional tenho comigo a maior de todas – mas que as palavras não traduzem: minha impressão pessoal, minha sensação de estar em contato com essas personalidades que eu conhecera na terra e agora viviam no além.

Compreendo perfeitamente que para pessoas de medíocre inteligência possa ser perigoso o conhecimento das comunicações espíritas. Se as limitações mentais dessas criaturas se confinam às estúpidas convenções terrenas, muito provavelmente seriam vítimas de um choque, capaz de as fazer fugir apavoradas. A filosofia dos espíritos nas esferas mais altas não se coaduna com a cômica filosofia destes subúrbios terrestres.

W. A. foi na terra um homem excepcionalmente hábil e lá no além parece determinado a provar o fato da vida depois da morte, mas prová-lo de modo que fique acima de qualquer dúvida. Conhecendo-me, como me conhece, sabia-o já na terra, e sabe-o hoje, que não ligo a mínima importância aos nossos códigos de convenções; sabia e sabe que não me importa, nem ao mínimo, a opinião do mundo, e que na minha pesquisa da verdade quero utilizar-me de todas as partículas da evidência, por mais pessoais e delicadas que sejam. Medo é coisa que não existe em mim.

Quando obtive a confirmação dos fatos ocorridos em Arlena Towers, claro que me impressionei com o altíssimo valor das provas, mas isso não iria significar para os outros tanto quanto para mim. Impressionei-me com a nitidez da evidência, não há dúvida, mas nada obtive de novo, convencido que já estava. Essa confirmação não passou de mera ilustração do já sabido.

A perspicácia de W. A. fê-lo compreender a situação e daí sua ideia de dizer algo que me chocasse e me estimulasse as emoções.

Depois daquele verdadeiro banquete de provas para uso da multidão, W. A. proporcionou-me um manjar de certeza exclusiva, quando, sem aviso e dramaticamente, falou da Moira. Tal referência naquele momento e na presença de minha mulher era arriscada. Ele sabia tudo a respeito de Moira e dos delicados laços de amizade que nos prendiam. Ora, W. A. fora na terra um grande amigo de minha mulher e, portanto, não ignorava que a referência poderia causar-lhe sofrimento, mas também sabia que com essa referência ele me proporcionava uma nova prova de extraordinário valor, maior que quantas pudessem existir. Deu-me essa prova absoluta da sobrevivência e ao mesmo tempo uma lição da filosofia mais alta que era agora a dele. E prova que o era unicamente para mim e minha mulher, dado o íntimo do assunto.

Nada mais tenho a acrescentar sobre este ponto, a não ser que a revelação de W. A. determinou um debate de duas horas – debate que terminou num completo acordo entre mim e minha mulher sobre o valor excepcionalmente probante da referência a Moira.

Experiência maravilhosa! Durante duas horas sem interrupção assuntos de interesse eminentemente pessoal foram discutidos com a maior inteligência pelos espíritos de W. A. e de minha irmã. E ambos mostraram-se determinados em amontoar provas que esmagassem, do modo mais absoluto, qualquer dúvida sobre a sobrevivência.

A vida é eterna, mas nós, humanos, atolados no pântano da matéria, sucumbimos com tanta frequência as carícias terrestres que raro podemos elevar nosso espírito aos cumes altíssimos da compreensão.

X - Os três elos

Em busca das gemas do conhecimento – O venenoso miasma da morte – Mrs. A. V. E., a médium – Minha irmã novamente – Mensagem dos mortos – Para convicção do mundo tonto – A médium e o solicitador – A vida é uma admirável aventura

29 de novembro de 1923

Em vista da tremenda magnitude do assunto, não só para mim como para a humanidade, procuro organizar minhas investigações de modo que na documentação da vida depois da morte meus fatos não possam ser contestados; e se acaso eu vier a falhar, fiquem meus esforços como modelo duma tentativa sincera e solida.

Embora aceitasse as minhas experiências da América com uma compreensão que palavras não dizem, eu admitia a necessidade do acúmulo de mais provas, para convicção do mundo. Quanto a mim, minha alma já fora arrancada do seu estado natural de fleugma, e meu cínico ceticismo relativo à sobrevivência eterna estava aniquilado.

Era natural que sacrificasse meus interesses materiais afim de levar por diante este trabalho. Se conseguisse descobrir tão preciosa gema de conhecimento, minha recompensa estaria assegurada. Em pleno vigor da virilidade, não no amedrontado marasmo da velhice, eu me dedicava à destruição do venenoso miasma da morte.

Alguém que me merecia o maior credito falou-me de uma

médium de toda a confiança, e o meu encontro com ela, sob pseudônimo, foi logo marcado – negócio conduzido com tanta discrição como se eu fora um embaixador com as responsabilidades da guerra ou da paz.

Chamava-se Mrs. A. V. E. essa médium, que já trabalhara com Sir Lodge depois da publicação de *Raymond* e também com Sir Conan Doyle, obtendo com ambos resultados animadores.

No dia 29 de novembro fui sozinho a sua casa, nos arredores ele Londres. Sentia-me mentalmente fraco e nada esperava conseguir de valor.

Sentamo-nos numa sala bastante iluminada, com as cortinas de enrolar das janelas descidas a meio para quebrar o excesso de luz. Mrs. A. V. E. não caía em transe; recebia as mensagens e fazia descrições com a sua voz natural. Eis o que ocorreu:

MRS. A. V. E. – Estão presentes três espíritos, uma mulher moça e dois cavalheiros. A moça tem estatura média, um tanto esguia de corpo, rosto bonito, graciosa de movimentos; olhos ovais, sobrancelhas arqueadas, belo cabelo ondulado. Maneiras joviais e afetuosas. Possui um grande caráter. Parece referir-se a algum escrito ou mensagem psicografada. "Passou" há uns nove anos e está agora bastante espiritualizada.[41] Refere-se à América, a qualquer coisa escrita em relação à América. Mostrou-me B. Não é a primeira inicial – e indica seu irmão. Dos dois outros espíritos um é um senhor idoso, alto, de bigodes negros, maçãs salientes, pestanas escuras. Terá aí uns cinquenta e cinco a sessenta anos. Forte personalidade. Vejo a inicial D. Tipo másculo de homem. Ri-se de qualquer coisa que diz respeito ao senhor. Na terra viveu mais no campo do que nas cidades. "

Em seguida, a médium descreveu um rapaz antes de voltar a minha irmã.

A. V. E. – Alto, de tipo atlético, rosto mais redondo que oval. Boca cheia, dentes curtos; olhos azuis cinza, sobrancelhas arqueadas. Belo cabelo tratado a cosmético. Aí de vinte e três a vinte e cinco anos. Caráter afetivo. Um pouco feminino. Ligado à aviação.

[41] Descrição muito exata de minha irmã, como era um ano antes da morte.

Há algum liame entre o senhor e a moça. Ela "passou" subitamente; não andava bem de saúde, desde algum tempo. O senhor parece entrar em contato com gente de todos os tipos. Viaja e escreve, e, embora seja autor, tem grande jeito para negócios. A moça está mostrando o retrato de uma senhora idosa – uma avó muito velha e forte, vestida de preto. Traz um broche e gola branca. Rosto largo, muitas rugas, várias falhas de dentes. Olhos afundados, azuis; cabelos grisalhos e touca de renda. Conta a moça que o senhor se desenvolveu em linhas próprias; tudo que tem acontecido em sua vida o senhor o deve a si mesmo. Terrível lutador. Ela diz que o levou para Southampton Row,[42] onde agiu admiravelmente, embora no começo tivesse medo.[43]

ANNIE – Sempre serei agradecida à América. Graças às tuas experiências lá, vais fazer muito bem a mim e a ti mesmo. Naquele país fiz referências a Dennis. Deves tornar tudo isto claro às pessoas; todos te ouvirão mais que aos outros. Sinto-me contente de seres tão corajoso. Quando me comuniquei contigo na América o grupo era muito pequeno.

A. V. E. – Sabe que minha impressão a seu respeito é de que o senhor toma tudo em grande escala? É um autor, mas se fosse um organizador faria tudo em larga escala. Vejo a imagem de um lindo menino de uns cinco anos. Forte, travesso, muito adiantado para a idade. Vejo-lhe a imagem, de cabelos cacheados. Hoje está muito desenvolvido para cachos. A moça diz que lhe é grandemente devotada, e que é sua tia. Acha que ele tem um admirável espírito.[44]

ANNIE– Pus-me em contato contigo e obtive admiráveis resultados. Mas agora, por qualquer razão, não consigo o que consegui outrora. Ando pensando se não se formou em ti uma mentalidade contrária. Ha de ter ocorrido qualquer atrapalhação, mas a muita simpatia entre nossas mentes nos permitirá continuar. Vi-te numa casa de três pavimentos, com terreno em redor. Casa grande e em parte murada. O jardim forma uma curiosa combinação. Ha lá um campo de tênis e perto um roseiral. Tens responsabilidade no desenho dessa parte do terreno.

[42] Minha irmã esteve muito ligada comigo em Southampton Row, Londres.
[43] Não quero explicar isto, mas está, certo.
[44] Tenho um filho, "Pat", de sete anos.

Há umas pedras e um passeio em redor. Estou frequentemente lá. É um dos meus passeios favoritos. À frente da casa existe um caminho ladeado de canteiros, que leva ao campo de tênis. Desse campo sai uma, trilha, rumo a um bosque e depois há um portão de madeira que abre para o descampado.[45]

A. V. E. – Vejo uma dama de bom aspecto, vestida com magnificência. Tem a preocupação de que tudo quanto usa esteja bem combinado. Dois tons no cabelo. Castanho escuro e reflexos de ouro. Metódica e amiga do esporte. Caçoa do senhor a propósito de certa parte do jardim (subitamente para mim, como se achasse a questão absurda): O senhor costuma dormir no escritório?

EU – Por que o pergunta?

A. V. E.– Porque o homem idoso está dizendo que o senhor "às vezes dorme no escritório e será criticado por isso".

ANNIE – Quero esclarecer esse caso da América. A primeira vez que me comuniquei contigo foi lá, e não houve premeditação. Foste à América levado por algum negócio – e inopinadamente surgiu o ensejo de captares as minhas mensagens. Na primavera vais receber outra proposta de voltar para lá, sempre a negócios. Naquela reunião havia mais três pessoas. Ultimamente tens feito alterações em tua casa, por causa do assunto que te preocupa – e nisso vais ter auxílio daqui. Bem sabes que o que andas fazendo é a última coisa que os que te conheciam supunham fosses capaz de fazer. És para os teus amigos uma tão ininterrupta surpresa que nada mais os surpreende.

A. V. E. – O senhor parece-me uma extraordinária criatura, de grande simpatia; resolve sobre qualquer assunto com rapidez e às vezes é uma rocha. Cabeça e coração completamente separados. O espírito de sua irmã retira-se. Ainda tem algo a perguntar-lhe?

EU – Conte-lhe que há um homem em viagem da América para aqui, com o qual estarei dentro de poucos dias.

ANNIE (para Mrs. A. V. E.) – Diga-lhe que é o homem ao qual devemos a sessão em que pela primeira vez nos comunicamos.

---

[45] Descrição muito exata de Dorincourt.

* * *

Levantamos a sessão. Do começo ao fim tudo foram evidencias em todos os detalhes, de modo que sem que eu o esperasse obtive provas incontestes do já assistido na América e em Hertfordshire.

Perguntei então a Mrs. A. V. E. se sabia quem eu era. Sua resposta foi: "Não tinha a mínima ideia de quem o senhor seja; de si só sei que obteve de mim este encontro por intermédio de Miss Phillimore, que me apresentou como "Mr. Autor". E, deixando a sala, voltou pouco depois com uma carta nestes termos: "Um senhor, que eu chamarei "Mr. Autor", visitará a senhora na manhã de quinta-feira. Ele quer permanecer anônimo."

Não contente com isto, escrevi a Miss Phillimore perguntando-lhe se de algum modo e inadvertidamente não teria ela dado a Mrs. A. V. E. qualquer indicação da minha pessoa. Sua resposta foi que tal coisa era em absoluto impossível.

Menciono estes pontos porque num mundo de cretinos como o nosso uma criatura sincera tem que trabalhar com desagradável manha para antecipadamente combater a sórdida mentalidade suspeitosa da maioria cética.

Sim, porque ainda que Mrs. A. V. E. conhecesse meu nome, de que maneira poderia só com isso comunicar-me o que comunicou? Lidei com médiuns que me conheciam e haviam lido tudo quanto publiquei – e deles só obtive uma desalentadora mexida. Já Mrs. A. V. E. não me conhecia e, no entanto, foi por seu intermédio que consegui o terceiro elo da minha cadeia de evidências.

Em conversa vim a saber que seus pais possuíam mediunidade. A mãe era uma judia austríaca, e o pai, um francês católico, ambos já falecidos.

Contou-me que a sua mediunidade se revelou quando ainda menina. Achei-a extremamente inteligente e sensível. As condições afetam-na bastante, e a mentalidade dos presentes à sessão constitui um grande fator. Algumas pessoas aumentam-lhe a mediunidade. Disse-me que realmente vê o rosto dos espíritos, os quais ás vezes lhe aparecem bem claros e definidos e outras vezes, enubladamente ou apagados. Ouve-lhes as vozes quando falam, coisa que não sucede às demais pessoas presentes.

Durante o ano de 1922 Mrs. A. V. E. publicou no *Weekly Dispatch* uma série de artigos sobre suas experiências. Li-os todos; bem escritos e muito interessantes quanto aos episódios narrados.

Um solicitador, sua mulher e filhas davam-se com Mr. A. V. E., com quem faziam sessões de tempos em tempos. Meses depois da morte desse homem apareceu em casa de Mrs. A. V. E. a viúva, dizendo que sua filha acabava de perder uma criança – criança nascida perfeitamente viável e que, no entanto, amanhecera morta no berço. Ainda não tinha sido feito o exame *post-mortem*.

Improvisou-se uma sessão; o espírito do solicitador comunicou-se com a viúva. Falou da morte da netinha, que já lá estava com ele e muito feliz. Informou que a criança nascera lesada do coração, tendo vivido só o necessário para conhecer sua mãe. A viúva sentiu-se grandemente reconfortada, porque tinha desconfianças da ama, que talvez houvesse matado a criança com excesso de alimentação. Voltou para casa e contou a todos o que o espírito do marido lhe comunicara.

No dia seguinte o médico fez o exame *post-mortem*, verificando que a criança nascera com perturbação do coração e disso morrera, não podendo, se se salvasse, viver mais de três anos. Esta informação, que ninguém no mundo podia obter antes do exame *post-mortem*, fora dada na véspera por uma inteligência desencarnada...

A vida é uma aventura maravilhosa, apesar das limitações da matéria. Orgulhamo-nos de nossas pequeninas conquistas e exaltamos nossas pequenas realizações, embora tudo não passe de sacudelas de chocalhos de criancinhas. No relativo ao conhecimento do Universo, não passamos de bebês aferrados aos seios da terra, dependentes deles para a nossa subsistência e amedrontados do dia em que deles seremos arrancados para a eterna jornada.

XI - Diálogo no hotel Claridge

Em que o autor recorda uma entrevista com De Wyckoff, num hotel de Londres, a propósito do telegrama da América – Perguntas e respostas – Explicações – Os estudos psíquicos são impróprios para os sentimentais – Algo sobre o amor

O que vem dito nos dois capitulas precedentes ocorreu enquanto De Wyckoff e a esposa cruzavam o oceano.

Mandei-lhes uma carta de boas-vindas, sem nada referir do que se passara comigo em Londres durante a viagem do *Berengaria*.

No dia seguinte à chegada De Wyckoff telefonou-me, combinando um lanche no Hotel Claridge. Fomos, eu e minha mulher, a quem adverti que não deixasse transparecer coisa nenhuma das descobertas que eu havia feito. Findo o lanche, as duas mulheres foram a um chá dançante e eu passei o resto da tarde nos aposentos do meu amigo.

De Wyckoff andava já de anos entregue a estudos espiritualistas, sendo sócio perpétuo da Sociedade de Estudo Psíquicos da Inglaterra e da sua similar na América.

Pelo telegrama que me mandou era evidente que qualquer coisa o perturbara: mas ele achara melhor nada dizer por carta, visto estar para vir; em Londres tudo me explicaria verbalmente.

O telegrama impressionou-me, não posso negá-lo; mas depois de recebê-lo tive oportunidade de assistir a fenômenos que me provaram à saciedade que Valiantine de modo nenhum tinha recorrido a fraudes nas sessões de Arlena Towers. Formei opinião definitiva a seu respeito, de modo que pouco se me dava o que estivesse pensando De Wyckoff – nem que o médium fosse um miserável trampolineiro como Bottomly ou tão astucioso como o assassino Crippen. Fosse qual fosse a descoberta de De Wyckoff, não poderia afetar ou destruir o valor das minhas experiências pessoais. E o caso em si da honestidade de Valiantine deixou de ter qualquer importância para mim.

Como escritor e observador, todavia, a oportunidade pareceu-me ótima para um estudo sobre a mentalidade de De Wyckoff. Ele por-me-ia a par da "trapaça" e eu observaria a extensão em que o fato lhe afetara a fé.

Uma situação muito especial a em que nos encontramos naquele momento. Bem no coração do West End, rodeados de uma atmosfera de grosso materialismo, a debatermos a aceitação duma prova sobre a existência do outro mundo!

Velhos amigos que sempre fomos, pedi-lhe que pusesse de lado a amizade e me tomasse apenas como um repórter em busca ele informação. E como eu considerasse de grande importância aquela entrevista, propus-lhe fazer perguntas e anotar as respostas. De Wyckoff assentiu.

Devo recordar que eu nada sabia das "fraudes conscientes" de Valiantine, e que seria rematada ingenuidade minha revelar naquele momento as convicções adquiridas depois da minha volta a Londres. Estes dois pontos são de interesse vital para o que se segue.

Eis o que nessa entrevista o meu lápis fixou:

BRADLEY – O seu telegrama causou-me terrível efeito. Uma verdadeira bomba.

DE WYCKOFF – Sim, compreendo. Eu tinha de explicar a razão de não trazer Valiantine. Nada escrevi porque estava de viagem, e era assunto mais próprio para uma exposição verbal. Mas espero que meu telegrama não o tenha impressionado em excesso.

Bradley – Estou acostumado a essas bombas mentais, e até gosto. Fiquei um tanto intrigado, sim – mas chocar-me, não! Nada mais me choca neste mundo.

DE WYCKOFF – Compreendi que seria decepcionante aparecer cá sem Valiantine, como havia prometido.

BRADLEY – De fato seria. Dele só sei o que pude observar nas duas interessantes sessões de Arlena Towers. Logo depois voltei para Londres. Mas antes que me conte as descobertas relativas à "fraude consciente" de Valiantine, eu queria que me dissesse algo a seu respeito – o caráter, circunstancias, etc. Desse modo apreenderei melhor a impressão que o amigo formou dele.

DE WYCKOFF – Conheço Valiantine há já uns três anos e meio, e pelo que verifiquei esse homem vive num ambiente psíquico. Mora com a mulher, o sogro, de nome Everett, homem de oitenta e dois anos, a sogra, também bastante idosa e mais uma cunhada, filha dos velhos. Esse Everett é pai daquele Bert Everett falecido há dezoito anos e que Valiantine diz ser o seu principal guia. Foi pintor e desenhista toda a vida, e atribui alguns dos seus trabalhos a manobras do Além.

BRADLEY – Que impressão teve dos velhos?

DE WYCKOFF – Não me deram a impressão de fraudulentos. Sempre me pareceram a personificação da honestidade.

BRADLE Y – Agora, antes de expor-me o caso de Valiantine, eu queria (apenas por interesse psicológico) que me dissesse exatamente em que ponto está com ele. Como considera Valiantine, agora?

DE WYCKOFF – Devo confessar que sinto minhas dúvidas sobre o juízo que formei. E ainda estou convencido da sobrevivência depois da morte. Há o caso da famosa Eusapia Palladino. Em Cambridge foi tida como fraudulenta; mas em Nápoles, aos olhos duma comissão onde estavam Fielding, Carrington e Baggaley e outros cientistas, a impressão que ela deu foi muito diversa. Este e outros casos mostram que nem sempre podemos confiar nos médiuns. As vezes parece que fraudam e às vezes, não.

BRADLEY– Está aí uma proposição muito imparcial. Vamos agora ao que importa. De acordo com o telegrama, o amigo descobriu "um inegável exemplo de fraude consciente da parte de Valiantine". Antes que me diga qual foi, quero que me responda a isto: Como explica os vários fenômenos manifestados em tantas sessões que teve com Valiantine? Considerava-o antes da "descoberta" como o considera agora?

DE WYCKOFF– Antes eu dava absoluta fé ao que acontecia nas sessões.

BRADLEY – E agora?

DE WYCKOFF – Ainda tenho como perfeitamente genuínos a maior parte dos fenômenos observados.

BRADLEY – Bem. Vamos ao "caso".

DE WYCKOFF– Valiantine procurou-me e disse que, como de costume, tinha feito umas sessões em casa, com a família, nas quais conversara com os seus espíritos-guias, Bert Everett e o Dr. Barnett. E apresentou-me cinco ou seis folhas de papel escritas e assinadas por esses espíritos. Nenhuma dessas mensagens versava sobre matéria espiritual; apenas tratavam dum projeto relativo a uma expedição à Guiana. Vinham detalhes sobre a região, o clima, etc., que, na Biblioteca Pública de Nova York verifiquei exatos. A coisa atraiu-me como aventura e prometi fazer a viagem com Valiantine lá para janeiro de 1924. Convidei-o depois a vir a Nova York para uma sessão com um cubano das minhas relações, homem que se batera em duelo e havia morto o adversário. Antes disso o seu pai, um muito conhecido e respeitado fazendeiro cubano que conheci, fora assassinado pelo capataz de uma de suas fazendas de açúcar. Valiantine compareceu comigo ao Hotel Vanderbilt, onde o cubano estava hospedado. Eu tinha urgência de expedir uma carta de importância que havia escrito, e sem tempo de tirar cópia pedi a Valiantine que se sentasse à secretaria e a reproduzisse em papel do hotel. Ao receber de suas mãos essa cópia, impressionou-me a semelhança entre sua letra e a da mensagem escrita pelos espíritos. Mandei os dois documentos a um perito em caligrafia, e a resposta foi que a letra era em ambos da mesma mão, isto é, de Valiantine. Revoltei-me muito naturalmente, e conclui que Valiantine havia procurado enganar-me. E escrevi-lhe uma breve carta declarando que, em vista de razões que ele devia saber, nossas relações estavam cortadas. Ele achava-se em Williamsport ao receber essa carta. Imediatamente tentou comunicar-se comigo pelo telefone, mas evitei-o. No dia seguinte telefonou de novo, sendo atendido pelo meu criado, que lhe disse estar eu fora e só de volta dois dias depois. Valiantine tomou no dia seguinte um trem, viajou a noite inteira e veio ver-me. Eu estava em Nova York. Ele foi recebido pelo meu criado Percy, ao qual apresentou-se num estado de abatimento extremo, chegando até a chorar. Percy telefonou-me para Nova York contando o que havia – Valiantine lá em Arlena, a querer ver-me, num estado horrível de depressão. "Parece um homem que envelheceu dez anos numa noite". Consenti em recebe-lo e voltei para Arlena de auto. Antes de vê-lo falei com Percy, o qual me declarou não poder acreditar em fraude nenhuma da parte do médium. Encontramo-nos afinal e intimei-o a dizer a verdade. Valiantine jurou que nunca em sua vida tinha atuado fraudulentamente, e insistiu em que a mensagem fora realmente escrita pelos dois espíritos, não por ele. Mostrei-lhe o parecer do perito calígrafo, onde se cotejam e identificavam os caracteres gráficos dos dois documentos. Valiantine concordou que era notável a semelhança, mas insistiu em que a letra da mensagem não era sua. Declarei então que iria dar-lhe uma oportunidade de o comprovar, numa sessão em sua casa, com todas as precauções tomadas. Essa sessão realizou-se dias depois. Levei comigo Mr. Maley e senhora, que em sessões em Arlena Towers tinham se assombrado com o que viram. Estávamos nessa sessão eu, o casal Maley, o velho Everett, a filha de Everett, Mrs. Leonard Wood, lá de Williamsport, e Valiantine. Valiantine trouxe uma corda nova, grossa de uma polegada, e pediu que o amarrassem. Assim foi feito. Fiquei com uma das pontas na mão e dei a outra a Mr. Maley.

BRADLEY – E que sucedeu?

DE WYCKOFF – Nada! Ficamos ali por uma hora e nada sucedeu. Nada digno de menção.

BRADLEY – Um suicídio mediúnico! Mas Valiantine teve a bravura de trazer ele mesmo a corda com que amarrar-se.

Neste ponto De Wyckoff serviu-me de brandy com soda.

DE WYCKOFF – Depois desse fracasso achei que não devia trazê-lo para a Inglaterra, como havia combinado – e expedi o telegrama.

BRÁDLEY – Tem mais alguma coisa a acrescentar?

DE WYCKOFF – Não. É tudo.

BRADLEY – Bem, Joe. Diga-me agora se em consciência está realmente convencido de que Valiantine recorreu a fraude.

DE WYCKOFF – Não. Não estou certo disso. Continuo a tê-lo como de altas qualidades mediúnicas. Talvez nem sempre as mesmas, nem quando o quer. Mas embora ele faça sessões em sua cidade, com os amigos, e nada receba, recebe de mim uma indenização quando vai a Arlena. Tenho-lhe recompensado adequadamente os serviços.

BRADLEY – Compreendo que o amigo Joe seja bastante generoso, tão enormemente rico que é.

DE WYCKOFF – Sempre tratei-o bem, não há dúvida, pois compreendo que tem ele viver e sustentar a família, fazendo jus, portanto, a indenização do tempo que perde comigo; mas suponho que quando os seus poderes mediúnicos falham, ele "ajuda"...

BRADLEY – Pode dizer-me qual a opinião de Minerva? Dou muito valor à intuição feminina.

DE WYCKOFF – Minerva tem-no como honesto; diz que nunca percebeu nada que a fizesse suspeitar.

BRADLEY – Bem. Disse-me tudo. Mas admitindo que Valiantine não seja honesto, pode você explicar o que se passou nas duas sessões a que assisti em Arlena? É possível a você, ou a quem quer que seja, explicar como conversei com minha irmã sobre assuntos personalíssimos, durante trinta e cinco minutos, por duas vezes? Nem você, nem Valiantine sabiam sequer que eu tinha essa irmã.

DE WYCKOFF – Não posso explicar isso. Valiantine deve ter-se comportado com absoluta honestidade nessas sessões.

* * *

Depois de finda a nossa entrevista, passei-lhe às mãos, sem uma palavra sobre o que era, as notas que tornei nas sessões com Mrs. Leonard e A. V. E. Pedi-lhe que lesse.

De Wyckoff leu-as e mostrou-se simplesmente assombrado. Foi como se uma rajada de evidencia sobreviesse de súbito e varresse para longe todos os restos do seu ceticismo.

Suas exclamações intermitentemente invocavam a deidade.

Quando terminou a leitura, declarou-me que considerava aquilo como "a mais prodigiosa prova da existência da outra vida que jamais lhe tinha passado pelos olhos".

Para o observador eventual poderá parecer que De Wyckoff fora muito apressado em suas conclusões; mas tenho de acentuar que se tratava de um estudioso particularmente vigilante, escrupulosamente cuidadoso quanto aos métodos de pesquisa, dos que não admitem a menor falha nas manifestações.

Sua atitude sempre severa tem muito valor. Os estudos psíquicos não são coisa para os sentimentais crédulos, pois visam à solução do mais alto problema da vida humana. O escassíssimo número ele pessoas que hoje se dedicam a tais estudos não são loucas, mas criaturas de inteligência. Não deve existir falha na cadeia de evidencia que eles vêm tecendo.

Embora o fato que influenciou a mente de De Wyckoff e o fez tomar aquela atitude a respeito de Valiantine fosse relativamente insignificante, temos que frisar que bastou isso para levá-lo a não trazer o médium para a Inglaterra, onde seria o seu fiador. Se estava suspeitoso de que a mensagem dos dois espíritos era da própria mão do médium e se a sessão de comprovação veio a falhar, nada mais compreensível do que o cancelamento do convite de viagem a Inglaterra e também a sua irritação – causa do telegrama.

Esse é o aspecto psicológico da questão, muito simples quanto ao lado formal. Não houve prova de que Valiantine agisse fraudulentamente. Mesmo que houvesse escrito as mensagens, isso nada provava, porque nas investigações psíquicas o observador não deve deixar-se influenciar pelo médium fora da sessão, ou ter em conta qualquer coisa que ele diz ter ocorrido em sessões em que o observador não esteve presente.

Há outro ponto de vista: por que não admitir que o espírito empregara o estilo da caligrafia de Valiantine, quando sabemos que os espíritos só podem comunicar-se por meio da força desconhecida que encontram no médium? Nada de ilógico na possibilidade de que a letra de Valiantine fosse usada enquanto ele estava em estado de hipnose.

A sessão na qual de motu-próprio Valiantine pediu para ser amarrado ia ser considerada como comprovante da sua honestidade; mas se ele fosse um charlatão teria, mesmo amarrado, feito qualquer coisa para iludir os presentes.

Há mais. Por que haveria Valiantine de inventar mensagens preconizando uma expedição que só poderia resultar em insucesso? E quanto à sessão de comprovação, a atmosfera mental criada pelo grupo lá reunido vibrava antagonistamente. Uma personalidade hostil num chá do Mayfair pode fazer a bebida ter gosto de aloés. Condições adequadas são da maior importância para as manifestações dos espíritos. As condições da assistência afetam os poderes do médium. Na sessão de comprovação Valiantine procurava ansiosamente produzir uma demonstração, e seu nervosismo e medo podem ter feito que a força psíquica lhe caísse ao mínimo e não pudesse atuar.

Foi a conclusão a que cheguei quando o caso me foi exposto.

* * *

No dia seguinte tive chá com Mrs. De Wyckoff no Embassy Club, onde conversamos mais do que dançamos. Mrs. De Wyckoff possui forte atração magnética, e em grau desenvolvido a natural intuição do sexo feminino. Levei-a a falar das suas experiências com Valiantine, com quem tivera muitas sessões, ora com seu marido, ora sem ele. Contou-me muita coisa notável acontecida nessas sessões, como sejam conversas com parentes mortos em que a matéria tratada fora muito pessoal. Isto serviu-lhe de prova absoluta quanto à sobrevivência e também quando à honestidade de Valiantine.

Perguntei-lhe:

BRADLEY – Sempre que teve sessões com Valiantine os resultados foram excepcionais assim?

MRS. DE WYCKOFF – Oh, não I Nem sempre. Houve sessões em que nada ocorreu. Ficávamos as vezes hora e meia esperando, sem que nada sobreviesse.

* * *

Como podemos esperar que as comunicações espiritas ocorram a nossa vontade, nos momentos que escolhemos? É forçoso admitir que elas constituem uma concessão feita a nós, e, pois, que exigem uma atmosfera de simpatia; um ambiente de cepticismo e suspeita não é de nenhum modo o adequado. Em tais atmosferas nunca obteremos nada, disso estou certo.

A suspeita é irmã do ciúme e resulta na criação de forças contrárias.

Os homens vivem muito batidos pelos ventos da incerteza. Nossa estrutura mental é tão débil que raro podemos oferecer resistência.

Se descobrissem que Cristo havia passado uma noite na orgia, todos os seus ensinamentos morais cairiam em descredito e não podiam continuar a ser pregados. E isto aconteceria, apesar das multidões dos que se dizem seus discípulos passarem a vida a blasfemar seu nome nas chacinas em massa que perpetram.

Assim também com o que o homem dá nome de amor. Um homem ama a uma mulher durante anos; toma tudo quanto ela tem para dar; mas se a mulher concede um nada a outro, esquece o muito que num longo passado ela lhe deu e classifica-a de hipócrita ou prostituta.

O mundo não possui o senso das proporções. É absurdo, sempre, sempre. Um incidente insignificante assume as vezes proporções desmarcadas, exatamente como na política certas mentalidades sem nenhuma significação irrompem na vida a imaginar-se reis – embora os Bottomleys e Lloyd Georges eventualmente acabem considerados verdadeiros pigmeus.

* * *

O encontro com De Wyckoff no Hotel Claridge valeu-me apenas por um fascinante exercício mental. Os dois capítulos já feitos enquanto o meu amigo atravessava o oceano, mostram como eu já havia varrido de mim qualquer sombra de dúvida.

No dia seguinte De Wyckoff mandou uma linda carta a Valiantine, pedindo-lhe desculpas de ter agido daquela forma e reiterando o convite para a sua vinda a Inglaterra.

XII - Uma sessão grotesca

Resumo de quatro sessões – Este livro descrito como uma trovoada – Conselhos aos médiuns – O autor recorda uma divertida descrição de si mesmo – Experiência de voz direta – A sinceridade de Sir Conan Doyle

Dezembro de 1923

No dia 4 de dezembro tive uma segunda sessão com A. V. E. sem que ela soubesse quem eu era.

A. V. E. – Está presente o mesmo espírito que apareceu da última vez, o de uma moça.[46] Diz que um cavalheiro vem vindo de longe ao vosso encontro, provavelmente por mar. Traz muitas mensagens, algumas das quais vos causará dúvidas. Diz' que recentemente tivestes com alguns literatos, possivelmente céticos, uma calorosa discussão sobre matéria psíquica. E que ganhastes por pontos. Ela esteve presente. Um era de idade e outro, jovem. Sentistes que em algum livro ou artigo estava faltando um elo? Ides obtê-lo dentro de duas ou três semanas.[47] Sereis ajudados de três direções diferentes. Estais escrevendo um livro, com três partes já prontas. Tendes a sensação de que esse livro não é excitante como devia ser, mas para outras pessoas a obra será fulminante. Pedistes a este espírito para dar-vos uma certa prova, em pensamento ou palavras. Mas o dia está hoje inadequado; muito pobre de

[46] Minha irmã Annie.
[47] Isto aconteceu.

eletricidade. Não podemos reunir a força necessária; talvez o consigamos em outra ocasião. No quanto posso prever, ides alcançar grande fama. Isso em abril ou maio. Não conheço a vossa posição, mas esse fato vos elevará socialmente, e então fareis uma viagem fora do país. Ide escrever três obras sobre o assunto.

* * *

Essa sessão, muito curta, terminou aí.

Em outro dia desse mesmo mês obtive outra sessão anônima com A V. E. Encontrei-a completamente apática. Minutos depois de começar, levantou-se, declarando ser-lhe impossível conseguir qualquer coisa.

Seria ótimo que todos os médiuns tivessem esse ânimo de confessar que em certas ocasiões seus poderes não funcionam, em vez de inventarem, coisas para darem alguma satisfação aos presentes.

* * *

A 5 de dezembro, sob o nome de Mr. Anthony, tratei pelo telefone uma sessão com Mrs. Annie Johnson, médium profissional de muito serviço. Procurei-a pela manhã – manhã de fortíssimo nevoeiro – e encontrei-a ocupada. Tive de esperar. Foi a minha primeira experiência com essa sempre atarefada e aparentemente próspera doutora em psiquismo.

Mrs. Johnson é senhora de agradável presença, mas de educação muito falha. Não caiu em transe, mas fechou uma cortina para obscurecer a sala; tive de tomar minhas notas a luz dum bico de gás.

A sessão foi aberta um tanto caoticamente, com ela a falar em viagens, a dizer que eu tinha feito muitas e era muito ativo.

Qualquer coisa lhe fez crer que eu fosse engenheiro. Falou de um velho *gentleman*, falou do mar e dum país montanhoso. E, depois, dos espanhóis. Chegou a dizer que me viu passando pela estatua da Liberdade e entrando no porto de Nova York; e que em breve eu viajaria em novas condições.

Perguntou se eu conhecia James, e disse que me vira com

uma porção de papeis que pareciam plantas. Eu como que trabalhava com dois pontos, Londres e Nova York. Havia aparecido qualquer nuvem escura, qualquer perturbação, que os espíritos procuravam dissipar. Eu tivera um desapontamento, mas as coisas iam melhorar, mas não na Inglaterra. Descreveu um moço de vinte a trinta anos, de nome Charlie, Henry ou Harold. Tinha eu estado na Itália? Feito conferências lá? Ela via-me conferenciando.

Um *gentleman* que teve um acidente – Jack ou Wilson? Mencionou um Artur. "Os espíritos estão dizendo que ireis para a América muito logo – pelo Ano Bom. Estais fazendo algo que será de muita utilidade."

Descreveu uma dama esbelta, bondosa, de cabelos grisalhos e olhos azuis.

Viu uma casa, de sala dando para um jardim; arvores e muitas flores. Um velho estava sempre na sala. Belo rosto; barbado; bigodes curtos. Havia um móvel cheio de livros. O velho um intelectual ainda vivo.

Mencionou Leslie.

Descreveu um menino e uma linda moça já espírito, também de uns trinta anos. Rosto oval e olhos azuis. Estava me ajudando e aos mais que ela amava.

Disse que "Annie" conhecera Francis.[48] Disse ver-me escrevendo.

Também me viu com um maço de papeis – como se estivesse vendendo ações.[49]

Exclamou "Simpson" e acrescentou que me viam entre outras pessoas numa tribuna: um mar de caras – um auditório.

Descreveu uma grande cabeça de bela fronte. Henry. Associado comigo no teatro – um grande ator. Esse homem estivera procurando ajudar-me. Parecia estar ajudando-me a escrever uma peça. Pode ajudar-me porque possuo força. Eu posso interessar o público.

Dorothy era alguém que me interessava. Foi-me um tanto contrária em vista de certas coisas que aconteceram. Havia qualquer coisa que eu queria impedir. Dorothy exigiu franqueza e liberdade. Isso era muito proveitoso.

[48] Minha irmã de fato esteve ligada a Francis na terra.

[49] Nunca!

Urna oportunidade abria-se a minha frente. Eu tinha de ir para o continente – França ou Itália; viagem por mar.

Neste ponto a sessão se aproximava do fim, porque era quase hora do lanche, e a médium deu a pior descrição de mim que ainda ouvi.

Disse que eu tinha vivido fora de Londres; que possuía força psíquica com a qual atraí espíritos. Que tinha mentalidade cientifica e era muito cauteloso. Desconfiado e amigo da música. Sujeito a depressões, mas a caminho de novas condições. Cérebro cheio ele ideias. Qualquer coisa me aconteceria durante o ano. Talvez vitória sobre certas condições.

❄ ❄ ❄

Mrs. Johnson pode possuir faculdades mediúnicas, mas é provável que o fato de receber "todos que a procuram" a tenha prejudicado.

❄ ❄ ❄

Outra estranha experiência foi a que inesperadamente me sobreveio logo depois. Num jantar comigo na cidade, De Wyckoff teve a ideia de uma visita a Mr. e Mrs. Hewat McKenzie, do British College of Psychic Science. Lá encontramos um médico americano e a esposa – o Dr. Crandon, que vinha de Paris e estava para voltar à América. Fazia seis meses que se interessavam por assuntos psíquicos, depois que Mrs. Crandon, com grande espanto seu, verificou possuir faculdades mediúnicas. Também encontramos lá Mrs. St. Clair Stobart e Miss Macgregor.

Alguém propôs uma rápida experiência. Sentamo-nos em círculo com a luz bem abaixada e depois de alguns instantes ouvimos uma voz direta, que me explicaram ser dum irmão de Mrs. Crandon, falecido de pouco tempo. A conversa foi monossilábica e sem interesse, mas o fenômeno da voz direta é sempre dramático, qualquer que seja o tipo da conversação. É de crer que Mrs. Crandon possa desenvolver ainda muito mais as suas faculdades.

* * *

Durante os últimos meses de 1923 apareceu no John Bull uma série de artigos de um Mr. Sidney Moseley, que se dava como investigador de matéria psíquica. Um ano ou dois atrás havia escrito um livro intitulado "Uma Sessão Maravilhosa", no qual narra experiências de nenhum valor. A "maravilhosa" sessão não me maravilhou em coisa nenhuma – tudo o que há de velho.

No John Bull Mr. Moseley aborda o assunto ao modo dos jornalistas sensacionais, apenas um pouco mais a amador. Muito curiosa a maneira adotada em suas investigações. Aparentemente foi induzido a façanhas que nenhum cientista consciencioso pode tolerar. Qualquer coisa como se o diretor do jornal imaginasse um cabeçário de títulos e subtítulos sensacionais e depois encomendasse a Mr. Moseley um texto justificativo. "*Assombrosos acontecimentos numa sessão psíquica. A publicação vai ser sensacional nos círculos espíritas e certamente destruirá a fé da multidão de crentes dispostos a seguir sem vacilar a senha dos que a si próprios se nomeiam chefes.*"

Isso não passava de disparate devido a algum redator subalterno. Parece que Mr. Moseley havia assistido a uma sessão realizada por um médium de nome Munnings, o qual, segundo Moseley, incorrera em alguma contravenção legal – não psíquica. Esse Munnings não era aceito por certos setores espiritualistas, não obstante Mr. Moseley encheu com o incidente uma página do jornal, concluindo que o "espiritismo teve grandes probabilidades de êxito, mas que todas as demonstrações apresentadas pelos principais espiritualistas destruíram a possibilidade de fenômenos psíquicos autênticos".

Havia um ano ou dois Mr. Moseley atraíra Sir Conan Doyle e outras personalidades de destaque para uma sessão conduzida por Selbit, um inteligente ilusionista e prestidigitador.

Sir Conan Doyle mostrara-se reservado em sua opinião sobre os "supostos" fenômenos e publicamente declarou: "Ser-me-ia necessário uma segunda observação para que eu pudesse emitir parecer definitivo sobre o assunto. Tenho dúvidas sobre tudo. Foi então informado por Mr. Moseley de que a "sessão" havia sido apenas uma "encenação" – e não tratou mais disso.

No ano de 1923 Mr. Moseley, cheirando bom negócio, desenterrou o caso. Apesar da circunspecta declaração de Sir Conan Doyle, o John Bull empapelou Londres inteira com cartazes que diziam: "Como Sir Conan Doyle foi enganado."

Muito naturalmente, isto molestou o grande homem, e daí a sua oferta de 25 libras para uma segunda sessão em tudo igual a primeira, ficando aos organizadores o cuidado de provar o seu caráter não psíquico.

Segundo Sir Conan Doyle, a produção deste espetáculo diante de um grupo de testemunhas não se realizou, na parte essencial, de modo igual ao primeiro, mas uma semana depois apareceu no John Buli um relato de duas páginas. A coisa era extremamente grotesca e das que não iludem nem a um menino, mas havia veneno na insinuação de que Sir Conan Doyle fora enganado, o que vinha lançar dúvidas contra qualquer aceitação do espiritismo.

Algum tempo depois os senhores Mazkelyne e Devant contrataram Selbit para o George's Hall, anunciando-o falsamente como o homem que havia enganado Sir Conan Doyle.

A 27 de novembro assisti ao espetáculo. Não me teria dado a esse incomodo se não fora a circunstância de minha mulher e meu filho Pat acharem-se na cidade e isso poder diverti-los.

Selbit é ilusionista e prestidigitador dos mais hábeis. Como artista nada tenho a criticar-lhe; mas na parte em que pretendeu dar ideia do que sucede numa sessão espírita, o que presenciei no George's Hall não passou de pura infantilidade.

Selbit apresentou-se ao auditório com a suposta "médium" sentada numa espécie de gabinete de cortina e uma luz sobre a cabeça. Exatamente como na sessão organizada no John Buli. Selbit pediu aos espectadores que colocassem objetos numa caixa ele madeira, objetos que a "médium" descobriria e "psicomediria". Uma dúzia de objetos foram postos na caixa; eu contribui com três folhas de papel presas por um grampo.

A caixa foi colocada sobre a cabeça da "médium" em posição permissiva de que outra pessoa tivesse fácil acesso aos objetos. E a "médium" os descreveu de maneira muito simples, como: "Vejo uma caixinha em que há o número 555. Referia-se a uma carteira de cigarros State Express número 555. "Vejo um instrumento empregado para cortar coisas" – um canivete, e assim por diante.

Depois da "médium" dar a descrição de todos os objetos menos o meu, declarou. "Parece-me que é tudo que há na caixa."

Como isto me dava ensejo para tomar parte na representação, imediatamente protestei: "Oh, não! Não é tudo. Esqueceu-se de descrever o objeto que pus na caixa."

A "médium" atrapalhou-se e balbuciou qualquer coisa, não conseguindo dar nenhuma resposta coerente.

Tornando-me agressivo, dirigi-me ao público e fiz ver que Selbit fracassara na sua afirmação de que podia fazer no palco tudo quanto acontece numa sessão espírita. E desafiei a "médium" a ler uma linha do que estava nas folhas de papel que eu pusera na caixa – o que ela nem tentou fazer, de tão atrapalhada que se via.

Selbit teve de renunciar à prova.

Prosseguindo na representação, e antes de dar o que chamava "amostra de materialização", pronunciou qualquer coisa assim:

"Senhoras e senhores: Já sabeis que os espiritas são pessoas que vão às sessões com a esperança de falar com um tio ou tia defuntos."

Depois do fracasso da prova anterior, isto era demais para a minha paciência. Achei-o injurioso para os inúmeros homens inteligentes que se têm dedicado aos estudos psíquicos, e perguntei ao prestidigitador se tinha Sir Oliver Lodge, Sir William Barrett e Sir Edward Marshall Hall como pessoas que perdem o tempo em comunicar-se com tios e tias defuntos.

Travou-se então um violento diálogo em que Selbit falava do palco e eu da plateia. Derrotei-o facilmente. Pulverizei-o de tal modo que o empresário veio pedir-me que em atenção ao público interrompesse o debate.

Em seguida Selbit deu começo à exibição dos "fantasmas", o que muito nos divertiu aos três.

Ao deixar a sala encontrei o empresário a minha espera no hall, para explicar que aquilo não passava de simples brincadeira para crianças. Concordei plenamente, a aceitei-lhe o convite para uma conversa com Selbit nos bastidores. Fui. Apertamo-nos a mão, a rir-nos do incidente. Perguntei-lhe como a "médium" não pudera ler as linhas que pedi, o que me parecia fácil por meio da prestidigitação comum. Selbit respondeu que a minha inesperada intervenção havia "paralisado" a rapariga. Acrescentou que tanto ele como o empresário queriam que eu assistisse a outra representação em que se obtivesse melhores resultados. Neguei-me a isso por não dispor de tempo a perder. "O senhor realizou como quis a sua exibição na redação do John Bull e também eu realizei a minha como quis neste teatro. Deixemos a coisa assim."

Separamo-nos os melhores amigos do mundo e com toda a sinceridade declaro que Selbit é um ator ilusionista verdadeiramente fino.

Por acaso descobri no meio do público daquela noite Mr. Grein, o crítico dramático, que muito se divertira com o incidente. Conversamos uns instantes e depois disse ele a minha esposa que estivera na crença de que a minha discussão fazia parte da peça...

❄ ❄ ❄

Além do pitoresco do incidente há nele algo significativo. Sir Conan Doyle errou com facilitar ao John Bull oportunidade da demonstração. Ainda que semelhante exibições de psicometria e materialização de "espectros" fossem autênticas, nada havia a tirar delas que valesse algo. Sir Conan Doyle é sem dúvida digno de admiração pela sua sinceridade, e de louvores pela obra que levou a cabo no campo do espiritualismo; seu nome parece-nos demasiado grande para entrar em farsas jornalísticas.

Dada a maneira como são apresentadas pela imprensa, custa-nos as vezes concordar com muitas teorias de Sir Conan Doyle. Ele possui larga experiência e reuniu fatos que lhe provaram a sobrevivência. Mas frequentemente a omissão duma palavra na exposição altera completamente o sentido das ideias que lhe atribuem.

Certa vez pronunciou breve discurso no Royalty Theatre sobre a peça "Outward Bound ", na qual todos os personagens são defuntos. A cena passa-se a bordo de um navio e os personagens não sabem que estão mortos. Os dois primeiros atos pareceram-me excelentes e ricos de humor. Mas no terceiro e último a peça desmorona; desaparece o humor e a ação degenera em sermão. Um agressivo sacerdote atua como o "Examinador" dos mortos, aos quais vai enviando para as diversas esferas da vida do Além. Eu preferiria mil vezes a completa obliteração à sujeição ao exame dum sacerdote daquela mentalidade.

Segundo um jornal do dia, Sir Conan Doyle pronunciou estas palavras em seu discurso:

"Se os espíritos nem sempre nos dizem o que queremos saber, uma das razões é que eles também não o sabem, porque na média são intelectualmente inferiores aos vivos.

Grande número de espíritos inda se encontram atados a terra, e uma das grandes coisas que o espiritualismo fará no futuro será salvar essas pobres criaturas, fazendo-as ver onde se encontram, e instruindo-as. Isto é o objetivo dos "grêmios de salvação"; rechaçar os espíritos inferiores é a coisa mais anticristã que existe."

Esta declaração parece ridícula por implicar que a comunicação com os espíritos limita-se ao nível mais baixo da inteligência. A ideia é aterradora – mas não é de Sir Conan Doyle. O que ele realmente disse foi que os espíritos vulgares são inferiores em inteligência ao intelecto humano educado – o que ninguém pode contestar. A omissão da palavra educado altera enormemente o sentido da sua declaração.

XIII - A cadeia de provas

Sobre os néscios – Sessão com Mrs. Leonard: aparecem Feda, W. A. e Annie – O edifício do pensamento – W. A. descreve a sua "passagem" – O manto das religiões esconde Deus

Neste ponto dos meus estudos, e apesar das poucas experiências feitas, eu já tinha estabelecido de modo inatacável à dúvida o fato da sobrevivência e da comunicação entre os vivos e os do Além.

O mundo, entretanto, está povoado de uma multidão de néscios, cuja inteligência não vai muito acima da das mais baixas formas da animalidade. A aceitação da grande verdade excede ao poder compreensivo do rebanho. A grande massa alimenta-se da sua própria estupidez – mas eu não tenho nada com isso.

A terceira sessão que celebramos com minha esposa e Mrs. Leonard realizou-se a 17 de dezembro. A médium caiu em transe e Feda apareceu.

FEDA – Bom dia. W. A. acha-se presente e saúda-os a todos. Diz que se regozija com as oportunidades que lhe proporcionais.

W. A. – Não sabe que estou trabalhando numa espécie de parceria com sua irmã?

ANNIE – Um laço curioso, porque na terra nada nos unia. Éramos estranhos um ao outro; só aqui, e muito curiosamente, nos unimos. Esse laço vai permitir que você obtenha de nós tudo quanto possa desejar.

FEDA – Sabe que Annie tem feito tentativas para chegar

até você? Pode confirmar isto com as sessões havidas?

ANNIE – É um pequeno teste. A prova já foi dada em outras sessões.[50] Lembra-se de quando se reuniu no Colégio com Miss Macgregor?[51]

FEDA – Sábado Miss Macgregor esteve aqui e disse da sessão realizada com ela.

ANNIE – Sempre que me comunico com você procuro alentá-lo para que prossiga na obra em andamento – e também o ajudo a desenvolver-se.

FEDA – Sua irmã diz que muito aprecia o homem gordo do Colégio. Ele não gostará de ver-se tratado assim, mas temos de recorrer a uma característica. Sua irmã acha que esse homem possui força. Naquela sessão ria-se muito, parecia alegre.

ANNIE – Gosta de avivar recordações.

BRADLEY – Corno se chama?

ANNIE. – Joe.

FEDA (a meia voz) – Quer dizer José?[52]

ANNIE – Não; não lhe chamarei José. Ultimamente anda incomodado com qualquer coisa – qualquer coisa que quer fazer e o preocupa. Uma das duas sessões a que compareci esteve melhor que a outra.[53] A força era incerta, ia e vinha. Vai realizar mais experiências de escrita automática?[54] Por que pensou em alterar o começo do livro? Viu-lhe a ideia de modificá-lo em vista de coisas que posteriormente ocorreram.[55] O livro está perfeitamente bem. Lembra-se duma alusão que fiz da última vez que vim com Feda? Tem pensado, enquanto escreve, que a esse livro deve seguir-se outro? Sua obra é verdadeiramente transcendental para o problema, porque acumula fatos. Com eles virá a filosofia das suas conclusões. Antes de chegar ao fim terá a revelação de muito mais coisas que o habilitarão a compreender como é a vida aqui. Nesse livro você procura dar uma interpretação natural e sincera do assunto.

W. A. – Há de estar lembrado do que aconteceu pelo Na-

---

[50] Isto certamente se refere as sessões celebradas com A.V. E. a, 29 de novembro e a 4 de dezembro.

[51] Estive de fato com Miss Macgregor no Colégio de Ciências Psíquicas.

[52] Refere-se a De Wyckoff, que esteve comigo no Colégio de Ciências Psíquicas.

[53] Refere-se às duas sessões com A. V. E.

[54] Ver o Livro III, "Conversações com Johannes".

[55] Isto foi motivado pelo recebimento do telegrama de De Wyckoff.

tal.[56] Parece-me estranho que eu esteja agora aqui a ajudá-lo a erigir uma construção ele pensamento. Sinto fortes desejos de colaborar, porque a coisa me parece algo extraordinário – uma grande aventura. Farei o que me seja possível para que os vivos se voltem para a outra vida, em vez de se aterrorizarem com a ideia da morte. Farei tudo quanto possa para ajudar aos velhos e aos mais que se passem para cá. Quando morei na terra não me beneficiei de nenhuma preparação; ao emergir aqui, foi como se me houvessem lançado de um lugar para outro, dum estado para outro.

BRADLEY – Já sabe que estou compondo um livro sobre assunto espírita. Pode facilitar-me todas as provas possíveis para que eu as dê ao mundo? Não me preocupa o caráter pessoal que possam ter as provas.

W. A. – É o que venho procurando fazer. Lembra-se que pouco antes de "passar" eu estive considerando uma compra que exigia muito dinheiro? Andava formulando planos que não diziam respeito a mim apenas, mas também a outra pessoa – uma senhora. Houve muitas vacilações e muito debate do assunto. O projeto criou excitação e agradável interesse e para a sua realização foram dados passos. Referia-se a um novo lugar, e para mim significava mudança completa.[57] Mas nada chegou a realizar-se, apesar da correspondência trocada. Alguém se opôs. Um homem não o aprovou. Eu teria cedido, mas com desagrado. Quando passei, sentia-me cheio de vitalidade, mas estava pessimista. A depressão me angustiava. Conservava-me, entretanto, de cara alegre; só poucas pessoas sabiam o que se passava. Os últimos meses de minha vida terrena passei-os inquieto e abatido. Deixei carta explicando tudo e lamentando não levar a cabo o projeto.

FEDA – W. A. está apontando para o retrato de uma moça.

W. A – Tenho procurado aproximar-me dela, mas não é fácil. Ela resiste. Dorothy![58] Separou minhas coisas das dos outros. O velho A. também fez o mesmo. Quer perguntar-lhe se ela tem a fotografia de que não gostava muito? Recente-

[56] Na véspera do Natal W. A. caiu de cama, muito doente, vindo a falecer uma semana depois.

[57] Antes de morrer W. A. formulara o projeto duma viagem ao Canadá.

[58] W. A. era casado com Dorothy.

mente procurou tapar um pedaço dessa fotografia. Agora que estou no além ela supõe gostar mais do retrato do que gostava. Ultimamente pensou em mudá-lo de lugar, mostrando-se incerta quanto à moldura.[59]

BRADLEY – Tem alguma mensagem para sua família?

W. A. – Há os dois meninos. A um deles não conheço bem; o outro ligou-se muito a mim. A menina se parece mais comigo. Já consegui chegar até ela e impressioná-la. Desenvolve-se de modo muito parecido com o meu. É como se sobre ela eu exercesse alguma influência. Há muito de mim em seus olhos e no movimento da cabeça.

(*Aqui a médium ergueu a cabeça e moveu-a dum lado para outro de um modo peculiar*). [60]

MRS. BRADLEY – Pode dizer-nos o seu nome?

W. A. – A nós aqui nem sempre é fácil dar nomes; mais habitual darmos ideias, porque uma ideia pode expressar-se de muitos modos diferentes, ao passo que simples nomes não transmitem nenhum pensamento. Ultimamente essa menina mostra desejos de escrever ou desenhar. Tem tentado fazer alguma coisa, que ainda não consegue.[61] (Aqui pôs-se a rir). Betty! Phyllis![62] Quer dizer-lhes que tenham cuidado com a garganta de Betty? Tenho-a observado ultimamente. Não é preciso que façam nada, além de muito cuidado com os resfriados, porque a menina tem fraqueza na garganta e no nariz. Mas que nada façam precipitadamente. Também Phyllis tem um defeito na unha de um dedo do pé, a qual não cresce normalmente.[63]

MRS. BRADLEY – Recorda-se que em outra ocasião nos disse que estava a estudar o fenômeno da luz?

W. A. – Sim, estou estudando esse problema. A atmosfera aqui é sempre geradora.

FEDA (em voa baixa) – Um curioso modo, esse, de definir

---

[59] Não sabíamos deste incidente, más Dorothy o confirmou a minha mulher, e disse que tinha mudado a moldura da fotografia.

[60] Esse movimento de cabeça era uma extraordinária característica de W. A. e mostra-se também na menina.

[61] Exato.

[62] Nome dos seus filhos.

[63] Sobre este ponto Mrs. Bradley informou-se com a aia dos meninos; soube que Phyllis tinha realmente um defeito numa das unhas dos pés, do qual por fim sarou.

a questão.

W. A. – O que chamarei a atmosfera do Universo é a própria luz em si. Minha ideia é que unicamente os planetas estão sujeitos a variação da luz. Não há obscuridade; a obscuridade é uma atenuação da luz. Cada planeta cria suas próprias condições de obscuridade. A atmosfera real em que cada planeta existe está cheia de luz. Dum modo peculiar, simbolicamente, você chegou a isto no seu livro.[64] Os homens sempre consideram o resplendor da luz como felicidade e alegria, e a escuridão como doença e depressão. Os planetas nutrem-se de luz. A luz provem do Sol. Aqui as esferas são mais naturalmente afetadas, ou penetradas, pela luz. As vibrações são mais fortes ao atravessarem os nossos planos do que quando chegam à terra. Todas as vibrações – energia, força vital, bem como a luz, atravessam nossos planos antes de chegarem à terra. Vocês ocupam o núcleo e a luz tem de atravessar a casca antes de atingir o núcleo. Quanto mais nos afastamos da terra, com mais força e luz ficamos; – e, coisa estranha, maior domínio sobre a matéria adquire o espírito. Tenho de usar a expressão matéria, mas matéria é coisa química e uma questão de relatividade. Na sétima esfera a matéria parece absolutamente solida para os que a habitam, mas para mim não é tão solida como as coisas do meu plano.

MRS. BRADLEY – Ha variação de temperatura aí?

W. A. – Aqui nunca faz frio, sempre calor, embora nunca excessivo. Tudo me parece perfeito. Ha, entretanto, lugares que lembram os países frios, como a Suiça, por exemplo – e sempre belos. Não há lugares feios. A fealdade é algo transitório só observável na terra. A fealdade é um estado do vosso pensamento. No plano inferior astral há fealdade porque os que nele habitam afeiam-no com sua mente e seu estado.

MRS. BRADLEY – Tomais banho aí?

W. A. – Sim, banhamo-nos, sim, mas sem necessidade de lavar-nos. A mim me repugnaria ter de lavar-me em banheira. Não existe sujeira aqui. Há sujeira no solo, e eu podia tomá-lo e esfregá-lo nas mãos, mas ninguém pensa em fazer isso. Gosto, sim, de banhar-me, minha velha.

[64] Veja-se o começo do capítulo IX.

FEDA – Não deve tratá-la assim; é muito rude.

MRS. BRADLEY – Não tem importância. Era assim que ele me tratava na terra.

W. A. – Na terra sentimos as condições. Já não encontrou, por exemplo, uma dama de rosto lindo e que, no entanto, dá impressão de fealdade?

BRADLEY – Pode dar-nos a sua opinião sobre a telepatia e o subconsciente? São os grandes argumentos dos que se recusam a aceitar a realidade das comunicações com os espíritos.

W. A. – Sempre há de haver cabeças-duras. Ainda quando você provasse, sem sombra de dúvida, que eu estou aqui a falar, eles procurariam criar uma explicação qualquer para eximirem-se da aceitação do fato.

BRADLEY – Na última edição do Sunday Express vem um artigo de James Douglas em que ele descreve a máquina recentemente inventada por meio da qual uma mensagem pode ser expedida de onze milhões de maneiras diferentes, e só pode ser decifrada por intermédio da mesma máquina. Douglas diz que só aceitaria o espiritismo se recebesse uma mensagem por meio dessa máquina. Acha possível isso?

W. A. – Parece-me que sim, mas teríamos de gastar grande quantidade de força – e valerá a pena gastar tanta energia? Pergunte a Douglas, que é homem religioso, se ele pode dar-me prova material da existência de Deus. Douglas acharia insensata a exigência. Deus é um espírito. A mim também me é difícil dar prova material de que sou um espírito feito à imagem de Deus. Com o maior respeito declaro que todos nós somos feitos à semelhança ele Deus. E afirmo-o porque sei que há Deus.

MRS. BRADLEY – Como são consideradas as religiões nesse plano?

W. A. – Não há aqui religiões como vós as concebeis. As religiões da terra são as várias capas de pintura com que os homens cobrem Deus a ponto de torná-lo irreconhecível. Aqui concebemos Deus como a mais maravilhosa das joias, As crostas de pintura com que o empastam na terra afetam de tal modo a vossa visão que não há como reconhecê-lo. Aqui não existem crenças ou seitas. Adoramos a Deus em pensamento, e a cada instante do dia. Eu me sinto interpenetrado de Deus. Cristo é a mais elevada expressão de Deus. Não temos judeus ou católicos; as diferenças que os separam na terra desaparecem com a passagem para cá. Aqui Deus e suas obras manifestam-se a todos. Na terra tudo é simbolismo. Um homem vê Deus em túnica e círios; outro o vê na música; outro, em palavras. A vistosa ostentação que para um é Deus, para outro é sacrilégio – e cada grupo quer que os demais se submetam a sua concepção. Deus é infinito. As criaturas são finitas e expressam Deus de modo finito. Para mim é fácil ver Deus numa flor. Cada dia belo é como se Deus houvesse aberto os olhos. Aqui há lugares de reunião com os recém passados, mas para adorar, não para arguir.

Douglas, o homem da máquina infernal, dirá: "Se podeis ver Deus, eu também posso." Ao que respondo: "Como sabeis que isso não é telepatia? Como sei eu que isso não é sugestão de Deus e que a força de sugestão é tal que nos faz crer que ela é Deus?" Convenho com Douglas que é preciso ter fé, mas também devemos ser consequentes. Se ele tem uma fé que não pode explicar, deve consentir que os demais também tenham suas fés inexplicáveis. Quando daqui pretendemos criar em vosso plano um efeito físico, temos que recorrer a qualquer coisa física que materialize e comunique a voz. A força que utilizamos é tirada de vós. Os que celebram sessões com bons médiuns contribuem para essa força. Algumas pessoas trazem em si condições desfavoráveis que impedem a manifestação da nossa parte. O que fazemos é atuar mentalmente sobre os materiais que nos forneceis. Se eu levito um móvel, faço-o dirigindo mentalmente a força que recebo de vós. Quanto mais simples o meio de comunicação, mais fácil é dirigi-lo.

BRADLEY – A consequência das nossas últimas conversações foi aclarar o caso de Valiantine, e, portanto, é provável que o tenhamos na Inglaterra pelo ano próximo.

W. A. – Sua irmã foi quem realizou a maior parte dessa obra, não eu. Sei que você adquiriu força direta; mas pondo de lado as manifestações físicas, o mais importante é o conhecimento mental.

ANNIE – Você pensou em voltar para a América, mas já não é necessário, uma vez que ele vem. Tenho pensado muito no caso e muito desejo outra oportunidade de comunicar-nos por intermédio dele. A meu ver será a experiência mais convincente.

W. A. – O que aconteceu quando estivemos lá foi maravilhoso e não somos só nós os que por intermédio de Valiantine têm obtido resultados fora do comum. Quando ele vier à Inglaterra eu manifestarei mais coisas e reunirei mais provas. Ela (Dorothy) ainda conserva um casaco meu, do qual tem pensado em desfazer-se. Está em bom estado, apenas desbotado. Esse casaco fala-me duma época muito ditosa, rica de lances felizes.[65] Creio que ela se recordará disso. Sua atitude parece ser: "Oh, está bem, sim, sim" – e passa a outra coisa. Minha mulher é um tanto psíquica, mas não quer aprofundar-se. Muito diferente de vocês. Surpreende-me que seja com vocês dois que eu me tenha comunicado. Ânimo! Voltarei. Não me digam adeus. Detesto adeuses.

Embora parte da conversação não seja de interesse para o leitor, vi-me obrigado a relatá-la toda porque só por meio dos detalhes pessoais é que podemos estabelecer a prova. O enorme acúmulo de demonstrações desta sessão foi produzido com a maior espontaneidade e sem nenhuma vacilação.

[65] Mais tarde averiguei que isto era exato. Dorothy havia conservado um velho casaco de W. A. Nem eu nem minha esposa sabíamos deste detalhe.

XIV - istória de um grande médium

A aproximação do Milênio mental – Caracteres humanos – Pigmeus– História de Mrs. Osborne Leonard e Feda – Mais provas acumuladas pelo autor

Quem estuda a natureza humana acha impossível explicar o poder de Shakespeare manifestado em seus versos imortais, a inspiração de Mozart no compor melodias, a razão das músicas de Rossini, Weber, Wagner e Beethoven possuírem características de forma que não morrem. E o que explica o mistério do gênio em El Greco, Rubens, Miguel Ângelo? E a faísca que no cérebro de Marconi habilitou-o a produzir os milagres materiais que nos assombram – e que ele conscienciosamente não pode explicar? As maravilhas da arte e da ciência nós as aceitamos sem discussão por serem visíveis e audíveis. Aceitamo-las porque falam aos nossos sentidos físicos; mas atrás desses sentidos estão os insondáveis mistérios do espírito.

O grande escritor é um médium: é o médium através do qual se manifesta a floração das palavras e do pensamento. O grande compositor é um médium: é o médium através do qual se manifesta a beleza dos sons. E o grande pintor é o médium para as maravilhas da visão. Se a mais de tudo isto tivermos uma mediunidade que abarque todos os sentidos e alcance o máximo de penetração nas mais altas esferas, esse fato poderá ser considerado como o dom supremo e ser saudado como a aproximação do Milênio mental.

Mas o dom da mediunidade e o poder de guiar só é dado

a muito poucos, e alguns dos raros que o possuíram foram cruelmente apedrejados pela agressiva estupidez dos homens de baixa inteligência. As torturas que lhes infligiram forçaram-nos a recolherem-se à solidão de si mesmos.

Insignificantes personalidades de atuação pública e bonecos titulados são aceitos e aplaudidos durante todo o tempo em que desdobram aos olhos do mundo as suas piruetas, hipocrisias e mentiras. Daí a absurda gradação dos nossos valores sociais.

A Europa está invadida de pigmeus políticos masculinos, ligados a apêndices femininos que aumentam o caos com a sua tagarelice papagaial.

Deliberada e ponderadamente afirmo que Mrs. Osborne Leonard possui dons diante dos quais tornam-se ínfimos os dos nossos líderes políticos e suas esposas. Mrs. Leonard é o instrumento através do qual se torna viável a comunicação com as mais altas inteligências de outras esferas. Será possível conceber dom maior que este? Consiste em algo tão indefinível como a eletricidade, o átomo, a onda hertziana. Vou resumir-lhe a história, pela qual se vê que o desenvolvimento das suas faculdades mediúnicas lhe custou anos e anos de paciência.

Mrs. Leonard não foi criada em atmosfera espiritualista. Seus pais e parentes eram ortodoxos. Contou-me ela que em criança, até a idade de dez anos, foi clarividente – e quando contava em casa o que via, todos se chocavam e recomendavam-lhe que procurasse "acabar com aquilo", porque era muito mau "ver coisas".

Esse poder de clarividência desapareceu dos dez aos quinze anos. Por esse tempo várias vezes em suas leituras esbarrou com a palavra "espiritualismo", cuja significação desconhecia – mas que sentia ser algo interessante. Por fim teve ensejo de assistir a uma ou duas sessões públicas de espiritismo. Quando o contou em casa, foi proibida de novamente pôr lá os pés. Até esse tempo ela não tinha a mais leve ideia de vir a tornar-se médium.

Aos dezenove anos foi atacada de difteria e tratada por uma enfermeira de alguma instrução em matéria espiritualística. Depois de sarada foi à casa dessa enfermeira e tomou parte numa sessão; isso lhe reavivou o interesse pelo mundo psíquico.

A despeito da oposição materna, deliberou esclarecer-se mais a fundo. Voltou a comparecer a sessões públicas, e várias médiuns reconheceram-na como mediúnica, aconselhando-a a desenvolver as suas faculdades.

Em 1909 fez conhecimento com duas damas também interessadas no assunto, e juntas realizaram experiências com mesinhas. Só na experiência número 28 conseguiram manifestação. (Sessões de mesinhas representam a mais rudimentar forma de comunicação espirita. As mensagens vêm letra por letra, cada qual correspondendo a certo número de pancadas – A, um; B, duas; C, três, e assim por diante. Processo extremamente lento e irritante). Uma mensagem assim recebida declarou que Mrs. Leonard iria desenvolver-se e tornar-se passivei de transe mediúnico. À pergunta de quem a guiaria, apareceu como resposta o nome de "Feda" – um espírito que tinha certo trabalho a realizar por seu intermédio.

Mrs. Leonard não gostou da ideia de ser "guiada", ou controlada, e recusou-se a cair em transe. Durante meses nada fez. Sentia-se bastante desapontada de não desenvolver-se da forma que queria – a da clarividência; por fim, convencida pelas provas asseguradas por intermédio da mesinha, resolveu entregar-se ao controle de Feda.

Três dias se passaram em tentativas. Durante esse tempo fez experiências com suas companheiras sem que nada obtivesse. Uma tarde, porém, em que se achava muito deprimida e convencida de não possuir força nenhuma, subitamente caiu em transe. Nada soube do ocorrido enquanto esteve nesse estado. Suas amigas é que lhe disseram da sua conversa com Feda durante toda uma hora.

Para praticar, começou então a cair regularmente em transe, durante meses, diante de uns poucos amigos, e sobretudo com uma senhora muito entendida e que lhe foi extremamente útil.

Em março de 1914, Feda declarou a Mrs. Leonard que algo enorme e terrível estava para acontecer ao mundo e que ambas teriam muito trabalho.

Mrs. Leonard perguntou se não poderiam trabalhar apenas para alguns amigos que necessitavam de socorro. Feda: "Não; isso limitaria muito nosso círculo de utilidade. Você deve ficar em situação de atender a todos que se aproximem."

Mrs. Leonard assim procedeu; e embora a princípio lhe fosse penoso, breve sentiu que Feda tinha razão em levá-la a dedicar todo o seu tempo a trabalhos psíquicos. A "enorme e terrível coisa" profetizada foi a Grande Guerra. Feda prometeu que se Mrs. Leonard se deixasse controlar, poderia mais tarde tornar--se clarividente e ouvinte de vozes psíquicas. Essa promessa foi cumprida, confessou Mrs. Leonard, pois várias vezes teve a alegria de ouvir a voz de espíritos amigos.

Também contou-me das suas incursões pelo mundo dos espíritos, de onde trouxe recordações dos lá encontrados seres que nunca vira na terra; subsequentemente pôde verificar todos os pontos de que se recordava.

Eis suas palavras: "Quando a gente ouve e vê por si mesma, nada consegue abalar-nos a fé ou afastar o sentimento de esperança e felicidade – ainda que as maiores provações nos atormentem."

Sua opinião é que a maior parte das pessoas pode desenvolver força psíquica desta ou daquela espécie.[66] Basta que haja paciência e perseverança, e, se possível, cooperação de alguma criatura amiga e já em outra esfera.

❄ ❄ ❄

Tenho de repetir que os estudos psíquicos jazem ainda na infância. Igualmente repito que a dificuldade está na pequena quantidade de médiuns plenamente desenvolvidos e poderosos que existem. Só encontrei quatro ou cinco de algum valor, e ao que estou informado não há mais de uma dúzia no mundo inteiro.

Inclino-me a crer, entretanto, que haverá dezenas de milhares de pessoas possuidoras de dons mediúnicos não desenvolvidos, desviados ou sufocados na juventude. Outro grande embaraço é o extraordinário medo, ou o preconceito,

[66] Outros espíritos deram-me a confirmação deste ponto.

que se levanta contra a expansão de qualquer faculdade anormal. Por esse motivo, como no caso ele Mrs. Leonard, logo que uma criança mostra dons psíquicos, forças materiais se juntam para matá-los ainda no começo. Quando o mundo se der conta das enormes possibilidades de desenvolvimento do psiquismo, o valor potencial das criaturas poderá ser apreciado, e os tipos mediúnicos poderão ser cuidadosa e cientificamente desenvolvidos. Se uma criança mostra sinais de grande talento para uma arte qualquer, será absurdo desviá-la para outros caminhos, ou convencê-la de que o caminho para o qual tudo a impele é o errado. E, no entanto, é o que acontece em milhares de casos de crianças reveladoras de dons mediúnicos.

É tempo da ciência tomar a peito o problema.

Noto uma atitude generalizada em relação aos médiuns. Os cépticos olham-nos, invariavelmente, com a desconfiança filha do preconceito. Não podemos negar que a natureza dos trabalhos dos médiuns se presta a muita mistificação, porque aos charlatães é relativamente simples inventar coisas ansiosamente aceitas e propagadas pelas pessoas crédulas de baixa inteligência.

Outra atitude ilógica é olhar de revês para os médiuns que recebem paga. Se não são pessoas de fortuna, de que modo poderiam ser indenizadas dos sacrifícios que fazem? Nisto seguem a lei comum dos homens. Não obstante, há uma pergunta que surge sempre: "Recebeu dinheiro, o médium?" e em caso afirmativo aparece sempre um risinho estupido.

Não recebe dinheiro o padre, que é o médium da religião? Está claro que sim, já que precisa viver. Mas quem repudia os sermões pelo simples fato de serem pagos? Quem por isso os acoima de fraude? O pintor, que é o médium das belas artes, não recebe dinheiro? E isso por acaso lhe inferioriza a obra? O escritor, que é médium da literatura, recebe o dinheiro dos seus direitos autorais – e quem por causa disso lhe desmerece as obras?

De muito boa vontade, em casos de necessidade, Mrs. Leonard presta serviços sem paga nenhuma. Leva vida muito simples e contenta-se com remuneração absurdamente mínima. Poderia com facilidade quadruplicar sua renda. Mas o dinheiro de nenhum modo a interessa. Como caráter, é das criaturas mais retas que ainda encontrei na vida. Dá todo o seu tempo ao desenvolvimento dos extraordinários dons que possui, de modo que é deveras inestimável o valor das descobertas feitas por seu intermédio.

Por parte da *Society for Psychical Researches* foi submetida aos mais severos testes ainda impostos a um médium.

Essa sociedade fundou-se para investigar fenômenos inexplicáveis por qualquer das hipóteses cientificas correntes. O fato de alguém fazer parte do grêmio não implica na aceitação do que vulgarmente chamamos "espiritualismo". As investigações são conduzidas de um ponto ele vista rigorosamente científico.

Seu presidente é Camille Flammarion, e entre os diretores e conselheiros vemos os nomes do Conde de Balfour, Sir William Barrett, G. W. Balfour, Sir Oliver Lodge, Gilbert Murray, F. C. S. Schiller e Sir J. J. Thompson e entre os membros encontramos Henri Bergson, Charles Richet, Romaine Newbol e Maurice Maetterlinck.

Em 1918, por um período de três meses, a sociedade contratou os serviços de Mrs. Leonard afim de prosseguir nas investigações para as quais fora especialmente formado um comité.

As sessões foram arranjadas de modo que os assistentes não pudessem entender-se uns com os outros. Lady Troubridge, Miss Radcliffe-Hall, Mrs. W. H. Salter, Miss Newton e Mr. J. G. Piddinton ficaram incumbidos de tomar nota de tudo.

De setenta e três sessões só três não foram anônimas. Os *comptes-rendus* dessas sessões estão nos arquivos da sociedade.

O relatório final da série, feito por Mrs. Selter, declara que houve geral acordo quanto à sobrevivência da personalidade, e atesta não haver dúvida quanto à *completa honestidade* da médium.

Tive oportunidade de ler grande número desses *comptes-rendus*. Para um estudioso os pontos reveladores da evidencia são interessantes; mas para a maioria dos leigos as conversações anotadas são tediosas.

Minha opinião é que hoje, seis anos depois, as faculdades de Mrs. Leonard mostram-se enormemente mais desenvolvidas. Também creio que sua força pode ser aumentada pelas forças latentes de certas pessoas que tomem parte nas sessões.

Isto me parece claro, porque nunca foi publicada uma tão maravilhosa cópia de evidencias como as enfeixadas nas páginas deste livro.

XV - O conhecimento do sobrenatural

A vida é uma estrada cheia de embaraços – Não é possível aos espíritos dizer sobre o futuro – "Não há inferno", diz W. A. – A vida espiritual é sempre promessa e esperança – O temor da outra vida – W. A. numa dança: evidência excepcional – A filosofia da Idade Média – Últimas palavras de W. A. – Concessões ao grotesco sentimentalismo

Se a condição dos assistentes influi nas sessões – e dizem que influi – esta sessão com Mrs. Osborne Leonard foi ideal, tanto para mim como para minha mulher. Na véspera tínhamos estado num baile em Dorincourt, de onde saímos às três da manhã. Isso, mais uma boa dose de duro trabalho, deixara-me com a cabeça a rebentar.

Mrs. Leonard caiu em transe e Feda compareceu.

FEDA – Bom dia! W. A. está presente e saúda-os a ambos. Diz que tem muito a comunicar.

Depois dos habituais cumprimentos, W. A. falou demoradamente sobre assuntos pessoais. Referiu-se a incidentes e sua vida na terra, que seu pai poderia verificar, se quisesse.

BRADLEY – Bem sabe, meu caro W. A., como é difícil abordar este assunto com seu pai, que já declarou não querer imiscuir-se nas coisas do além.

W. A. – É homem teimoso, difícil de ser lidado. Sei que não gosta de nada que se relacione ao espiritualismo.

Tem medo, é isso. Zanga-se e fecha-se. Não suponho que descreia – mas acha melhor não cuidar do assunto.

MRS. BRADLEY – Pode dizer-me algo a respeito de seu irmão?

FEDA – W. A. mostra-se aborrecido.

W. A. – Bem sabe que ele quer fazer qualquer coisa – e eu procuro ajudá-lo, mas não posso dizer no que isto acabará. Ainda não tenho certeza.

MRS. BRADLEY – Acha que há algo a fazer por ele?

W. A. – Todos estão fazendo por ele o que podem, mas é difícil saber como melhor agir. Já entraram por um caminho e agora experimentam outro. Eu procuro ajudá-lo mentalmente; fisicamente nada posso fazer porque encontro resistências. Muito difícil ajudar os que não cooperam.

MRS. BRADLEY – Podem os espíritos prever o futuro?

W. A. – Sim, às vezes. O futuro é o destino, mas é possível transpor as suas linhas. As linhas do destino são imutáveis e não há isso o que chamam mau destino. (Para mim): Você tem sofrido derrotas que no momento o afligiram; mas essas derrotas foram passos que o levaram ao ponto em que está. Você agiu da melhor maneira para resolver as dificuldades. Muita gente em tais situações senta-se e lamuria. A vida afigura-se-me um caminho cheio de embaraços. Uns tropeçam e, olhando para trás, tombam, porque não estão vendo o que há adiante. Vivem caindo. Pessoas assim são os falhos da vida. Podemos prever o futuro limitadamente, mas muitas vontades colaboram nele. Você, Herbert, estava predestinado a isto e a escrever. Sua vida é muito diferente da que imaginou. Tem o principal em si, o que o fez sensível e difícil. Se houvesse tomado outro caminho não teria feito progressos. Mas enfrentou todas as situações como elas se apresentaram. Se eu houvesse morrido há quinze anos atrás e previsto o seu futuro, você se surpreenderia e teria empregado sua força de vontade para evitar os caminhos que tomou. Raramente ousamos prever os acontecimentos e por isso nada posso dizer do futuro de meu irmão.

MRS. BRADLEY – Acha que ele tem melhorado?

W. A. – Não tem melhorado muito, mas está diferente. Houve mudança em sua condição.

MRS. BRADLEY – Poderá tornar-se apto para retomar o seu trabalho na vida?

W. A. – Não se tornará apto no sentido comum da palavra. Suas perturbações são muito profundas. Pode melhorar, mas está muito mimado. Ser-lhe-á difícil retomar a vida normal. Mais tarde poderei levá-lo a encontrar em si mesmo qualquer coisa em que possa concentrar-se. Até aqui não conseguiu fixar o espírito em coisa nenhuma. Em certo momento pareceu-me salvo. Seu futuro mostrava-se brilhante e promissor.[67] Talvez possamos fazê-lo reconquistar-se. Estou trabalhando para isso. Você sabe que ele não faz senão repetir uma história. Quem examina o passado da família vê claro o que quero dizer. Duas gerações – um homem... As condições de agora são as mesmas. Não ignoramos o que a hereditariedade significa. Podemos apenas influenciar por meio do conhecimento e de sentimentos adequados. Mas é impossível fugir à hereditariedade. Herda-se certas disposições do mesmo modo que se herda olhos azuis. Ninguém pode mudar a cor dos olhos; só podemos ajudar na modificação das condições. Trata-se de matéria de causa e efeito – e muitas vezes tomamos caminhos errados.

BRADLEY – Bom, você disse que os espíritos podem ajudar-nos de certa maneira. Agora pergunto se podem ajudar-nos fisicamente. Tenho trabalho muito ultimamente e sinto-me cansado. Poderia ser ajudado nisto?

W. A. – Sim, sei, seu cérebro está congestionado. Mas por uma semana mais ou menos não poderá mudar de ocupação? O pior com você é que seu espírito não pode trabalhar em coisas diversas. O cérebro é como uma seriação de pálpebras que em você estão abertas unicamente para os assuntos psíquicos. A ideia não o larga, nem durante as refeições. Você alimenta-se de psiquismo – e para alguns homens é difícil evitar esse modo de ser. Também o pintor em tudo só vê quadros. Em todos os momentos você está sempre pensando nos prós e contras do que o preocupa e sente que tem de ser muito cuidadoso. Quando se dirige a outras pessoas fala como que mecanicamente, porque o espírito está preocupado com o eterno assunto. Por isso tornou-se abstrato e faz as coisas alheadamente, sem lhes dar atenção. Mas colherá resultados disso,

[67] Todas estas referências ao irmão de W. A. correspondem a realidade.

porque o livro em andamento vai ser um grande sucesso.

BRADLEY– Você figura constantemente nesse livro.

W. A.– Sei. Sou o personagem central, a estrela do livro.

FEDA – Que expressão engraçada!

W. A-. A mim não desagrada figurar no palco assim.

BRADLEY– Razões de família impedem-me de o tratar pelo nome. Porei lá apenas duas letras, W. A.

W. A. – Prefiro isso a ser disfarçado num nome como "Percival" ou "Archibald". Embora não seja matéria de importância, prefiro que me nomeie com iniciais indicativas do meu verdadeiro nome, a nomear-me com pseudônimo. A obra constitui trabalho exaustivo, mas no conjunto vale o grande esforço. O seu interesse pelo trabalho era tamanho no começo que não sentia o menor cansaço – mas agora está compreendendo o que tudo realmente significa. É aquele seu modo peculiar de escrever que vai convencer os leitores. Já disse que tenho estado lá no escritório a ajudá-lo. Reconheço a dificuldade que há na formulação da evidencia.

BRADLEY – Acha que na realidade o livro vai ser de valor para o mundo?

W. A. – Meu caro, pense no efeito que terá sobre a vida das criaturas. Esse livro estabelecerá imediatamente uma nova condição de vida na terra. Eis o ponto que ínsito em esclarecer. Não existe um inferno concreto, como tantos imaginam. O inferno está na própria terra. Inferno não passa de uma condição mental; é errado tê-lo como algo espiritual. Não há inferno espiritual, embora as pessoas que na terra foram más permaneçam más por grande extensão de tempo depois que se passam para este lado.

MRS. BRADLEY – Podemos aqui na terra ser afetados pelos maus espíritos?

W. A. – Não; os espíritos não podem fazer mal aos da terra. O mal reside em vós mesmos, no subconsciente. Os seres na terra estão sujeitos a uma certa Iei ou ordem. Os criminosos não devem ser deixados livres de cometer crimes. Os loucos são encerrados em hospícios. Também aqui agimos com a inteligência, mas de outro modo. Nossa lei é uma ordem mental que aos malfeitores opõe limites e restrições. Logo que morrem e passam a espírito, eles entram em contato com essas leis coatoras. Todo crime significa limitação. O crime é animal. O crime consome: eis o característico da criminalidade. O que leva o homem ao crime é a insuficiência mental, ou a doença – coisas decorrentes do corpo físico, não do espírito. O crime nasce no físico. Quando com a morte desaparece esse físico nutridor das tendências criminosas, a personalidade perde a liberdade física, ou a vontade de fazer as coisas más que fazia. Entra em contato com as leis espirituais que os coagem. Na terra, só quando os chamamos é que podemos ter maus pensamentos. Também os maus espíritos só podem ir ter com os vivos, se chamados.

MRS. BRADLEY – Está continuando aí nessa esfera os seus estudos começados na terra?

W. A. – Sim. O admirável daqui é isso. Uma grande promessa, uma grande esperança. Logo que apreendemos, uma coisa, novo campo se abre diante de nós. Não existe o desapontamento. Todos nos sentimos em expansão. Só existimos nesta expansão, que é uma vida progressiva. Não nos limitamos a viver numa bela condição, rodeados dos seres que amamos. Há esferas e mais esferas de maior conhecimento e maravilhamento a que ascendermos. Disso tenho tido apenas intuições. Sinto-o como a toupeira lá dentro do seu buraco sente o sol – como a toupeira que sonhasse a vida de inteligência dos homens sobre a terra, mas que tivesse de continuar no seu viver soterrado. Se eu tivesse de voltar à terra, ficaria como a toupeira que depois de conhecer a luz regressasse à escuridão. A toupeira não pode ler e não possui alta inteligência. Seu guia único é o instinto de conservação. Eu aqui vou ocasionalmente para outras esferas, onde vejo cenas extraordinárias, belezas que me são revelações. Compreendo-as quando me vejo lá, mas ainda não estou devidamente evoluído para viver nelas. Vocês aí na terra ouvem as vezes maravilhosas músicas, mas não estão preparados para viver perpetuamente nessa atmosfera criada pela música. Talvez eu ainda necessite duma evolução de centenas ou milhares de anos para tornar-me apto à vida em esferas superiores. Mas o tempo aqui não conta.

MRS. BRADLEY – Tem a sensação de já haver deixado a terra há muito tempo?

W. A. – Não me parece longo o tempo. Só quando em contato convosco posso fazer ideia de tempo. Aqui o tempo não conta. Não há horas. Todas as horas são iguais.

BRADLEY – Já contei que Valiantine vem á Inglaterra este ano. Acha possível falar-nos por intermédio dele? Falar-nos em voz natural?

W. A. – Sim; creio que sim. Valiantine possui na realidade grande força – mais força que a necessária para nos manifestarmos por meio de nossa própria voz. Quase que chega ao poder de materialização. Sua força não dá apenas sonorização às vibrações daqui; suponho que pode também dar-lhes corpo – corpo sólido. Foi Valiantine quem criou o ponto de partida de tudo que houve entre você e nós – e sinto me satisfeito de que o caso com De Wyckoff fosse afinal esclarecido. De Wyckoff já pôs os seus pensamentos em ordem.

BRADLEY – Talvez seja difícil você materializar a voz por um apreciável espaço de tempo, mas bastará que o faça por uns instantes, com umas frases apenas. Como me aconselha a principiar com Valiantine?

W. A. – No começo deve haver poucas pessoas presentes, mas experimentadas. (*Mudando de assunto*) O velho Doyle apreciará muito tudo isto!

FEDA – Não deve tratá-lo assim, meu caro.

W. A. – Que tem? Gosto muito dele.

FEDA – Eu também quero falar com Valiantine.

MRS. BRADLEY – Quantas pessoas acha que devem figurar na primeira experiência?

W. A. – Procurarei manifestar-me logo. Não aconselho mais de cinco ou seis. Valiantine é um tipo interessante. Muito sensível; tudo depende dele. Ainda está magoado com o que sucedeu.

MRS. BRADLEY – Aconselha-nos a fazer as sessões na sala de dança?

W. A. – Não, acho preferível sala menor. A foça ficará mais concentrada. Quando Valiantine chegar, verei como deve ser feito. Ninguém sabe cientificamente como deve agir. (*Para mim*) Quer tomar notas de tudo que observar aí do seu lado, enquanto eu faço o mesmo aqui do meu?

BRADLEY – Sim. Tomarei nota de tudo.

MRS. BRADLEY – Deve haver aí do seu lado seres de alta capacidade cientifica para a investigação desses assuntos, não é assim?

W. A. – Sem dúvida que os há, e muitos, mas a dificuldade é que perderam o contato com os aspectos físicos. Se nós realizarmos o nosso projeto, será coisa muito falada. Você poderá chegar a verdadeiros achados por meio de impressões sintéticas. Se o conseguirmos, a impressão nas criaturas humanas vai ser tremenda – no homem da rua, como dizemos. É a gente comum que deve saber destas coisas, para reformar suas ideias com base no bom senso. Talvez possamos descobrir o como da força psíquica liberar-se e manifestar-se.

FEDA (para mim) – W. A. está apontando para o seu ombro.

W; A. – Há pouco tempo você mandou fazer uma alteração no ombro desse casaco. Não me parecia mal.[68]

MRS. BRADLEY – Esteve conosco a noite passada?

W. A. – Sim. Estive procurando contato; a condição era muito material. Você não podia supor estar na Sétima Esfera, mas a experiência deu-me prazer. Ouvi muito riso – e (para Mrs. Bradley) um "Ha! Há!" estridente.[69]

Havia lá muitos sons, e belos.[70] Lembra-se que estava incomodada com o desarranjo de qualquer coisa?[71] Seus olhos acompanhavam uma porção de movimentos. Você inclinou-se quando dançava. Procurei segui-la, mas a confusão era muita. Quem, aquele homem de nariz tão grande?[72] Também havia lá uma criatura de muita estupidez; você as vezes pensava nessa estupidez tão enfadonha.[73](*Para Mrs. Bradley*) E seu medo de que o vestido se rasgasse? Qualquer coisa havia pregado nele que você receava perder. Duas ou três vezes a

[68] Uma semana antes eu tinha mandado fazer uma modificação no ombro daquele casaco.

[69] Um dos presentes fez uma observação para Mrs. Bradley e depois disse: "Isso a fará rir-se"; ao que ela replicou com um satírico "Há! Há!".

[70] Refere-se a orquestra.

[71] Havia um vaso sobre uma coluna na sala, que os passantes podiam esbarrar. Minha mulher tirou-o dali.

[72] Um dos convivas.

[73] Brutal observação, mas exata.

costura cedeu. Gostei da toalete, embora a estivesse preocupando tanto; não pude distinguir o que caía. Você tinha medo de que algo se desmanchasse.[74] Vestido de belas linhas, repuxado de um lado. Ia muito bem. Em certo momento pensou em pôr qualquer coisa sobre ele. Tomou um chale e passou-o ao pescoço; retirou-o em seguida; fez isso várias vezes. Estava sentindo frio e eu procurava influenciá-la para que pusesse o chale. Hesitou; depois desistiu.[75] Sei que é teimosa. Digo isto porque ultimamente tenho podido ver melhor as coisas. Depois da dança, algo foi esquecido na sala. Ouvi a observação a respeito: "É muito tarde para ir procurá-la."[76]

MRS. BRADLEY – Viu sua mulher a noite passada?

W. A. – Sim, vi-a; mas não pude aproximar-me muito. É difícil ajudá-la porque não consigo esta aproximação que tenho com vocês.[77] Além disso, ela não pode escrever livros, o que me leva a dar preferência ao contato com vocês. Não me preocupo que minha mulher se interesse por outras pessoas. É moça; o que faz não interfere. Desejo que seja feliz e sinto que o não o será se ligar-se só a mim. Também sinto que não lhe convém viver só – e procuro acentuar isso em seu cérebro. Poderá ser feliz com outros, sem que eu me enciúme. Estou muito satisfeito com a minha condição para aborrecer-me com qualquer coisa.

MRS. BRADLEY – Acha que vão bem os negócios de sua mulher?

W. A. (em tom aborrecido) – Não me fale em coisas tão materiais.

MRS. BRADLEY – Incomoda-se com as minhas perguntas, W. A.?

W. A. – Não, está muito bem. Gosto disso. Até certo ponto interesso-me por esses assuntos, já que são importantes para a vida na terra. Mas não creio que você tenha motivos para preocupar-se. Acho que do ponto de vista material tudo corre

[74] Minha mulher estava com um vestido enfeitado de contas, das quais muitas caíram no assoalho quando um fio se rompeu.

[75] Extraordinário! Exato em tudo. Minha mulher sentiu frio, mas não quis pôr o chale – e por causa disso veio a resfriar-se.

[76] Uma das damas presentes esqueceu na sala a sua bolsa, e ao sair disse; "É muito tarde para ir procurá-la."

[77] Na noite anterior, por um engano, figuraram ao jantar flores inadequadas ao ambiente, de mau efeito cromático.

muito bem, anto para você como para ela.

MRS. BRADEY – Você hoje recomendou a Herbert que mudasse um pouco de preocupações. Mas bem sabe que isso é impossível agora.

W. A. – Sim, depois que concluirmos o livro ele descansará. No momento percebo que ele não consegue pensar em outra coisa.

BRADLEY – Impossível empreender um trabalho destes sem uma completa concentração cerebral. Está aí uma coisa em que há um ano atrás você não pensou: que ia cooperar numa obra desse tipo!

W. A. – De fato, não pensei. E ninguém um ano atrás poderia supor que você fosse empenhar-se em tal livro. Parecem tão extraordinários este nosso encontro e estas nossas conversas! Você bem sabe que se trata dum grande livro, um que aborda a matéria suprema: o problema da vida e da morte. Era inevitável a entrada sua por esse caminho. Agora que estou aqui, sei, pelos guias, que você tinha de chegar ao que chegou. Existem poderes mais altos do que os homens supõem. Somos instrumentos desses poderes. Você foi *levado* ao ponto em que está. Caminhou passo a passo para onde a mão daqui apontava. Mais tarde compreenderá o que isto significa. Quanto na terra chegamos à idade madura, tornamo-nos vagamente infelizes. Tornamo-nos medrosos. Sentimo-nos cada vez mais próximos da inevitável mudança – e não nos agrada a ideia do mergulho no Desconhecido. Mas logo que sabemos, sem sombra de dúvida, que existe a vida no além, a morte perde a importância e não nos causa medo. Claro, meu velho, que nunca deixaremos de nos arrepiar à ideia da morte. Esse instinto preservador da vida está *certo*. Não obstante, quando um homem no seu caro atropela e mata outro, diz sempre: "OH, para ele foi melhor assim". Mas é absolutamente necessário preservar a nossa vida na terra. (Para Mrs. Bradley) Você não conseguiu as flores que queria. Coisa sem importância, embora causasse certo desapontamento (77)

BRADLEY – Tem estado ultimamente com minha irmã?

W. A. – Sim, tenho-a visto; ela procura-me sempre que estou com você. Sua irmã o tem ajudado muito, especialmente quando o vê cansado; e, como é profundamente espiritual, pode transmitir muita força. Esse influxo espiritual conserva a máquina em ação. Lá pelo meio da última semana ela o ajudou seriamente. Lembra-se de noite em que quis dar fim ao trabalho? Percebemos que estava a pique de desmoronar. Sua irmã pôde intervir dum modo muito eficiente; mais do que eu o poderia, porque ela é mais espiritual, tem mais força. Graças a Annie você recuperou-se e prosseguiu. Isso muito me satisfez, porque nos permitiu bom trabalho subsequente. Naquela noite, cedo, você esteve a pensar: "Ir ou não ir?" Fui o responsável pela decisão de não ir.[78] Lembra-se de que nessa noite notou que o papel estava quase no fim? No dia seguinte voltou da rua com um novo sortimento. Eu estava com você e evitei que vacilasse. (*Humoristicamente*) Quase liquidou com todo o papel, hein, meu caro?[79] Gosto do velho De Wyckoff. Excelente criatura, sim. Pode dizer-lhe que o vi acompanhado de uma menina – um espírito que se lhe apegou para controlá-lo. Uma menina morena, bastante bonita e cheia de vida. Procurava oferecer-lhe um ramo de flores rubras. Ele deve ter pensado nela de um modo qualquer em que houvesse flores vermelhas. Os De Wyckoff adquiriram força. Excelentes criaturas.

MRS. BRADLEY – Quando estivermos aqui com Valiantine precisaremos cantar no começo da sessão?

W. A. – Sim, com Valiantine é necessário que haja cânticos. Isso lhe aumenta a força.

MRS. BRADLEY – Hinos?

W. A. – Não tem importância o que seja, contando que haja canto.

MRS. BRADLEY – Não será o mesmo se usarmos um gramofone?

W. A. – Sim, dará resultado, se vocês acompanharem a melodia. É preciso que cantem, ou então que conversem. Não

[78] 77 Lá pelas dez horas dessa noite eu me senti mal, nervoso, pensei na cama. Durante o dia sentira-me estranho. Recolhi-me despi-me e subitamente me senti perfeitamente bem; fui para a mesa de trabalho e escrevi durante horas.

Minha mulher e minha cunhada tinham combinado naquela noite uma ida de auto a cidade, e durante o jantar eu dissera que ia também por sentir-me cansado do trabalho. Mas decidi ficar.

[79] A 4 de janeiro verifiquei que meu estoque de papel estava no fim. No dia seguinte trouxe 12 blocos da cidade.

importa o que conversem, contanto que falem, produzam sons.

MRS. BRADLEY – Talvez que antes da publicação do livro seja esta a última oportunidade que temos de nos comunicar.

W. A. – Não vai ser esse o único livro que sobre o assunto você escreverá. Continuará escrevendo-os.

BRADLEY – Pode sugerir-me o título?

W. A. – Já o tem, e bem fora do comum. Parece-me simbólico.[80] Bom título – e mais que título. Vou ajudá-lo no começo do livro.

FEDA (*interrompendo-o*) – Não pode ser, W. A.! O livro está quase no fim.

W. A. – É verdade; mas refiro-me ao início, que tem de ser refeito.

BRADLEY – Sei exatamente o que ele quer dizer e acho isso extraordinário!

W. A. – De fato, muito importante. Trata-se do primeiro capitulo que deve ir conduzindo gradualmente ao assunto e estabelecer o diapasão.[81] Temos, nesse capítulo, de trabalhar juntos, porque você já mudou de ideia várias vezes. Estabeleceu nele a *raison d'*être. Há que repensá-lo de novo. As outras partes devem ser escritas primeiro – é um processo que você usa. Fazer os alicerces depois de concluído o telhado. Duvido que alguém já haja procedido assim, mas no caso deste livro é o sistema verdadeiro. Trabalharei junto. Trata-se de uma grande coisa que está indo muito bem. O processo foi penoso. Você não esperou que o apedrejassem. Antes de tudo foi apanhando as pedras. Previu as críticas – e já agora não há lugar para elas. Ninguém pode descobrir falhas na argumentação. Você tomou as hipóteses do pró e do contra e atendeu-as você mesmo.

BRADLEY – Realmente, procurei fazer isso – e tive um bom colaborador.

W. A. – Sim. Trata-se, pois, do *nosso* livro. Não se preocupe com esse capitulo inicial. Trabalharemos de cooperação. Comece a escrevê-lo sem pensar. Escreva o que sair. Depois o aperfeiçoaremos juntos.

[80] Eu já me havia fixado sobre o título um mês atrás.

[81] Por esse tempo eu não tinha ainda traçado o primeiro capítulo, e dois meses atrás havia transformado o capítulo primeiro em capítulo segundo, deixando deliberadamente para escrever um capítulo adicional que fosse o primeiro. Esse capítulo adicional ainda estava por escrever ao tempo da observação de W. A.

FEDA – W. A. acaba de ficar subitamente sério.

W. A. – Quero dizer mais umas palavras antes de retirar-me. É uma grande coisa esse livro. Foi uma grande coisa que você o fizesse. Foi uma grande coisa que eu pudesse colaborar. Equivale a um facho de luz. Adeus. Bênçãos caiam sobre os dois. Entreajudem-se. Isso será mais fácil agora. Não me digam até logo porque vou segui-los.

❄ ❄ ❄

Assim terminou o nosso contato desse dia.

A evidência foi maravilhosa. Não tenho reservas suficientes de desprezo pelos que ousarem dizer que isto é telepatia. Apenas me apiado de que haja no mundo tão mesquinhas inteligências. Além da evidência com que W. A. nos bombardeou, por duas ou três vezes ouvimos-lhe a voz, reconhecível entre milhares. Soava distinta e vibrante como um violino. É isto então telepatia?

W. A. deu-me a mais completa evidência no tratar de seu irmão. A pergunta feita por minha mulher recebeu resposta extraordinariamente compreensiva. Considero-me, pois, no dever de publicá-la. Já neste livro fiz várias concessões à grotesca sentimentalidade ele muita gente. A pusilanimidade não apressa a conquista do conhecimento.

Vou dizer coisas de que a carneirada dos imbecis poderá motejar. A loucura é relativa na terra; do contrário o mundo seria um grande hospício governado por meia dúzia de homens.

Minha proposição é que os espíritos podem influenciar o estado de saúde dos vivos. Senti-me semimorto naquele dia, como contei, e fui revivido por uma extraordinária insuflação de energia espiritual. Renasci.

Este meu livro tem símile, para a humanidade, na observação que Watts fez do vapor d'agua na chaleira. Quem no momento poderia prever o que sairia da observação de Watts? Assim também só daqui a um século a humanidade perceberá o valor das descobertas que este livro consigna no campo psíquico.

Há poucos anos atrás a carneirada rir-se-ia de quem falasse no rádio, e gargalharia à ideia da televisão. Mas o rádio e a televisão estão vulgarizados hoje.

O conhecimento que W. A. mostrou deste livro e de cada um dos meus pensamentos é maravilhoso. W. A. penetrou-me mentalmente. E não há dúvida que colaborou comigo. Mostrou-se conhecedor ele tudo que só eu podia saber e revelou-o em voz alta.

No que me diz respeito não me preocupa, no mais mínimo, o que possam pensar desta obra. Se o mundo quer permanecer cego, que me importa?

Para abrir os olhos aos cegos não há que vir com murmúrios tímidos. Daí minha insolente agressividade. Só nos ouvem quando gritamos.

Dentro do curto espaço de alguns meses aprendi alguma coisa a respeito do Universo. Sinto o poder de minha agressividade, mas uso-a apenas para convencer algumas pessoas. Muito sei deste mundinho tão pequeno e sei quase nada do que há além dele. A arrogância de tom que adoto não passa de ferrão para fazer que o rebanho pense.

Dentro de mim brilha uma luzinha de compreensão. A vida na terra é apenas o primeiro balbucio da nossa existência, e a proporção que nos esforçamos por aprender vamos nos adiantando para a percepção da faísca divina que há dentro de todos nós.

Livro II

Valiantine na Inglaterra

I

Valiantine: homem moroso e reticente – Como descobriu sua mediunidade – Valiantine na Inglaterra – Uma sessão em Dorincourt – Annie fala novamente – Caso enigmático

George Valiantine chegou à Inglaterra a 1º de fevereiro de 1924, depois de um entendimento entre mim e De Wyckoff. Fomos ao seu encontro em Waterloo, donde o levamos de carro diretamente para Dorincourt; lá devia permanecer durante a sua estadia na Inglaterra, sempre na mais completa ignorância das experiências psíquicas por mim feitas depois do nosso encontro além mar.

Valiantine é um homem retaco, de cinquenta anos de idade. Lento e reticente; interessa-se por um número mínimo de coisas; crê naturalmente em espíritos, e tenho dificuldades em lembrar-me de outro assunto que ele discuta com fluência. Interpelei-o sobre a arte e a literatura americana: nada sabe. Consultei-o sobre teatro: idem. Igualmente desinteressado da vida comercial. Possui um vocabulário muito limitado e revela pouca noção do valor das palavras. Quando inquirido por alguém sobre o que pensava de Londres; respondeu: "Uma cidade grande" – e foi só.

Contou-me que só depois dos quarenta e três anos veio a descobrir a sua mediunidade. Antes disso lembra-se de por várias vezes ter ouvido pancadas nas paredes e mesas, que ele atribuía a estalos da madeira.

Há uns sete anos, quando hospedado num hotel durante

uma saída a negócios, ouviu na porta de seu quarto três pancadas muito distintas. Acendeu a luz; levantou-se da cama para ver quem era. Aberta a porta, não encontrou ninguém. Fechou-a de novo. Mais três pancadinhas fizeram-se ouvir, dessa vez na parede do corredor. Foi novamente verificar quem era, e como não visse ninguém tocou a campainha de serviço. O criado assegurou-lhe que o corredor e o quarto contiguo estavam desertos.

Logo depois teve ensejo de contar o fato a uma senhora das suas relações, dedicada ao espiritualismo, a qual o persuadiu a ter com ela uma sessão em sala escura. Nessa sessão, a que também esteve presente sua mulher, recebeu, por intermédio da mesinha, uma mensagem de Bert Everett, seu cunhado falecido de algum tempo.

A partir daí gradativamente Valiantine desenvolveu a força mediúnica até chegar a ouvir a voz direta de Everett – o qual lhe recomendou o uso da corneta e mais coisas. Foi arranjada a corneta, e na noite seguinte pôde ouvir com perfeita clareza a voz do cunhado. Até aquele dia ignorara completamente o que fosse uma corneta acústica.

Estranhos fenômenos ocorreram depois disso. As cordas dum violino vibraram enquanto o traziam para a sala. Uma voz do além cantou com acompanhamento de guitarra.

Everett instruiu-o sobre o modo de organizar um gabinete onde pudessem ser obtidas materializações. Valiantine agiu de acordo e numa noite em que caiu em transe Everett materializou-se de corpo inteiro.

No dia de sua chegada à Inglaterra De Wyckoff e eu levamo-lo às corridas de Sandown Park.

Corridas de cavalo sempre me atraíram, não pelo jogo, mas pelo esporte em si. O mesmo com De Wyckoff, que entretanto, pouco sabia da forma inglesa desse esporte.

Nos dois primeiros páreos De Wyckoff jogou e perdeu 30 libras; eu ganhei 15. No quarto páreo De Wyckoff apresentou a Valiantine o programa das corridas, dizendo por brincadeira: "Não posso adivinhar os vencedores; marque-os para mim." Valiantine tomou o programa e correu o dedo pela lista dos animais, parando num de nome Taffytus. Não demos importância à indicação; tanto eu como De Wyckoff jogamos num de nome Libretto.

Taffytus ganhou com facilidade. Reunimo-nos de novo os três e rimo-nos do incidente. Novamente De Wyckoff pediu a Valiantine que indicasse o vencedor seguinte. Havia nesse páreo 23 animais inscritos, mas eu sabia que só sete ou oito iam correr. Meu cálculo foi de um para dois quanto à probabilidade de Valiantine indicar entre os 23 um desses sete ou oito. Ele correu o dedo pela lista e marcou Old Nic. Acertara num ponto, pois Old Nic era um dos que iam correr – embora não fosse cavalo indicado para qualquer façanha. Na seção esportiva de trinta jornais que se preocupavam com o assunto apenas dois mencionavam-lhe o nome. Por brincadeira apostei modesta quantia em Old Nic. De Wyckoff jogou 50 libras. A corrida foi linda. Estabeleceu-se a luta entre Old Nic, All Away e Battle Cruiser. Old Nic puxava a fila. Na reta da chegada perdeu a dianteira, passou para o terceiro lugar; mas no último momento avançou, ganhando por meio corpo.

Ao relatar este incidente não proponho que o senso psíquico seja empregado para fins materiais. A coisa pode ser considerada como uma extraordinária coincidência (porque as probabilidades desse cavalo eram de 1 para 220) ou como a demonstração dum poder previsor. Em nenhuma outra circunstância levei minhas investigações para este rumo, nem tenho o menor desejo de o fazer no futuro.

Na noite desse dia tivemos em Dorincourt nossa primeira sessão com Valiantine; formávamos o grupo eu, o médium, os De Wyckoff, e minha esposa. Reunimo-nos logo depois do jantar, às nove horas.

Começamos primeiramente num quarto dos fundos que serve de dormitório ao meu filho mais novo. Empregamos o gramofone acompanhado do canto, processo que foi sempre o usado em todas as sessões tidas com Valiantine em Dorincourt. Não estavam boas as condições. Muito barulho em baixo, nos cômodos dos criados e também no aposento contiguo. Mesmo assim tivemos a voz direta de Bert Everett, o guia de Valiantine, e mais uma tentativa de manifestação de outro espírito, que falou em língua estrangeira, indecifrável. Em vista das más condições do recinto, passamo-nos para o meu gabinete, no andar térreo, onde, cinco minutos depois, Everett novamente se manifestou com voz que parecia vir do teto. As manifestações de voz direta constituem algo dramático, de modo que minha mulher sentiu-se um tanto amedrontada. Disse Everett que um dos presentes não estava acostumado a tais sessões e que minha mulher não tinha motivos para estar nervosa; em seguida a mão de um espírito alisou-lhe o cabelo. Mrs. Bradley arrepiou-se: "Por favor não me toque."

Depois apareceu Kokum, com a sua voz potente, que ressoou pelo recinto; e cantou algo que podia ser ouvido a duzentos metros dali.

Finalmente veio o espírito de minha irmã Annie. Declarou que tem estado comigo constantemente e me ajudado nos últimos meses. Referiu-se a certas passagens do meu livro. Conversou com De Wyckoff e minha mulher, pedindo notícias dos nossos dois meninos, Dennis e Pat; também falou com Valiantine a propósito de sua viagem à Inglaterra. A voz de Annie era pouco mais que um murmúrio – muito longe da força revelada em Arlena Towers.

Depois de Annie apresentou-se um espírito guia, o Dr. Barnett, que nos falou em voz alta, com sotaque escocês. Teve com De Wyckoff, comigo e Valiantine um debate muito curioso. Referiu-se, rindo, à corrida de Sandown. "Nós estávamos lá." De Wyckoff perguntou: "Pode repetir o que fez?" Não tivemos resposta; o espírito do Dr. Barnett desapareceu.

A seguir manifestou-se aquele índio, Hawk Chief, ao qual De Wyckoff perguntou se tinha sido um "bravo" quando na terra. A resposta foi: "Não; fui um homem pacifico."

Conversamos e demos-lhe parabéns pela sua forma mental, e Hawk Chief retirou-se com um terrível grito que a casa inteira podia ouvir.

Tivemos ainda um conhecido, Pat O'Brien, com quem discutimos pontos da política irlandesa. No meio do debate uma voz soou entre Mrs. De Wyckoff e eu e falou simultaneamente com *O'Brien*. Este observou que, estando presente outro espírito, ele ia retirar-se. A voz de O'Brien era forte, alta; a do outro espírito, muito débil. Esse intruso (se me é permitido usar da expressão) declarou ser Sadie Morgan – o que muito alegrou Mrs. De Wyckoff. Sadie Morgan, falecida de seis meses atrás, fora uma das suas amigas mais íntimas.

MRS. DE WYCKOFF – Está aí com você algum dos nossos amigos comuns na Terra?

SADIE MORGAN – Sim.

MRS. DE WYCKOFF – Encontrou aquela particular amiga nossa – aquela que você sabe?

SADIE MORGAN – Sim, Flo Macfarland.

MRS. DE WYCKOFF (*para os presentes*) – Sadie Morgan e Flo Macfarland foram grandes amigas.

Depois que Sadie se retirou, Everett fez uma breve preleção sobre matéria psíquica – e a sessão foi encerrada.

II

O fenômeno das estrelas de prata – Médium em transe – Aviso de um espírito: "Não acenda a luz" – Ectoplasma – A teoria do autor

Na sessão do dia 3 estivemos presentes os mesmos e mais Mrs. Mortimer Bryans e Mrs. Caradoc Evans, a ilustre romancista e teatróloga.

Reunimo-nos na sala de dança, cujas vidraças foram recobertas de espessas cortinas de veludo negro. Houve um pequeno desacordo entre dois dos presentes sobre matéria sem importância – o que prejudicou as condições.

Depois duns cinco ou dez minutos apareceram no teto vivas estrelas prateadas; luzes semelhantes também brilharam em outros pontos da sala. A corneta moveu-se no ar e tocou em cada um dos assistentes.

Os criados tinham recebido ordem para apagar todas as luzes dos corredores, mas por descuido uma forte lâmpada elétrica foi acesa no pátio da garagem a qual fica fronteira às janelas da sala onde estávamos. Antes de sabermos disso, eu e outros observamos que Valiantine não cantava, e respirava com esforço. Pareceu-nos que caíra em transe, apesar de que tal coisa só acontece quando a sessão se realiza no gabinete preparado para as materializações.

A luz do pátio infiltrava-se pelas frestas do alto das cortinas em quantidade suficiente para que vislumbrássemos uns aos outros. Valiantine observou que a condição era má, e vimos uma corneta erguer-se no ar a meia altura, perto de Mrs. Bryans. Foi nesse momento que acenderam a luz do pátio – e a corneta veio ao chão.

Valiantine estava a respirar pesadamente. Ficamos ali uns dez minutos, até que ele murmurou: "Oh, o meu estômago!" Vendo as coisas mal paradas, resolvemos acender as luzes. De Wyckoff levantou-se e mal deu dois passos na direção da chave a voz de Everett soou no teto: "Não acenda a luz!" Voz em tom frenético.

De Wyckoff voltou-se para Valiantine e o viu envolto numa espécie de nimbo. Mrs. Caradoc Evans descreve esse nimbo como uma substância viscosa "em que se podia enfiar o dedo, sem que o dedo a furasse". Apalpei o rosto e as mãos de Valiantine: frias como as de um morto. De Wyckoff, Bryans, Evans e eu – as mulheres já se haviam retirado – ficamos com ele ali no escuro talvez uma hora, até que voltasse à vida e fosse, meio carregado, para um divã no estúdio.

É fato cientificamente estabelecido que o ectoplasma provém do corpo do médium, e que o subitâneo choque da luz sobre o ectoplasma faz que ele reentre no corpo do médium com terrível ímpeto. Foi o que, me parece, aconteceu a Valiantine.

Valiantine foi para a cama; e como no dia seguinte sua perturbação continuasse, chamamos um médico, o Dr. Cooper, de Surbiton. Passou o dia. todo na cama. Mas ficou bom, apesar da mancha roxa que ainda conservava no peito, aí de duas polegadas por três – evidentemente causada pelo choque do ectoplasma ao reentrar subitamente no corpo.

III

Curto capítulo de uma curta sessão entre o autor e sua mulher, e George Valiantine – Um espírito que dá uma resposta fora do comum a uma pergunta fora do comum

Na noite de 5 de fevereiro, minha mulher, Valiantine e eu tivemos jantar com De Wyckoff em seu apartamento de Davis Street e chegamos a Dorincourt pouco depois da meia-noite. Valiantine sugeriu que experimentássemos obter manifestação. Fomos os três para o gabinete. Dois minutos depois a voz de Everett soou.

Em seguida à longa conversação com Everett, ressoou a voz forte do Dr. Barnett, que anda estudando química no além. Disse que a sessão anterior não fora bem-sucedida por causa da dissenção entre dois dos presentes, e disse ainda que o choque sofrido por Valiantine fora causado pelo acender da luz lá fora. Discutiu comigo certos assuntos relacionados ao meu livro e outros de interesse pessoal.

Tivemos um interessantíssimo debate sobre o materialismo e o espiritualismo, durante o qual recordei aquele projeto feito na América da expedição a Guiana. Perguntei-lhe que achava dessa ideia – e se a missão, que era material, devia ser realizada. Sua resposta veio num tom decidido: "Most emphatically."

A sessão, que queríamos curta, só durou quinze minutos.

IV

O Dr. Barnett e Bert Everett explicam as condições de Valiantine – Elemento em contrário a teoria telepática – Annie aparece – O autor discute política com Pat O'Brien

Sessão a 6 de fevereiro, com Valiantine, os De Wyckoffs, os Bryans, eu e minha mulher.

De Wyckoff e outros debateram com Bert Everett e o Dr.

Barnett o incidente da luz do pátio, ocorrido em reunião anterior.

Bert e Barnett concordaram que as "condições" de Valiantine foram prejudicadas pela luz material. Temos de notar que naquela ocasião Everett preveniu De Wyckoff sobre o inconveniente da luz.

De Wyckoff perguntou a Everett o que teria acontecido ao médium se a luz da sala fosse acesa durante o transe, e a resposta foi que o choque luminoso provavelmente tê-lo-ia feito "abandonar o corpo". (isto é, matá-lo-ia).

Durante a noite o espírito da mãe de Mrs. De Wyckoff falou com ela e o marido, e também com seu filho Mortimer Bryans – que foi tratado de "Mort" – abreviação que ela usava na terra. Esse espírito interpelou os Bryans sobre o pequeno Peter, filho do casal.

Minha irmã Annie conversou comigo sobre assuntos pessoais e sobre meu livro; e depois de algumas palaveras a Valiantine e minha mulher:

ANNIE – W. A. está aqui e nós o ajudamos a comunicar-se convosco.

Nesse momento o espírito de Sadie Morgan propôs aos De Wyckoffs várias questões sobre matéria social relativa aos três na terra.

Em seguida a voz direta de W. A. manifestou-se. Um pouco indistinta no começo; como eu fingisse não reconhecê-lo, W. A. disse quem era, deu o nome de batismo e o sobrenome – o que valeu por bela prova de identidade. Conversou comigo e minha mulher.

BRADLEY – Quer dizer-me quando e onde conversamos pela última vez?

W. A. – A última vez que conversamos foi em casa de Mrs. Osborne Leonard. Eu desejaria que você a convidasse para uma sessão com Valiantine. Gostaria de conversar com ela.

Acho da maior importância acentuar que Valiantine nada sabia de W. A., nem jamais ouvira pronunciar esse nome. Também não tinha nenhum conhecimento de Mrs. Leonard, nem sabia das sessões que ela nos proporcionara. Compreendendo o alcance do fato, fui cuidadoso em nada mencionar a

Valiantine sobre as extraordinárias experiências e provas que eu realizara na Inglaterra. Só veio a saber disso por intermédio de W. A., que tudo lhe contou.

Ficou assim estabelecida a ligação entre as sessões de Mrs. Leonard e Valiantine, e como a informação fosse dada pela voz direta de W. A. a hipótese da telepatia está afastada.

Mais tarde Annie reapareceu e disse estar satisfeita de que W. A. conseguisse falar-nos. Também referiu-se a um incidente de sua vida, que não menciono por ser matéria pessoal.

A sessão foi deveras notável. Outros espíritos que se manifestaram: Pat O'Brien, Kokum, Hawk Chief e um italiano que cantou um trecho de opera em voz como que vinda do teto.

O espírito de Pat O'Brien revelou-se particularmente interessante; voz esplêndida, rica, e de quem a emite passeando pela sala. Tivemos uma breve discussão sobre a política irlandesa.

V

Um estranho – Homem morto no mar – Os discos do gramofone

A sessão de 8 de fevereiro realizou-se na sala de jantar de Dorincourt. Estávamos presentes os Hewat McKenzie, os Sykes, os De Wyckoff, minha mulher e eu. Aos vinte minutos a voz de Bert Everett manifestou-se, vinda do teto. Saudações.

Depois ouvimos um murmúrio indistinto: a mãe de Mrs. Sykes. Conversa difícil de ser interpretada e de pouco valor evidenciai.

Em seguida apareceu o espírito do professor James Hervey Hyslop, que por algum tempo conversou com Mr. McKenzie. Mr. McKenzie declarou que tem falado muitas vezes com esse espírito.

Finalmente apareceu W. A.

BRADLEY – Na última sessão em que nos encontramos em Dorincourt você respondeu a minha pergunta referindo-se àquela sessão em casa de Mrs. Osborne. Pode dizer-me que foi que discutimos lá?

W. A. – Conversamos de meu irmão e de meu pai.

Um espírito dirigiu-se a De Wyckoff, sem que a princípio conseguíssemos decifrar-lhe o nome. Era dum homem falecido havia oito anos. Perguntado onde falecera, respondeu que no mar, em viagem de New York para a Inglaterra.

A VOZ – Eu viajava no mesmo navio em que vinham Joe e Minerva.

DE WYCKOFF – Pode dizer-me se era homem alto ou baixo?

A VOZ – Muito alto.

DE WYCKOF.F – De que altura?

A VOZ – Tão alto que quase batia a cabeça na porta.

MRS. DE WYCKOFF (*excitadamente*) – George Crawford!

Embora o espírito se tivesse identificado pela descrição de De Wyckoff, este aborreceu-se da esposa ter-lhe mencionado o nome antes que o espírito o fizesse, e disse-lhe com acrimonia: "Por que fez isso?" Nesse momento a corneta caiu e a voz desapareceu.

Depois disso apenas Kokum, surgiu; ninguém mais – embora ficássemos em sessão por meia hora mais ou menos.

Durante a noite estive tomando conta do gramofone e controlando os discos. As vezes os sentia como a fugirem de mim, e quando acendemos as luzes dois deles foram encontrados no centro da sala.

VI

Bert Everett descreve a vida no mundo dos espíritos e Pat O'Brien discute religião – Amor: única religião de valor – A alma irmã de O'Brien – Espírito criança – "Comunicações espíritas derramar-se-ão como onda sobre a terra."

9 de fevereiro

Noite sossegada em Dorincourt. Só três de nós ao jantar: Valiantine, minha mulher e eu. Valiantine espontaneamente propôs uma sessão. Reunimo-nos no gabinete e três minutos depois já tínhamos manifestações.

Do ponto de vista filosófico, foi uma sessão de valor excepcional. Reinava no recinto um ambiente de absoluta serenidade.

Pedi a Bert Everett que me desse noções de sua vida no além, desde a "passagem". Durante vinte minutos Bert falou, descrevendo sua morte no hospital, o período de transição, os primeiros momentos da sua nova consciência post-mortem e sua vida até o presente. Também descreveu as belezas da vida espiritual, assunto de que tratarei em outro capitulo.

Pat O'Brien, a quem pedi me descrevesse sua vida na terra e no além, contou em voz clara como tinha deixado a Irlanda e emigrado para a América, e como depois de muitos anos embarcara para visitar sua mãe em Dublin. A caminho adoeceu e passou, sendo o seu corpo dado ao mar.

Disse que estava agora vivendo com sua mãe no mundo dos espíritos. Durante a vida na terra fora um fervoroso católico – e aqui discutimos um pouco de religião. Pat negou a verdade da teoria do purgatório como a Igreja a expõe; não há purgatório no sentido invocado. Ha um descanso, uma suprema existência livre de todas as preocupações e contingenciais materiais. Pat acrescentou que não existem religiões no além, fora a do amor.

BRADLEY – Sei que morreu solteiro. Não encontrou aí uma alma feminina irmã?

PAT O'BRIEN – A minha alma feminina irmã é minha mãe.

W. A. apareceu e conversou – mas conversa muito pessoal que não cabe aqui. Exprimiu sincero desejo de que sua mulher Dorothy procurasse comunicação com ele.

W. A. – Zelo por ela e os meninos. Amo-os a todos e tudo faço para ajuda-los.

Annie teve conosco longa palestra. Depois apareceu o espírito de uma criança de cinco anos, Bobby Worral, filho de um amigo do médium. Absolutamente encantador. Disse que gostava de vir a Dorincourt e falar conosco. Acrescentou que esteve cá durante o dia, quando o menino Pat brincava com um cachorro no jardim – e teve vontade de entrar no brinquedo.

O Dr. Barnett discutiu questões filosóficas e espiritualismo. Disse que nos próximos anos uma grande onda de comunicações espíritas irá varrer a terra, alargando grandemente o número dos conversos.

BRADLEY – Quando? Nestes dez anos ou num século?

DR. BARNETT – Dentro de um ano ou dois... O livro vai espalhar-se pelo mundo.

Perguntamos a Everett e ao Dr. Barnett sobre a causa da brusca terminação das manifestações na noite anterior, e a resposta foi que o súbito desacordo entre dois dos presentes afetara as vibrações e tornara a comunicação impossível.

A sessão durou hora e meia, e o que aqui anoto não passa de mero esqueleto do que foi. Em certos momentos apreciam luzes em vários pontos do recinto.

VII

O espírito de George Crawford – Maravilhosa evidência – Bobby fala dos seus passeios com Pat – O espírito de "Kenton" Roosevelt

A sessão de 10 de fevereiro realizou-se no meu gabinete, com a presença de De Wyckoff, Mrs. Hunt, mãe de minha mulher e Mrs. Travers Smith.

Bert Everett manifestou sua voz aguda como vinda do teto; perguntado sobre as condições do dia, achou-as ótimas. Bateu na cabeça de Mrs. Travers, que se amedrontou com isso.

Kokum cantou com a sua potentíssima voz de ouvir-se na casa inteira. (Uma criada, no andar superior, de tal maneira assustou-se que derrubou uma vasilha de água quente que tinha nas mãos e fugiu). O Dr. Barnett falou no seu acento irlandês e Pat O'Brien passeou pelo recinto. Também a voz forte de Hawk Chief se fez ouvir.

W. A. apresentou-se a Mrs. Hunt que aliás já conhecia da terra. E novamente exprimiu o desejo de que levássemos lá a sua Dorothy.

Annie apareceu; falou-nos e a Mrs. Hunt, também sua conhecida da terra.

Pedi-lhe que nos desse uma evidencia qualquer.

BRADLEY – Pode dizer-me qual foi a penúltima vez em que falou comigo antes das nossas conversas em Dorincourt?

ANNIE (diretamente para De Wyckoff) – Mr. De Wyckoff, falei com meu irmão na América, em vossa casa. (E para mim) Por favor não me faça mais perguntas assim...

O marido de Mrs. Hunt, falecido havia poucos anos, anunciou-se pelo seu nome.[82] Conversou afetuosamente com Mrs. Hunt e disse a minha mulher: "Desejo falar com minha filha Mabel."

O "homem enorme" que aparecera cm sessão anterior surgiu de novo; tratou De Wyckoff de Joe, e enunciou o seu próprio nome de modo que todos ouvíssemos. Disse: "Eu sou George H. Crawford."

DE WYCKOFF – Dê-me mais provas da sua identidade.

CRAW FORD – Lembra-se de quando mudou de quarto?

DE WYCKOFF (pensando que o espírito referia-se a nossa sessão na sala de jantar na qual Crawford apareceu pela primeira vez e aquela ali no gabinete) – Sim, mudamos de sala porque aqui é melhor.

CRAWFORD – Não me refiro a isto. Refiro-me à cabine de bordo que você me arranjou.

De Wyckoff não pode reter uma exclamação de espanto, porque aquela referência era deveras notável. Quando Crawford foi levado para bordo, doente, só encontrou uma cabine pequena; mas De Wyckoff, usando a sua influência com o comissário de bordo, obteve-lhe uma espaçosa, para a qual foi transportado – e na qual faleceu.

Contei a W. A. que Mrs. Travers Smith estava presente e que com ela eu realizara notáveis trabalhos, mencionados na terceira parte deste livro.

W. A. (para Mrs. Travers) – Tenho muito gosto em vê-la aqui, e devo avisá-la de que o seu guia está presente e deseja manifestar-se.

Apareceu então o espírito de Johannes, que deu o nome de modo a ser ouvido por todos os presentes. Johannes falou com Mrs. Travers e explicou-se de como a vinha ajudando e, guiando.

[82] Deu seu nome e sobrenome completos. Nenhum dos presentes, fora a família, conhecia seu nome nem sabia que era morto.

MRS. TRAVERS SMITH – Conhece quem está ao meu lado?

JOHANNES – Mr. Bradley. Tenho trabalhado com ele em seu livro.

Bobby Worrel apareceu, encantador como da primeira vez. Girou pelo recinto falando com todos.

BRADLEY – Esteve aqui durante o dia e viu Pat?

BOBBY – Sim, vi Pat hoje e saí com ele e Mr. Valiantine a passeio. Mr. Valiantine disse: "Há muita lama por aqui."

Tenho de acentuar este ponto. *Valiantine frequentemente fala ao mesmo tempo que os espíritos estão falando.* Durante as sessões sempre chamei a atenção dos assistentes para este fato.

Logo depois a corneta ergueu-se no ar e regirou com terrível zoada, como a da hélice dos aviões. Depois de várias voltas no ar caiu no chão.

O Dr. Barnett apareceu em seguida; perguntei-lhe o que aquilo significava. Respondeu que era o espírito de "Kenton"[83] Roosevelt que morrera num acidente de avião.

VIII

Um velho amigo saúda Mr. e Mrs. Caradoc Evans – Espírito de uma mulher não enterrada – Uma corista manifesta-se a Mr. Miles Malleson

Maravilhosa noite, a de 13 de fevereiro. Tivemos sessão em meu gabinete em Dorincourt, com a presença de Mr. Miles Malleson, Mrs. Osborne Leonard, o casal Caradoc Evans, Mrs. De Wyckoff, eu e minha mulher.

Manifestaram se a Valiantine quatro dos seus espíritos guias: Bert Everett, Kokum, Hawk Chief e Pat O'Brien, todos a falarem muito caracteristicamente.

W. A. apresentou-se dando o nome de batismo e o sobrenome. Depois de saudar a minha mulher e a mim, dirigiu-se a Mrs. Leonard. Declarou-se satisfeito de que ela tivesse vindo a Dorincourt, o que o habilitava a agradecer-lhe o que tinha

[83] O nome soava mais ou menos assim.

feito para que ele se pusesse em contato conosco. Debateu comigo vários tópicos de matéria pessoal, e depois:

W. A. – Não é extraordinário que eu esteja aqui em condições de falar com você e Mrs. Leonard? Pedi que a trouxessem porque desejava falar-lhe em voz direta.

Por um tempo considerável W. A. manteve-se falando e novamente exprimiu o desejo urgente de que sua esposa Dorothy viesse comunicar-se consigo. Devo aqui explicar que Dorothy mostra-se muito nervosa e com medo de que a experiência a perturbe.

Uma voz do além dirigiu-se a Mr. Caradoc Evans, que a princípio teve dificuldade em entendê-la.

CARADOC – Sinto muito não conseguir apreender o seu nome. Talvez conheça minha mulher. Fale com ela.

A voz passou a dirigir-se a Mrs. Caradoc.

CARADOC – Diga o seu nome outra vez, lentamente. A voz voltou-se para Caradoc, enunciando "Edward" em tom que todos os presentes ouviram.

CARADOC – Deus do céu! Você então é...

A VOZ – Sou Edward Wright.

CARADOC – Como vai, amigo?

A VOZ – Muito feliz.

CARADOC – Diga-me onde sua esposa está vivendo.

A VOZ – Em Henfield.

CARADOC – E como se chama?

A VOZ – Emmie.

CARADOC – Converse com minha mulher.

A VOZ (para Mrs. Evans) – Helo, Rose! Quero agradecer-lhe por ter sido tão boa para minha filhinha.

MRS. CARADOC – Quem imagina que vou ver esta semana?

A VOZ – Emmie e Rowland.

CARADOC – Meu caro Wright, assistiu a minha peça?

A VOZ – "Taffy", sim.

CARADOC – Mentiroso...

A VOZ (rindo-se) – Conheço-a, sim.

CARADOC – Há nesse plano quem se interesse por ela?

A VOZ (agora diante de Miles Malleson) – Está muito bem-feita.

MALLESON – Eu não sabia dessa audiência invisível.

CARADOC (depois duma pergunta sobre um amigo doente) – Diga boa noite a Rose.

A VOZ (depois de tocar três vezes na face de Mrs. Evans) – Boa noite, Rose. (E fazendo o mesmo para Caradoc) – Boa noite, meu velho.

Em seguida apareceu um espirito que se dirigiu a Mrs. Bradley pelo nome de batismo, dizendo: "Mabel, sou a tia Carrie." Foi outra notável manifestação, porque todos no recinto, com exceção minha e da minha mulher, ignoravam que essa tia de minha mulher falecera pouco antes. Falou bastante tempo em voz muito clara.

BRADLEY – Há quanto tempo "passou"?

TIA CARRIE – Passei na segunda-feira.

BRADLEY – Pude dizer-me se a cerimônia funerária já foi realizada?

TIA CARRIE – Ainda não. Frank (nome de seu marido já morto) encontrou-me deste lado.

BRADLEY – Diga-me: esteve em estado de inconsciência quando o espírito abandonou o corpo?

TIA CARRIE – Não.

BRADLEY – Lembra-se de um incidente ocorrido há pouco tempo em que o nome de Frank foi lembrado?

TIA CARRIE – Sim, ele reconfortou-me certa noite.[84]

Mrs. De Wyckoff conversou por algum tempo com o espírito de sua mãe sobre assuntos intimos, as vezes muito humoristicamente.

O espírito de Sadie Morgan também falou com Mrs. De Wyckoff. Uma observação que esta não pôde entender foi compreendida por Mr. Caradoc, e nesse momento a corneta voltou se para este, dizendo: "Obrigado."

Uma voz muito indistinta falou com Miles Malleson, que sugeriu várias nomes, todos recebidos com um "não".

CARADOC – Ethel Morgan?

A VOZ (com certa imprudência) – Como sabe o meu nome?

---

[84] Pouco tempo antes da sua morte tia Carrie havia contado a minha mulher que certa vez em. que se sentira muito deprimida, estando na cama, exclamara: "Oh, Frank, quanto queria que estivesses aqui" Nesse momento as cobertas foram afastadas e mãos invisíveis tocaram-na e reconfortaram-na.

E contou que havia representado com Mr. Malleson no Teatro Vaudeville, na revista *Now and Then*; que dançara com ele no palco e cearam juntos. Acrescentou que estivera no coro e depois fora a Paris, onde falecera, fazia um ano mais ou menos.

Até o momento da redação destas notas a sua identidade ainda não tinha sido estabelecida.

IX

O espírito do irmão de Sir Conan Doyle – Vozes indistintas – Dramática manifestação de George Crawford – Conta que morreu de excessos de mesa

Esta sessão pode ser tida como uma das de menos resultados. Foi realizada em meu gabinete, com à presença de minha mulher, eu, Sir Arthur Conan Doyle, Mr. Stuart Hodgson (editor do Daily News), Mr. Robert Lynd, brilhante ensaísta, Miss Alkman e De Wyckoff.

As condições não eram favoráveis, de modo que só depois de vinte minutos tivemos manifestação. Uma voz do além dirigiu-se a Sir Conan Doyle, anunciando-se como Innes Doyle, seu irmão. Essa voz parecia ansiosa por manifestar-se, mas estava muito indistinta. Innes disse que se havia materializado para o irmão em New York. Perguntado em que lugar, respondeu: "Em casa de Mr. Miller, num prédio de três andares perto da Quinta Avenida, no andar térreo onde havia muitos objetos de arte expostos."

Sir Conan Doyle confirmou ter tido uma sessão nessa casa em New York. Acrescentou que considerava a observação do espírito de muito valor probante e que não havia mencionado o incidente em nenhum dos seus livros.

Sir Arthur perguntou-lhe se conhecia algum dos presentes, ao que a voz respondeu, dirigindo-se a Mr. Hodgson: "Estive convosco em Oxford" – fato que Mr. Hodgson confirmou. Tentando este obter mais informações relativas a um incidente em Richmond, nada conseguiu, porque a voz tornara-se tão indistinta que foi praticamente impossível apanhar-lhe as respostas.

W. A. falou-nos, insistindo em que Dorothy e seu pai viessem comunicar-se com ele.

A seguir apareceu uma voz dirigida a Mr. Robert Lynd. Por três vezes durante a sessão manifestou-se a Mr. Lynd, sem que pudesse ser identificada.

George Crawford conversou com De Wyckoff.

DE WYCKOFF – Quanto tempo faz que passou?

CRAWFORD – Cerca de oito anos.[85]

DE WYCKOFF – Qual o nome do navio em que viajava?

CRAW FORD – O St. Paul.[86]

DE WYCKOFF – Sabe da causa que o fez passar?

CRAWFORD – Comer demais.[87]

DE WYCKOFF – Lembra-se do enterro?

CRAW FORD – Sim. Fui posto num caixão atado em pesos.[88]

DE WYCKOFF – Por que durante esses oito anos não experimentou comunicar-se comigo?

CRAW FORD – Fiquei por muito tempo em estado de inconsciência.

Todas as respostas foram corretas, e no fim, a uma nova pergunta, Crawford disse: "Creio que já respondi o bastante."

Durante a noite só dois espíritos-guias apareceram: Bert Everett, no começo e no fim, faltando do alto do recinto e Kokum, sempre de voz potente, mas emitindo poucas sentenças.

---

[85] Tudo certo.

[86] Tudo certo

[87] Crawford pesava 350 libras aproximadamente e, tinha apetite proporcional ao seu peso.

[88] O seu corpo foi lançado ao mar.

X

Meu filho Pat comparece à sessão – Kokum o diverte – A esta criança está sendo ensinada a admirável verdade

Meu filho Pat, de sete anos e extremamente vivo, tanto insistiu em assistir a uma sessão que tivemos de ceder. Já que é um menino muito mais inteligente que a média dos membros do parlamento, não vi razão para contrariá-lo.

Além disso, considero a repressão dos sinceros desejos das crianças como coisa estúpida.

Reunimo-nos quatro – Pat, minha mulher, eu e o médium.

Em menos de um minuto vozes do além apareceram em rápida sucessão. Bert Everett em primeiro lugar, e falou encantadoramente com Pat, dizendo do prazer que tinha em comunicar-se com ele. Pat soube comportar-se. Conversou com brilho e muito desembaraço.

Kokum apareceu e muito divertiu o menino como seu acento de índio. Minha irmã Annie mostrou-se deleitada. Conversou com Pat da maneira mais carinhosa. Pat achou magnífico poder falar com sua tia. Durante a conversa geral que Annie teve conosco, disse, em resposta a uma pergunta, que concordava plenamente em que Pat tivesse ensejo, desde menino, de travar conhecimento com a admirável verdade.

Também o Dr. Barnett e Hawk Chief conversaram com Pat.

Minha mulher perguntou ao Dr. Barnett se achava nosso filho muito criança para assistir a sessões, e teve como resposta que nada mais razoável que as crianças soubessem que o contato com o além é possível.

A sessão durou cerca de vinte minutos – minutos de muita simplicidade e beleza, como raramente os temos na vida.

Durante todo o tempo Pat não revelou o menor traço de nervosismo. Só se desapontou de ser muito curta a sessão.

XI

A surpresa de Mr. Charles Sykes – Um espírito de criança aparece com o seu brinquedo

Uma segunda sessão, e admirável, no mesmo dia – muito espontânea. Telefonei para Mr. Sykes e ele veio de carro com sua mulher. Ia ser a segunda experiência do casal; a inicial fora a 8 de fevereiro, com resultados relativamente mínimos. Já na segunda, a harmonia entre os que tomaram parte da sessão revelou-se tão perfeita que os resultados foram extraordinários. Apareceram seis guias – Everett, Kokum, O'Brien, Hawk Chief, Honey e Barnett – e mais quatro espíritos.

A voz da mãe de Mrs. Sykes chamou a filha pelo nome de batismo, "Jessica". Sobre o seu falecimento, ocorrido quando Mrs. Sykes era ainda criança, transcrevo aqui as"' notas desta:

"Depois de estarmos reunidos cinco minutos, uma estranha corrente de ar frio começou a afetar-nos. Mas o cômodo era pequeno e estava adequadamente aquecido pelo radiador. Éramos cinco os presentes, inclusive o médium – e este número pareceu-me significativo.

Fui a segunda pessoa a ser interpelada; sobre minha mão direita, que eu tinha sobre o joelho, pousou por uns instantes uma mão pequena e macia. Mão nimbada de luz astral, com o polegar e mais dois dedos perfeitamente materializados. Depois desse toque ouvi meu nome pronunciado num débil murmúrio. Pedi ao espírito que aumentasse o tom da voz e se identificasse. A resposta foi que era minha mãe. As perguntas que fiz foram respondidas monossilabicamente. "É feliz?" "Minha irmã está aí?" A voz não aumentou de tom e, depois de beijar-me através da corneta, desapareceu para dar lugar a comunicantes mais fortes. Minha mãe faleceu quando eu tinha três anos de idade, de modo que dela nada me lembro."

Depois disso várias vozes nos chamaram a atenção, as vezes duas ao mesmo tempo.

W. A. falou-nos por alguns minutos, em tom muito claro, e se aqui não anoto o que disse é por já ter obtido dele grande quantidade de informações probantes.

A tia Carrie, que já aparecera em outra sessão, conversou com minha mulher e comigo.

Além de grande artista Mr. Sykes é um brilhante psicólogo. Extremamente observador, sempre fora céptico e pouco inclinado a aceitar os chamados fenômenos sobrenaturais. Eis o relato que fez da comunicação desse dia:

"Uma voz dirigiu-se a mim, muito próxima do meu rosto, chamando-me "Charley". Isso me surpreendeu, porque sou tratado por Chas, Charles ou Sykie. A palavra foi dita com acento do Yorkshire – acento que me foi familiar em criança.

"Nesse momento meu cérebro estava ocupado com a lembrança de meu pai e dum amigo que morreu afogado. Perguntei duas ou três vezes quem me chamava – e a resposta, afinal, foi "tia Charlotte", criatura muito longe dos meus pensamentos.

"Para melhor assegurar-me perguntei quanto tempo fazia do seu falecimento. "Três anos", f oi resposta imediata – o que está certo. Fiz mais perguntas.

– "Sabe que Hannah está doente? (Eu disse Hannah, em vez de "minha mãe").

– Sim, eu a vi, Charley.

– Recentemente visitei minha mãe, cujo médico já perdeu a esperança de salvá-la. A sua resignação impressionou e muito.

– Sabe que tenho experimentado compreendê-la? "– Sim.

– E compreendeu-me, ela?

– Não tão bem quanto você a compreende.

– Está resignada?

– Ainda não.

– Pode dizer-me o nome do marido de Hannah? Não pude apanhar com clareza a resposta.

– Como Hannah o tratava?

– De Sam. (Sam era o apelido familiar de meu pai).

– Vê sempre meu pai?

– Sim, e Charles Xavier também.[89]

– Está meu pai interessado no túmulo de Tutankhamen?

– Sim, e fazendo grandes progressos nos estudos. – Con-

[89] Meu irmão.

tinua então a interessar-se pela egiptologia?

– Sim, mas gosta mais dos seus estudos do francês.

"Meu pai havia empreendido o estudo da língua e da literatura francesa, isso na idade de cinquenta e cinco anos; e dois ou três anos antes havia corrido a França de bicicleta para praticar o idioma.

– Continua maçom?

– Já não é necessário.

"Outra pergunta que fiz foi cortada por um "Boa-noite, Charley".

Cada espírito que apareceu nessa noite falou com facilidade e prolongadamente. Dos guias, Pat O'Brien mostrou-se particularmente humorístico quando se entreteve com os Sykes.

A vozinha de Honey foi um encanto. Voz de criança que corria pela sala e falava com cada um de nós por sua vez. Lembrei-me de que em cima de uma das estantes havia uma dessas pequeninas matracas distribuídas em certas festas. Enquanto Honey estava presente pedi a minha mulher que visse a matraca e a pusesse diante dela. Honey tomou-a e correu pela sala fazendo um terrível barulho.

No fim da sessão o Dr. Barnett perguntou-me se eu tinha perguntas a fazer. Respondendo ao que perguntei, ele falou da pintura e da escultura nas altas esferas; também fez longa preleção sobre química e os métodos que os espíritos usam para conseguir a materialização da voz e desse modo comunicarem-se conosco aqui na terra. Foi uma brilhante e admirável preleção.

XII

Em que nada acontece

Nesta sessão estivemos presentes eu, minha mulher, o casal De Wyckoff e o médium.

Ficamos três quartos de hora a espera, mas nada ocorreu a não serem umas poucas pancadas. Desistimos.

XIII

Annie fala com meu pai – Sua alegria – Pat O'Brien fala em dialeto

Depois da sessão de 17 de fevereiro, em que nada ocorreu, reunimo-nos no dia 18 – meu pai (homem de oitenta e quatro anos), minha mulher, Valiantine e eu.

Após dez minutos tivemos manifestação dos guias habituais; o Dr. Barnett falou por muito tempo.

Annie mostrou grande alegria a vista da presença de meu pai. Conversou menos lentamente que de costume e em voz extremamente clara. Agradeceu-me o tê-lo trazido, e quando meu pai lhe fez algumas perguntas, atirou-se a mim com estas palavras: "Diga-lhe que não me interpele sobre... (e deu o nome por extenso da pessoa em causa, a mesma que provocara um incidente no meu primeiro contato com Annie em Arlena Towers).

Annie também falou de vários parentes e amigos de meu pai. Esteve em contato conosco por muitos minutos, falando sempre de assuntos íntimos.

W. A. apareceu e também manifestou prazer de ver ali meu pai, com quem conversou algum tempo.

Como eu já havia notado, nas sessões de poucas pessoas os espíritos-guias conversam por muito tempo. Meu pai teve com Everett uma comprida conversa sobre a vida no além, e também com Pat O'Brien. E como ainda não houvesse perdido o seu acento irlandês, foi muito interessante o colóquio dos dois compatriotas, um neste mundo outro no além – colóquio cheio de humor, sobre a Irlanda e a vida espiritual.

XIV

Sessão no British College of Psychic Science – Dois espíritos falam em língua alemã – Defeito dos espiritualistas

Na noite de 19 de fevereiro Valiantine funcionou no British College of Psychic Science. Estive presente com De Wyckoff e oito membros dessa instituição – o casal Hewat McKenzie, Mrs. Crespigny, Mrs. Stobart, capitão Ben Hicks, Miss Eisner, moça austríaca, Mr. Schofield e Mrs. Devinish.

Durante a sessão três dos espíritos-guias falaram distintamente, mas com muita brevidade: Bert Everett, Hawk Chief e o Dr. Barnett. Devo observar que o médium não conhecia nenhum dos presentes, nem de vista nem de nome, salvo os McKenzies, De Wyckoff e eu.

Uma voz do além dirigiu-se a Mrs. Stobart dizendo que era Lionel, seu filho. Falou-lhe dos seus meninos, hoje confiados a Mrs. Stobart, e também de vários assuntos pessoais.

O espírito de um Dr. Peebles falou com os dois McKenzies.

Outro dirigiu-se a Mrs. Crispigny; e outro, ao capitão Hicks, sobre assuntos americanos. Nomeou-se como sendo Harry Ackerland. Disse que tinha viajado a bordo do mesmo vapor com o cunhado do capitão – o Aquitânia, que partira de New York a Southampton a 26 de janeiro – observação que foi confirmada. Ackerland fora íntimo amigo do capitão Hicks.

Feda também apareceu; passeou pela sala falando com todos, e a todos tratando pelos respectivos nomes – sem erro.

Uma voz dirigiu-se à moça austríaca, dizendo ser de sua avó. A conversa, começada em inglês, passou para o alemão, língua que Valiantine ignorava. A seguir apareceu o espírito da mãe dessa moça e também conversou em alemão.

A sessão foi muito boa, mas os assistentes não me pareceram hábeis ao manter os colóquios com a vivacidade necessária. Muita repetição de banalidades. Há perguntas como: "Tem alguma mensagem a dar?" que já me põem irritado.

É absolutamente necessário, quando uma voz do além se manifesta, que o colóquio seja vivamente mantido, sob pena de afetar as vibrações. Até aqui tenho notado muita falta de brilho coloquial na maioria dos espiritualistas. Não sabem conversar.

XV

Sessão falha – Frieza no recinto – Perguntas e respostas que fiz, e obtive – Espirito convidado a retirar-se

A sessão de 20 de fevereiro realizou-se na sala de jantar de Dorincourt. Eu havia convidado a Sociedade de Estudos Psíquicos a mandar três representantes anônimos, que fizessem observações aparte das nossas. Só depois de finda a sessão esses representantes se identificaram. Foram eles o Dr. V. J. Voolley, Mr. E. J. Dingwall e o Hon. Everett Feilding.

Éramos onze assistentes, incluindo Mrs. Travers Smith, Miss Estelle Stead, Miss Cummins e Mr. Bligh Bond.

Foi sessão muito pobre quanto a resultados. Só depois de meia hora ocorreu a primeira manifestação, embora durante esse tempo diversos assistentes tivessem sido tocados pela corneta – entre eles os representantes da Sociedade Psíquica.

Bert Everett apenas disse: "Boa noite, almas", em voz vinda do teto, como de costume. Em outra ocasião, enquanto o gramofone tocava, Everett deu uma risada muito distinta, também em outro momento gritou para um dos assistentes: "Sente-se direito, senhor."

Kokum deu-nos apenas uma frase e o Dr. Barnett falou por três vezes, do meio da sala, como costuma fazer; na primeira, saudou a assembleia; na segunda disse: "Tenham paciência, estamos fazendo o que podemos"; e na terceira pronunciou umas poucas palavras no fim da sessão.

As condições deviam ser muito pobres. A atitude mental de alguns assistentes não era apenas de antipatia, mas também de repulsa – e os espíritos não são escravos das ordens dos seres humanos. Eu já tinha considerável experiência de como as condições do ambiente afetam as vibrações e a manifestação em voz direta, e nesse dia vi bem claro a ausência da necessária harmonia. Se um espírito fala a um assistente e não é animado a prosseguir, ou é recebido com repulsa ou frieza, isso destrói o equilíbrio de vibrações necessário à manifestação.

Para adquirir provas da sobrevivência da personalidade faz-se mister o maior cuidado no propor perguntas, de modo que as respostas valham por evidências. Também é necessário manter a conversação sempre em marcha; isto conserva ·em bom estado as condições, permitindo que as informações desejadas venham fluentes e espontâneas. Tenho usado com muito sucesso este sistema.

A primeira voz do além que ouvimos nessa sessão foi a que se dirigiu a Mr. Fielding – extremamente débil e indistinta. Alegava ser seu pai.

Mr. Fielding perguntou: "Qual o seu nome?"

A resposta foi inaudível todas as vezes em que a pergunta se repetiu.

Sugeri a Mr. Fielding que admitisse ser realmente a voz de seu pai e prosseguisse a conversa. Ele assim procedeu. Fez perguntas sobre coisas de trinta ou quarenta anos atrás; mas a voz conservou-se indistinta, com longas pausas, o colóquio morreu. Durante uma das pausas Mr. Dingwall me disse: "Que pena quando não há animação!"

Finalmente Mr. Fielding pediu ao espírito que se retirasse visto como nos estava tomando o tempo.

Em seguida uma voz manifestou-se, dirigindo-se a, Mr. Dingwall, que estava a minha direita. Igualmente débil, indistinta – um murmúrio. Mais um fracasso.

Uma voz que se anunciou como sendo Zena Vowell dirigiu-se a Mrs. Travers Smith, que, soube manter o colóquio em marcha. Vinha de uma distância de dois pés de Mrs. Smith. Sentado perto dela, eu ouvi tudo.

MRS. SMITH – Quando ocorreu o seu passamento?

ZENA VOWELL – Há oito anos.

MRS. SMITH – E onde nos encontramos pela última vez?

ZENA VOWELL – Em Hill of Howth.

Mrs. Smith disse-nos depois que havia passado dois dias

das férias de verão nesse lugar, em companhia de uma amiga, Zena Vowell, falecida de fato havia oito anos.

W. A. apareceu e falou comigo e minha mulher em voz mais distinta que a dos outros. Mantivemos a conversa em marcha rápida e suas respostas foram ouvidas por todos na sala.

W. A. – Herbert, a coisa está difícil para nós esta noite. Nada boas as condições.

BRADLEY – Que é que está perturbando?

W. A. – As condições dos assistentes.

BRADLEY – Pode dizer qual ou quais dentre eles está perturbando a harmonia?

W. A. – Não. Não quero dizer nada.

Mr. Fielding perguntou muito cortesmente se podia retirar-se da sala.

Mantive a conversa com W. A., rápida e sem pausas, e só assim consegui bom resultado. Parece-me que durante as experiências de voz direta o principal é sustentar bem alerta o colóquio, sem vacilações ou pausas. Os assistentes devem treinar-se nisso.

Finda a sessão os representantes da Sociedade Psíquica perguntaram-me se era possível a Valiantine prestar-se a experiências por um ou dois meses nessa sociedade. Depois disso recebi do Dr. Vooley, membro da mesma, uma carta que concluía assim: "Estamos naturalmente ansiosos por estudar esse notável médium e ficaríamos agradecidíssimos se V. Sa. nos auxiliasse nesse desideratum."

Respondi, que no momento nada era possível, visto como Mr. Valiantine tinha de voltar à América a chamado dos seus negócios.

XVI

Harmonia e bons resultados – Apareceu um amigo de Lady Grey de Falloden e o filho de William Archer – Kokum diverte-nos e Everett canta

Na sessão de 21 de fevereiro as condições revelaram-se ótimas.

Muita harmonia entre os assistentes reunidos no meu gabinete. Tivemos lá Lady Grey de Falloden e seu filho, Mr. Stephen Tennat; William Archer, crítico teatral e dramaturgo; Dr. Tiggal, psicanalista e Mrs. Osborne.

Músicas de operas foram tocadas pelo gramofone e as manifestações começaram aos dez minutos.

Bert Everatt, Kokum, Pat O'Brien e o Dr. Barnett falaram-nos, com as vozes às vezes em tons mais altos que o tom médio das vozes humanas. Conversaram de diversos espíritos amigos.

Dois parentes de Lady Grey dirigiram-se a ela, sendo imediatamente reconhecidos. Um fez referência. a "Ute" F, abreviação do nome de uma amiga de Lady Grey, U. T. E.

Em certo momento um espirito procurou manter com. Lady Grey e Mr. Archer conversa em língua espanhola. ·

O espírito de um filho de Mr. Archer apareceu, dizendo que havia "passado" já havia alguns anos. Pai e filho trocaram impressões sobre os trabalhos deste na terra.

O Dr. Riggall não conseguiu identificar uma voz que a ele se dirigiu.

Feda flanou pelo recinto, rindo e tagarelando com cada um dos presentes.

O espírito de W. A. conversou com minha mulher, comigo, com Mrs. Osborne e Valiantine. O mesmo estribilho de sempre: "Quando Dorothy virá comunicar-se?" E a mesma resposta da minha parte: "Estou fazendo o possível."

Annie falou comigo e minha mulher; contou de novo da sua satisfação em ter falado com meu pai.

Devo observar que a entonação da voz de Annie, bem como da de W. A. nunca variaram em todas as conversas havidas. Eu poderia reconhecer essas vozes entre milhões.

Dr. Barnett indagou se alguém desejava fazer-lhe perguntas. Deu a data do seu passamento – 1861 – e disse que na terra fora médico. Fez depois uma longa dissertação sobre as ondas do éter, matéria tão técnica que tive dificuldade em seguir-lhe o pensamento.

Lá pelo fim Kokum cantou "La Paloma" numa voz potentíssima que encheu todo o, aposento, voz vinda de cima, e menos de um metro das nossas cabeças. Enquanto o gramofone reproduzia discos de Caruso e Scotti, Bert Everett exclamava: "É estranho!" E declarou: "Depois direi do que se trata." Quando a música chegou ao fim, ele explicou-se, dizendo que também desejava cantar – e de fato cantou dois versos em voz de timbre muito agudo. Agradecemos-lhe a demonstração e ele propôs-se a cantar novamente – e cantou três versos de uma canção que ninguém ali conhecia. Certas notas vinham em tal agudo, que não podíamos evitar o riso. Valiantine declarou que jamais ouvira Everett cantar – e também riu-se das proezas do parente.

XVII

O autor de "Lascar" – W. A. encontra um amigo – O pai de Mr. Charles Sykes fa1a com o filho

Na sessão de 23 de fevereiro estiveram presentei os Sykes, um homem de nome "Kaye", eu e o médium.

Ia ser a primeira experiência de Mr. Kaye.

As manifestações começaram aos quinze minutos, aparecendo os guias habituais, todos com voz muito nítida.

A mãe de Mrs. Sykes manifestou-se, tratando-a de "Jessica", como em sessão anterior.

MRS. SYKES – Como costumava chamar-me, quando na terra?

A VOZ – Jessie – e referiu-se a outra filha de nome Cecile, que estava com ela no Além.

Um espírito dirigiu-se a Mr. Kaye, mas em voz tão indistinta que não foi possível a identificação. Disse ter passado havia cerca de doze anos e que fora amigo de Mr. Kaye. Só então este lembrou-se de seu amigo Frank Desprez, que doze anos atrás fora o editor da THE ERA.

MR. KAYE – Conhece Mr. Bradley?

DESPREZ – Conheci-o, sim. Mr. Bradley ·deve recordar-se de mim. Ele conhece o meu trabalho.[90]

MR'. KAYE – Tem alguma mensagem para alguém?

DESPREZ – Para minha filha. Leve-lhe meu amor.

O espírito de W. A. conversou comigo; perguntei-lhe se conhecia quem estava sentado a minha esquerda. "Helo, meu velho!" foi a sua resposta. W. A. também falou com Mr. Sykes e Valiantine.

W. A. (para Mr. Kaye) – Sua irmã está aqui procurando falar consigo, mas não creio que o possa.

Uma voz então manifestou se para Mr. Kaye, dizendo ser sua irmã. Voz muito fraca. Mr. Kaye pediu-lhe o nome de batismo. Não pude apanhar a resposta. Conversaram por pouco tempo.

Quando essa voz desapareceu, Mrs. Sykes perguntou a Mr. Kaye qual o nome de sua irmã. "Greta".

W. A. (reaparecendo) – Foi sua irmã Greta quem esteve falando.

O espírito de uma Charlotte, parenta de Mr. Sykes, disse--lhe que seu pai ia manifestar-se. E assim sucedeu.

MR. SYKES – Que está fazendo nessa esfera?

O PAI – Ainda pinto, mas prefiro meus estudos de língua e literatura francesa.

Mr. Sykes declarou que a voz parecia-lhe vir de três polegadas do seu olho esquerdo. Ele estava extremamente nervoso e a voz lhe disse: "Estou te perturbando, Charley?" Nesse momento Mr. Sykes sentiu uma carícia na cabeça, do lado direito.

Com muita alegria Feda conversou com todos os presentes.

Ao fecharmos a sessão o Dr. Barnett fez uma brilhante preleção sobre elétrons, moléculas e átomos.

[90] Desprez foi o autor dum poema intitulado "Lascar".

XVIII

Espírito não identificado – Barnett fala sobre a evolução e o progresso mental – Cura do cancro e da tuberculose – Os dois Pats

Na sessão do dia 24 estiveram presentes o capitão Hicks, Mr. Patrick Murphy, celebre contista americano, Mrs. De Wyckoff, Mrs. Mortimer Bryans, o médium e eu.

Mr. Murphy nada sabia de comunicações espíritas, e antes da sessão mostrou-se divertidamente céptico, embora sem rebeldia. Disse-nos que a sua única experiência fora com o ator Joe Coyne e alguns amigos em torno de George Grossmith como médium, a ver se conseguiam pancadas. As únicas pancadas conseguidas tinham sido as que Coyne dera com o pé debaixo da mesa.

Bert Everett saudou-nos e a seguir apareceram todos os nossos guias habituais.

Mr. Bryans comunicou-se com sua filha, com Mrs. De Wyckoff e com Mrs. Bryans, sua nora.

Uma voz dirigiu-se a Mr. Murphy como sendo Harry Grovell – ou coisa assim.

A VOZ – Encontrei-o certa ocasião no Rotary Club, em New York. Falamos ambos nesse meeting. Eu estava no Popular Magazine, como diretor de publicidade.

Mr. Murphy de nada se lembrava.

Feda manteve com o capitão Hicks uma interessante palestra.

Minha irmã Annie fez breve aparição. Disse saber que minha mulher estava doente, mas que não era coisa de cuidados pois breve se restabeleceria. E que a assistiria e ajudaria.

W. A. apareceu; falou comigo e com Mrs. Bryans, que conhecera em vida. Perguntou-me se eu conseguira persuadir Dorothy a comunicar-se. Depois voltou-se para Mrs. De Wyckoff que não conhecera em vida, e disse-lhe: "Tenho muito prazer em vê-la aqui."

MRS. DE WYCKOFF – Sabe quem esteve comigo hoje, W. A.?

W. A. – Sim, sei; Dorothy. Estiveram lanchando. Eu estava lá.[91]

No fim da sessão Everett declarou: "O Dr. Barnett quer-falar."

Barnett dissertou sobre a evolução e o progresso mental. Disse que em sua esfera as mais altas inteligências andavam estudando as condições do corpo físico do homem na terra e iam dar ao mundo uma fórmula para a cura das doenças. Interpelado a respeito, disse que a primeira fórmula seria para a cura da tuberculose; a segunda, para a do câncer; e finalmente a terceira, para a da sífilis. Deu o nome de uma fórmula de fosfatos e declarou com a maior ênfase que todas doenças humanas podiam ser curadas. Mas que era desejável que De Wyckoff e eu nos reuníssemos com Valiantine em sessão especial para ser discutido o assunto.

Pat O'Brien teve um longo e divertido colóquio em irlandês com Mr. Murphy – e os dois Pats muito fizeram rir a assistência com as suas agudezas.

XIX

O segredo do Dr. Barnett – O autor e Mr. Bernard Shaw – O espírito de Caruso aparece e canta

Satisfazendo o desejo do Dr. Barnett, reunimo-nos a 25 de fevereiro, De Wyckoff, Valiantine e eu.

Barnett manifestou-se imediatamente e falou sem pausas durante meia hora. Disse estar decidido a dar-nos a fórmula para o tratamento das doenças que flagelam ó corpo humano, mas que tínhamos de trazer um médico de valor para a anotação da formula e dos métodos de tratamento, de modo que fossem escrupulosamente fixados.

Declarou que a tuberculose, o câncer, a sífilis e todas as mais doenças podiam ser vencidas, e que no futuro a vida humana poderia prolongar-se até mais de duzentos anos. Confessei-lhe que depois da revelação que tivera da outra vida eu

[91] Verdade. Mas o fato não me fora mencionado, nem a Valiantine. Dele só sabiam Mrs. Wyckoff e Mrs. Bryans.

não estava de nenhum modo ansioso para passar duzentos anos neste nosso mundo; mas que se assim me fosse ordenado, minha esperança era de que as condições fossem mais atrativas do que Bernard Shaw as figurou em seu livro "Back to Methuselah" – o que fez Barnett dar uma gostosa gargalhada.

Durante o dia andei deprimido por várias coisas, relacionadas com este livro. Uma delas foi o pedido que um amigo me fez para suprimir certas informações, pessoais, sim, mas de muito valor probante, dadas sobre um dos assistentes. Mais: chegara-me ao conhecimento que durante as últimas semanas certa pessoa intimamente ligada a mim andava procurando envenenar o espírito de alguns amigos.

Pois bem: de motu-próprio, sem que houvesse nenhuma sugestão, o Dr. Barnett emitiu a seguinte sentença: "Todos aqui sentimos o seu estado de depressão – e sua irmã quer falar sobre isto."

Annie então manifestou-se, exprimindo-se com admirável simpatia e compreensão. Depois dela apareceu W. A., que falou sem o recurso à corneta, dizendo: "Herbert, esta é a primeira vez que posso falar sem o auxílio da corneta." Sua voz revelou-se extremamente clara e firme. Entre outras coisas me disse: "Não se aborreça por causa de. Dorothy. Sei que fez o possível para que ela me atendesse." Também Bert Everett e Kokum apareceram, falaram-nos e bateram-me na cabeça e nos ombros – coisa que nem sempre acontece.

O espírito da mãe de Valiantine manifestou-se pela primeira vez e falou com o filho por algum tempo.

Everett avisou-nos de que Caruso estava presente – e Caruso manifestou-se, falando-nos em voz clara e potente. Disse que sua filha Glória iria revelar uma excelente voz e que devia ser convenientemente treinada. Perguntamos-lhe lhe era possível cantar-nos alguma coisa. Respondeu que tentaria – e depois de uma pausa de minuto cantou um trecho de ópera italiana que não identifiquei. Voz poderosa que encheu o recinto.

Barnett pediu que assentássemos as disposições para a fixação das suas fórmulas.

Depois da sessão debatemos o assunto, ficando assentado que como dentro de uma semana Valiantine ia retornar a América, ele e De Wyckoff cuidariam de conseguir que um ou dois médicos americanos de renome assistissem à sessão para a tomada de notas do que Barnett dissesse. Também ficou admitida a possibilidade de Valiantine voltar à Inglaterra especialmente para esse fim.

XX

Vozes do além dirigem-se a Lord Dewar e Mr. Hannen – Swaffer – Maravilhosa manifestação – Sessão notável

Na sessão de 26 de fevereiro tomaram parte Lord Dewar, Mr. Hannen Swaffer, famoso jornalista, editor do The People, Mr. J. E. Southwell, o capitão Hicks, Mrs. Osborne Leonard, Mrs. De Wyckoff, Mrs. Mortimer, minha mulher, Valiantine e eu.

Os três primeiros nunca tinham assistido a uma sessão de voz direta:

Devo dizer que a maioria dos meus convidados nunca era apresentada ao médium, de modo que Valiantine desconhecia até os nomes dos três novos convidados.

Depois de dez minutos saudou-nos a voz aguda de Everett. Também apareceram Kokum e Barnett.

Por fim uma voz nova dirigiu-se a Lord Dewar, dizendo: "Quero falar com você, Tom Dewar."

LORD DEWAR – Quem é?

A VOZ – Arthur Dewar.

Seguiu-se um colóquio íntimo durante o qual o espírito se referiu a John ou James Buchanan. A época da morte de Arthur Dewar foi mencionada – ao tempo do desastre da Tay Bridge.

W. A. apareceu.

BRADLEY – Sabe quem está sentado a minha esquerda?

W. A. (dirigindo-se para Mr. Southwell) – Como vai. Teddy?[92]

BRADLEY (para W. A;) – Tenho boas notícias esta noite, W. A.

[92] Apelido que dava a Mr. Southwell.

W. A. – Já sei. Dorothy declarou que viria na próxima quinta-feira.[93]

Uma voz falou então para Mr. Swaffer, anunciando-se o "avô Hannen", e ambos conversaram por algum tempo.

O espírito de Sadie Morgan apresentou-se, dando nome e sobrenome, e conversou com Mrs. De Wyckoff sobre assuntos íntimos.

Uma voz anunciou a Mr. Southwell que era a "mãe de May".[94]

MR. SOUTHWELL – Tem alguma mensagem para meus filhos?

A VOZ – Apresente minhas saudades a Neville.[95] Houve também referência a outro filho de Mr. SouthWell, Peter.

O espírito do pai de Mrs. Osborne Leonard apresentou-se conversou com a filha.

Feda tagarelou encantadoramente com todos, inclusive Valiantine.

O espírito do Dr. O. M. Leiser, grande amigo do capitão Hicks falecido há uns cinco anos, veio falar com ele. Revelou voz particularmente clara na articulação. Apanhava com rapidez as perguntas e respondia-as sem vacilação. Hicks tratava-o de "Pill", o apelido que lhe dava na terra. Pill fez referências a alguns livros seus em Chicago.

CAPITÃO HJCKS – Que quer que faça desses livros?

PILL – De nada me servem agora. Fique com eles.

O espírito da mãe de Mrs. De Wyckoff falou com a filha.

O ESPÍRITO – Estamos muito desapontados com X...[96]

MRS. DE WYCKOFF – Por que?

O ESPÍRITO – Porque disse à mulher de Z... que...[97]

MRS. DE WYCKOFF – Não posso crer que ele haja dito isso. Corno sabe?

O ESPÍRITO – Porque ouvi.

Não devo dar mais detalhes do incidente a que o espírito se referia; mas posso dizer que a "coisa dita" proviera dum terceiro e determinara consequências muito desagradáveis.

[93] Dorothy havia naquela tarde resolvido comparecer a sessão de quinta-feira.

[94] O nome da esposa de Mr. Southwell é May.

[95] O nome todo foi dado imediatamente.

[96] Todos na sala ouviram o nome da pessoa em causa.

[97] Todos os presentes ouviram o fato revelado – que até então só eu conhecia.

Isso tornava maravilhosa aquela confirmação por parte de uma voz do além. Não pude conter-me e exclamei: "É tudo perfeitamente verdadeiro – e escandaloso." Imediatamente: a voz do Dr. Barnett emergiu do centro da sala: "Por favor, evitem aqui na sessão debate desse assunto."

Johannes falou a propósito do meu trabalho, especialmente da terceira parte – a filosófica.[98] Agradeci-lhe o muito que fizera para esclarecer-me com a sua filosofia e admiti que o valor desse trabalho provinha todo dele. Johannes observou que nossos cérebros haviam trabalhado juntos, mas fora a minha mão que, grafara as palavras".

Finalmente o Dr. Barnett apareceu mais uma vez e fechou a sessão.

* * *

Foi uma noite memorável.

XXI

O pai de Caradoc Evans fala em dialeto com o filho – Harold Winbury conversa com um jornalista de Birmingham – Sessão dramática

Nesta sessão do dia 27 de fevereiro estiveram presentes Mr. Newman Flowers, distinto escritor, Mr. Harold Wimbury, o casal Caradoc Evans, Miss Queenie Baylis, minha mulher e eu.

Mr. Flower, Mr. Wimbury e Miss Baylis só foram apresentados ao médium depois de findos os trabalhos.

Luzes brilhantes apareceram no ar logo no início' da reunião. Enquanto eu arrumava o gramofone, observei: "Os espíritos podem gostar de ouvir algo novo" – e uma risada de Bert Everett soou no recinto.

Kokum disse algumas palavras e o Dr. Barnett falou em diversas ocasiões.

A voz de Edward Wright dirigiu-se novamente para o casal Caradoc, tratando Mr. Caradoc de "Caradoc", ou "Carad

[98] Ver as "conversas com Johannes", na terceira parte neste livro.

", abreviação que Wright usava na terra. Depois de discutir a vida de Wright no além e situação de sua família na terra, Mr. Caradoc perguntou: "Ainda não esteve aí com aquela pessoa?"[99]

WRIGHT – Sim – e disse qualquer coisa mais que não pudemos apreender.

CARADOC – Refiro-me a certa senhora – uma senhora idosa. Encontrou-a?

WRIGHT – im.

CARADOC – Muito bem meu caro. E qual o seu nome?

WRIGHT – O nome de seu pai.

CARADOC – Oh, chega! Você não o conheceu nunca. Está muito malandro esta noite, meu rapaz.

WRIGHT – Aqui não usamos a gíria.

Do mesmo modo que em sessão anterior, os Caradoc foram tocados nas faces antes que o espírito desaparecesse.

Uma voz falou a Mr. Newman Flowers, e pelo que ele pôde deduzir tratava-se de seu avô.

Em seguida veio o espírito de W. A., que falou calmamente, mas triste. Suas primeiras palavras foram: "Herbert, meu amigo, não se preocupe mais com Dorothy. Já fez o que pode."[100]

BRADLEY – Quer que lhe transmita alguma coisa?

W. A. – Diga-lhe que acho certo que se case novamente. Não quero que fique a pensar que me oponho. (Logo depois) Apresente minhas saudades a Phyllis e Betty. Receio que o velho não compreenda.[101]

BRAD LEY – Bem sabe, W. A., que em meu livro estou lançando a anotação fiel de tudo, e não escrevo senão a verdade. Devo anotar isto também?

W. A. – Sim. Deve escrever a verdade.

MRS. BRADLEY – Quer realmente, W. A., que Herbert ponha isso no livro?

W. A. – Querida Mabel, é a verdade – e a verdade deve prevalecer.

[99] Referia-se à sogra de Wright.

[100] Essa declaração W. A. a fez espontaneamente. Durante o dia sua Dorothy telefonara-me cancelando o encontro marcado para quinta-feira não queria mais comparecer a sessão. Isso me deprimiu muito, tanta era a insistência de W. A. em vê-la.

[101] O pai de W. A.

BRADLEY – Lamento muito, meu caro, mas não tenho tido sorte nesse caso.

W. A. – Fez tudo que pôde. Dorothy o saberá um dia.

O espírito de Feda circulou pelo recinto, rindo e brincando com todos, inclusive Valiantine.

Minha mulher perguntou-lhe se W. A. ficara triste com a recusa de Dorothy e Feda respondeu enigmaticamente: "Ele agora compreende."

Uma voz, que Mr. Caradoc descreveu como saída de debaixo de seus pés, falou bem diante do rosto dele.

CARADOC – Quer falar comigo?

A VOZ – Sim.

CARADOC – E quem é que fala?

A VOZ – Seu pai.

CARADOC – Meu pai! Não pode ser. Como soube que eu estava aqui? Quem o avisou disso?

A VOZ – Edward Wright.

CARADOC – Bem. Se é meu pai (e aqui começou a expressar-se em dialeto galês, que reproduzo vertido para língua corrente), fale em nosso dialeto de lá.

A VOZ (em dialeto) – Que é que quer que eu diga?

CARADOC – O seu nome, em primeiro lugar.

A VOZ – William Evans.

CARADOC – Onde faleceu?

A VOZ – Em Camarthen.

CARADOC – No condado?

A VOZ – Na cidade de Camarthen.

CARADOC – Onde era a casa?

A VOZ – Rio acima. Havia degraus – muitos degraus – da casa até a estrada. Por que o pergunta? Você costuma ir ver essa casa sempre que está na cidade.

CARADOC – Meu pai!...

Nesse momento a corneta caiu no chão.

Foi admirável ouvir a conversa entre o pai e o filho no estranho dialeto de Gales.

Em seguida uma voz do além dirigiu-se a Mr. Harold Wimbury. Aqui vai o relato feito por ele próprio:

"Feda falou. Falou para Newman Flower, que já tivera

muitas sessões com Mrs. Leonard, de quem Feda era o espirita-guia. Estive presente a duas ou três dessas sessões afim de tomar nota minuciosa as conversas.

Feda falou com N. F. e Caradoc disse:

– Feda, pode dizer-me se vê aqui alguém que você haja encontrado com Mr. Newman Flower?

– Oh, sim, mas como está engraçado! Cortou os bigodes...

No momento não compreendi.

– Bigodes, diz você, Feda?

– Sim. Rapou os bigodes.

Então compreendi. Seis anos atrás, mais ou menos, estive numa sessão em que Feda apareceu – e nesse tempo eu usava bigode. Mas já me havia esquecido desse pormenor. Menciono o fato não só pelo valor probante, como para explicar por que, antes que Feda se despedisse com o beijo do "good-bye", lhe perguntei:

– Há por aqui alguém que eu conhecesse intimamente na terra?

– Sim, respondeu Feda. Seu pai.

Meu pai falecera depois da última sessão a que eu assistira.

– Poderei falar com ele esta noite?

– Vou fazer o possível.

Quando logo depois a corneta emitiu voz a mim dirigida, adivinhei que era meu pai.

– Deseja falar comigo? perguntei

– Sim, respondeu a voz.

– E quem fala?

Não pude apanhar a resposta.

– Pode fazer o favor de repetir o que disse?

A voz estava indistinta; mesmo assim pareceu-me ouvir a palavra "pai" – mas fiquei na dúvida, porque em casa o tratávamos de "Dad". Alguém na sala disse: "Parece que a voz falou em Walter."

– Walter? perguntei a voz.

– Sim.

– Sou seu conhecido?

– Sim.

– De muito tempo?

– De vários anos.

– Quantos?

– Cerca de vinte.

– De onde?

– De Birmingham.

– E seu sobrenome?

– Downing.

– Deus do céu! exclamei. Que felicidade rever você, Walter! Lembra-se das nossas últimas férias?

– Sim, respondeu a voz em tom de quem sorri. Mas agora disponho de todas as minhas faculdades.

– Sempre dispôs delas.

– Quero dizer que agora me 'sinto "mais".

Por aquele tempo Walter Downing estava atacado de tuberculose, do que veio a falecer logo depois.

Alimentávamos ambos grandes sonhos literários. Trabalhávamos no mesmo jornal, eu como repórter, ele como redator-chefe. Walter possuía um grande coração, era generoso, culto – a mais amável criatura que conheci.

– Tem acompanhado a minha carreira, Walter? Perguntei.

– Sim. Estou com você frequentemente.

– Acha que vou bem?

– Sim.

– Já dei tudo que tinha de dar?

– Não.

– Não seja tão enfático, meu velho, disse-lhe rindo.

Um ponto interessante, logo depois:

– Lembra-se de Sally? perguntei (e foi curioso como ergui os olhos como se estivesse falando com alguém acima de mim – a voz soava a alguns pés de altura, bem na minha frente).

– Sim, disse ele. Dê-lhe lembranças minhas e a todos. Diga-lhes que sou muito feliz aqui.

Sally era o apelido dum companheiro de nome Sanders. Outra coisa que lhe perguntei:

– Lembra-se que morávamos juntos?

– Sim.

– Onde?

– No hotel.

Walter e eu trabalhávamos num jornal da manhã e as vezes perdíamos o ultimo trem da noite; dormíamos então um mesmo quarto em Birmingham. Um quarto no Crown Hotel, perto do jornal.

Perguntei-lhe ainda dum cachorro do qual era grande amigo. Respondeu que esse cachorro aparecia por lá de vez em quando. Depois de muita conversa a corneta caiu aos meus pés. A força extinguira-se."

A manifestação seguinte foi para Miss Baylis, que a anotou com estas palavras:

"Durante a noite Mrs. Bradley perguntou a Feda se havia alguém que quisesse falar com uma senhora que a ajuda em casa."[102] Feda respondeu sem hesitação: "Sim, seu pai quer falar com ela."

Chamei Feda e disse-lhe que, sendo possível, eu gostaria de conversar com meu pai, e acrescentei: "Será que pode fazê-lo chegar até mim?" Ao que ela respondeu: "Experimentarei já."

Logo depois uma voz do além manifestou-se na minha direção, vinda do outro lado da sala. "Quero falar com minha filha", disse. Indaguei: "Comigo?" A voz respondeu: "Sou teu pai, querida. Como vai?" Contei-lhe que estava bem e indaguei dele. Respondeu-me: "Sim, sou completamente feliz. Você também?" Disse que sim.

Perguntei depois quem estava com ele. Deu-me dois nomes. O primeiro pareceu-me "Harry''; ao segundo não apanhei. "Que Harry?" – perguntei. A voz emitiu um som que me deu a ideia de "John" – mas nenhum desses nomes me sugeriu pessoa conhecida. Continuei: "Meu irmão está consigo?" Houve um riso e a voz respondeu: "sim, ele está agora um rapagão."

A voz dirigiu-se a Mr. Bradley e depois me pediu que apresentasse saudações a todos. Para rematar disse: "Se há a menor possibilidade disso, eu desejaria falar com sua mãe. Adeus, querida."

Nenhum dos presentes sabia que meu pai era falecido

[102] Miss Baylis é minha secretária mas nada sabe de nossa família.

e que minha mãe vivia. Igualmente ninguém sabia que eu tivera um irmão. Esse irmão morrera quando eu tinha...seis semanas, e muito naturalmente nada guardei do incidente. Nem sabia o seu nome! Quando mais tarde contei a minha mãe o caso, perguntei-lhe se conhecera alguém com o nome de Harry John. Sua resposta foi: "Harry John era o nome do teu irmão."

Alguns minutos depois Feda veio a mim dizendo: "Quero falar com esta senhora" e acrescentou: "Não tem medo dos espíritos?" Tive de admitir que no começo me sentira um tanto amedrontada, mas que agora não. "Nesse caso, disse Feda, por que se segura na mão de alguém?" De fato, estava segurando a mão de alguém, de modo que respondi com uma risada.

Feda divertiu-se com o incidente, e também a rir-se naquela sua encantadora maneira disse para Mr. Bradley: "Ela escreve muito sobre mim; gosto dela; vou dar-lhe um beijo."[103] Beijou-me e voltou-se para outro assistente."

No fim da sessão o Dr. Barnett indagou se alguém desejava esclarecimentos. Mr. Evans perguntou por que motivo a corneta, através da qual seu pai lhe falava, caíra abruptamente. Barnett respondeu que a voz não tivera forças para sustentar-se até o fim. Entre outras coisas Barnett falou sobre a possibilidade de aquisição de mediunidade. Perguntei-lhe sobre a fórmula para a cura das doenças. Respondeu que Valiantine estava prestes a embarcar e poderia na América arranjar os médicos que tomassem as notas.

Tivemos uma sessão bem típica, mas não mais notável que muitas havidas em Dorincourt. Deliberadamente dei-a com mais detalhes e com reprodução das notas tomadas por outros para que o leitor tenha uma clara impressão do que visualmente ocorre nas sessões.

[103] Miss Baylis datilografou todo este livro.

XXII

Mensagem de W. A. a Dorothy – Minha amizade com um espírito – Conversação dramática a propósito de um testamento – Espírito que bate compasso

Na sessão de 28 de fevereiro estiveram presentes Mr. Worrall, a filha e a esposa; De Wyckoff; Mrs. Hunt; minha mulher e eu.

Os Worrall nunca tinham assistido a uma sessão e Mr. Worrall mostrava-se extremamente cético.

Dentro de dez minutos começaram as manifestações, aparecendo todos os espíritos-guias.

Uma voz dirigiu-se a Miss e Mrs. Worrall, tratando-as respectivamente de "Maudie" e "Harry". "Sou sua mãe", disse a voz – e uma conversa intima se travou entre Miss Worral e a voz, durante a qual vários nomes de pessoas relacionadas com a família vieram a cena.

W. A. falou comigo e minha mulher. Embora reconheçamos que os espíritos não sofrem como nós sofremos na terra, é forçoso ter em mente que a memória e a afeição sobrevivem no além. Sentimos perfeitamente o tom de tristeza da voz de W. A.

W. A. – Diga a Dorothy que o meu desejo é que seja feliz e goze a vida. (Pausa) Estarei sempre com você, Herbert, e trabalharemos juntos.

W. A. e eu tínhamos chegado a um plano de admirável compreensão mútua. E sem nada de sentimentalismos piegas. Quero dizer que existe entre nós hoje uma amizade que vai além de tudo quanto a terra conhece.

Depois de W. A. apareceu o espírito dum menino, Boby Worrall, que na sua vozinha infantil falou com Mr. e Miss Worrall, chamando ao primeiro "Grandpa" (vovô). Bobby foi de fato um neto que Mr. Worrall perdeu muito cedo. Como nascera na América, jamais tinha visto o avô. Conversou com todos os presentes, inclusive Valiantine, e falou de seu pai na América.

Minha irmã Annie conversou comigo e minha mulher;

também com De Wyckoff e Valiantine. Para minha mulher referiu-se à visita que esta ia fazer à América, dizendo que iria ao seu lado e olharia por ela.

O espírito de George Hunt – marido de Mrs. Hunt – falou com sua mulher. Disse: "Não posso compreender 'que Dorothy recusa-se a vir."

O espírito de Mr. Bryans (pai da esposa de De Wyckoff} disse a este: "Procure F... e impeça-o de continuar as declarações que tem feito. Ele está fazendo muito mal à humanidade."[104]

A conversa foi depois continuada em russo, entre o espírito de Bryans e Mr. De Wyckoff.

Tia Carrie falou com minha mulher e com Mrs. Hunt, sua irmã. Foi conversação íntima e dramática. O espírito referiu-se ao seu testamento e a coisas que depois de sua morte não foram feitas corretamente.

Quase no fim da sessão De Wyckoff pediu a Kokum que cantasse e o índio mais uma vez cantou no seu tremendo vozeirão.

Estive todo o tempo cuidando do gramofone, e em certo momento um espírito marcou o compasso batendo na corneta como se manejasse pauzinhos de tambor. O disco que recebeu essa colaboração foi tocado duas vezes sem que houvesse intervenção minha. A tampa estava fechada e sobre ela eu apoiava os cotovelos.

XXIII

O senador Marconi faz perguntas – Mr. Philip Page – Brilhantes palavras do Dr. Barnett – Irradiação das vozes do além

A 29 de fevereiro organizamos sessão com o senador Marconi e uma dama sua amiga, o capitão Hicks, o jornalista Page, Mrs. De Wyckoff, Mrs. Mollo, minha mulher e eu.

O senador Marconi, duas das damas e Mr. Page não eram conhecidos de Valiantine, nem haviam nunca presenciado

[104] Isto se refere ao incidente anotado na sessão de 26 de fevereiro.

sessão de voz direta.

Bert Everett, corri sua voz aguda vinda do teto, fez as primeiras saudações e o Dr. Barnett manifesta a sua voz grossa do centro da sala; saúda-nos e diz: "Paciência, amigos; estamos juntando as nossas forças."

Só aos quinze minutos ouvimos a primeira voz; mas enquanto esperávamos fomos todos tocados pela corneta.

O tremendo vozeirão de Kokum assustou um ou dois dos assistentes.

Uma voz dirigiu-se ao senador Marconi, dizendo-lhe o nome; falou em italiano, língua que não sei – e tratou-o de "Guglielmo". Voz um tanto indistinta, o que não impediu que Marconi sustentasse a conversa por uns dez minutos, sempre em italiano.

Mais tarde nos disse ele que a voz anunciara-se como a de seu pai, mas que ele não conseguira bastante evidencia para estabelecer a identidade.

Depois de breve intervalo esta voz do além voltou e dirigiu-se novamente ao senador Marconi.

Feda riu e brincou com vários dos presentes.

MARCONI – Ouviu a minha conversa em italiano com o espírito?

FEDA – Sim. Mas não sei essa língua. Esse espírito parece-me com você.

Uma voz dirigiu-se a Mr. Page, que havia chegado com atraso e não fora apresentado a ninguém. A voz chamou: Peter, Peter."[105] Um tanto indistinta; anunciou-se como um tio de Mr. Page, falecido havia 35 anos.

No fim da conversa a voz, que se manifestava a dois palmos de distância de Mr. Page, evidentemente perdeu a força, deixando que a corneta viesse ao chão. Nesse momento Mr. Page deu um salto da cadeira. Também foi tocado na cabeça e no rosto.

George Hunt, pai de minha mulher, falou com a filha. W. A. observou que as condições não estavam favoráveis por defeito das vibrações; por isso alguns espíritos não falavam com clareza. A voz de W. A., entretanto, mostrou-se perfeita, como

[105] Mr. Page é tratado de "Peter" por seus amigos.

aliás a de todos os espíritos-guias.

Uma voz falou com Mrs. Mollo numa língua que me pareceu a russa.

Era uma senhora conhecida de Mrs. De Wyckoff, já prevenida por Feda de que havia na sala uma pessoa que desejava comunicação. Essa voz tratou Mrs. Mollo como Anna Gregorievna e declarou-se filho do seu marido. Pude mais tarde verificar que o marido de Mrs. Mollo tivera um filho do primeiro casamento, já falecido. Esse enteado sempre tratou Mrs. Mollo de Anna Gregorievna.

Depois a voz do Dr. O. M. Leiser falou com o capitão que deu a esse espírito o tratamento de "Pill". As respostas de Pill eram sentenças em *staccato*, muito vivas de humor.

Próximo ao fim o Dr. Barnett avisou-nos de que as forças estavam muito baixas, e indagou se alguém desejava fazer-lhe perguntas – e um brilhante debate se travou. As primeiras questões foram propostas pelo senador Marconi – e todos assistimos ao debate com a maior atenção. Barnett discorreu longamente sobre moléculas, elétrons e átomos, usando termos científicos e palavras que eu não entendi.

Marconi perguntou-lhe se conhecia o estudo que ele andava fazendo. Barnett respondeu: "Sim, um estudo ligado à altura."

O senador Marconi concordou que seus estudos tinham alguma relação com a altura.

Perguntamos a Barnett se com um microfone colocado na sala os espíritos poderiam falar por intermédio dele cm vez da corneta.

BARNETT – É possível que os espíritos usem esse instrumento. Podemos fazer a experiência.

Barnett também disse que novos continentes seriam descobertos no plano terrestre, de muita valia para o mundo.

Devo mencionar que a voz de Barnett é alta, clara, distinta, talvez mais alta que a voz humana média.

Perguntamos-lhe se será possível instalar um rádio na sala e irradiar pelo mundo o que ele e outros espíritos dissessem.

BARNETT – É possível e pode ser feito facilmente.

Essa experiência será feita brevemente – o mundo inteiro poderá ouvir vozes do além!

Barnett anunciou que grandes revelações seriam feitas num futuro próximo, e que um tremendo salto nos conhecimentos humanos se daria provavelmente lá pelos anos de 1926 e 1927. Perguntei-lhe se em futuro próximo seria possível para os da terra comunicarem-se com pessoas no corpo físico dos planetas – e ele respondeu que era e não para tempo muito remoto.

CAPITÃO HICKS – Pode uma alma desse plano transmigrar para outro corpo no plano terrestre?

BARNETT – Isso é absurdo. O corpo físico não passa de uma veste que cai antes que a alma entre na existência eterna.

O Dr. Barnett mostrou-se brilhante na sessão inteira. De tudo tratou com seguro conhecimento. Em várias ocasiões o seu riso profundo e sadio encheu o recinto. Suas proposições eram lançadas sem hesitação, com a confiança de uma inteligência acima da comum na terra.

Foi maravilhoso o seu debate com Marconi – debate entre dois grandes espíritos.

O professor Richet, que a despeito de seus longos estudos de espiritualismo ainda tem dúvidas sobre a sobrevivência, publicou que apenas uma mensagem em mil, vinda dos espíritos, revela alguma inteligência.

Quero que Richet conheça minhas conversas com Johannes, dada na terceira parte deste livro. Também afirmo que nenhuma pergunta que ele fizesse ao Dr. Barnett deixaria de ser brilhantemente respondida, e em voz clara, alta, distinta. Barnett igualmente esclareceria Richet sobre a importância da energia do éter e suas funções no espaço – assunto que por má compreensão anda muito ignorado da ciência.

Barnett não apresenta teorias – emite conhecimentos. Estou em absoluto convencido de que não fiz à preleção do Dr. Barnett a devida justiça, mas estas notas eu as tomei em ocasião de extremo cansaço cerebral, consequente a excesso de esforço. Cada palavra que dele ouvi, entretanto, está indelevelmente gravada em meu cérebro – e será recordada em tempo próprio.

XXIV

Em que o representante da Society for Psychical Research não consegue formular uma pergunta – Meu filho recebe provas maravilhosas – A profecia do Dr. Barnett sobre o espiritualismo e a Igreja Católica

Compareceram à sessão o Dr. V. J. Woolley, representante da Society for Psychical Research, Mr. Cyril Scott (o compositor), Mrs. Gibbons Grinling, Mr. Denis Grinling, Mr. e Mrs. Leonard, De Wyckoff, minha mulher, meu filho Dennis e eu.

Valiantine não conhecia Mr. Scott, nem os Grinling, nem meu filho.

Bert Everett, Kokum e o Dr. Barnett manifestaram-se intervaladamente. Também Feda tagarelou, do seu modo alegre e infantil, com alguns dos presentes. O primeiro espírito pessoal foi uma voz que se dirigiu ao Dr. Woolley. Falou em tom muito indistinto, de modo que foi difícil compreender que se tratava de um doutor Brownley, ou coisa parecida. Declarou que trabalhara no mesmo laboratório com o Dr. Woolley – mas este nada pôde identificar; a conversa não foi por diante.

Ao falar com Mrs. Grinling uma voz do além disse: "Godfrey". A identificação foi imediata. Em tom muito nítido travou-se conversa entre a voz, Mrs. Grinling e seu marido. Logo em seguida ecoou outra voz que se apresentou a Mrs. Grinling como "Ray". Em pouco tempo quatro nomes conhecidos foram pronunciados.

Depois de saudar-me W. A. dirigiu-se ao meu filho. "Dennis, meu velho camarada, disse ele, como estou satisfeito ele vê-lo aqui!" Dennis respondeu alegremente e puseram-se a conversar da maneira mais espontânea possível.

V. A. – Sei, meu caro, que você seguiu meu corpo.

DENNIS – Que quer dizer com isso, W. A.?

W. A. – Quero dizer que seguiu meu corpo até a sepultura.[106]

O espírito de minha irmã Annie apareceu. "Herbert, estou tão contente de que trouxesse o Dennis!" – e entre ambos

[106] Estive doente no dia do enterro e Dennis foi representar-me

travou-se uma conversa muito afetuosa.[107]

Tivemos depois o espírito do pai de Mr. Leonard, que tratou o filho de "Will", apelido que lhe dava na terra.

Uma voz chamou Mr. Cyril Scott, anunciando-se como o "avô Scott" e tratando-o de "Cyril". Como a voz não conseguisse clareza, não foi possível a conversação. Mesmo assim o espírito deixou uma mensagem a "Mabel", nome de uma parenta de Mr. Scott.

George Crawford novamente falou com De Wyckoff, sempre com o vozeirão tremendo que De Wyckoff dizia ser o mesmo que ele tivera em vida.

De Wyckoff pediu-lhe que explicasse como conseguira descobri-lo e vir falar-lhe; Crawford respondeu: "Vi uma luz, que me atraiu, e então o reconheci entre os que estavam reunidos em sessão. Muitos outros espíritos rondavam, ele modo que tive de esperar vez para apresentar-me."

A luz que atrai os espíritos evidentemente emana do médium – explicação que já tem sido dada em muitas outras ocasiões.

O Dr. Barnett, que anteriormente já advertira que as condições não estavam favoráveis, voltou para dizer que havia na sala alguém a pôr em dúvida a origem da voz. Por fim, como de costume, ofereceu-se para responder a perguntas.

Consultei o Dr. Woolley se tinha alguma a propor. "Nada me ocorre", foi sua resposta. Pareceu-me mal isso, porque qualquer questão que propusesse seria de valor do ponto de vista de investigação psíquica, já que o Dr. Barnett é uma das inteligências mais brilhantes que conheço.

DENNIS – Na sua opinião, quanto tempo levará a igreja católica para aceitar o espiritismo?

DR. BARNETT – Muito pouco tempo, meu rapaz.

O Dr. Woolley comparecera como representante da Society for Psychical Research. Devo notar que é um homem paciente e notavelmente justo. Concordou comigo que as vozes que se haviam manifestado vinham de todos os pontos da sala.

[107] Gostava muito de Dennis, na terra.

XXV

Amigos que se despedem – Adeuses – Grande amor, grande beleza, grande esplendor

Este capítulo – o último do meu livro, embora colocado no meio – refere-se à mais sublime meia hora de conversa em que já tomei parte; marcará, talvez, a mais bela noite da minha vida. Se outras eu tiver metade tão belas, tão ricas de inspiração, passar-me-ei para o outro lado a entoar um cântico de graças. Foi a noite de todos os meus amigos do além – amigos que velam por mim na terra e aos quais me reunirei mais tarde.

Sessão de três apenas, minha mulher, Valiantine e eu. Pedi aos amigos que se manifestassem, afim de que eu lhes agradecesse o concurso que nos haviam dado para firmar em nossa convicção a certeza da sobrevivência. E todos se manifestaram.

Agradecemos ao grande Dr. Barnett o ter-nos inundado com a luz do seu intelecto. "Meu caro senhor, disse ele rindo-se, meu intelecto nada vale ao lado de outros que existem aqui."

VALIANTINE – Pode dizer-nos algo sobre aquele assunto da Guiana?

DR. BARNETT – Parecem-me bem os preparativos feitos. Ouvi tudo que esta tarde você discutiu com Mr. Bradley no escritório.[108]

Agradecemos a Bert Everett tudo quanto havia feito por nós, e ao despedir-se ele bateu-nos nos ombros.

Kokum e Hawk Chief apareceram a conversar um com o outro. E como nós três manifestássemos a nossa admiração, houve momento em que cinco vozes soaram na sala simultaneamente!

Pat O'Brien trouxe-nos a sua alegria à moda irlandesa; e o pequeno Bobby Worrall falou de Pat e do velocípede; falou

[108] Exatíssimo. De fato estivemos naquele dia discutindo o assunto. Acho extraordinária esta verificação que já fiz várias vezes: quando há espíritos interessados em minha vida, eles não só sabem tudo quanto digo, como ainda tudo quanto penso.

também da tia e do avô, e da conversa com seu pai, na América, sobre coisas inglesas.

Um tio de Valiantine, de nome George, falou-nos, e ao sobrinho, em tom oratório.

Annie recordou o nosso primeiro encontro em Arlena Towers, ocorrido dez anos depois do seu passamento, e do muito que aconteceu desde essa época. Agradecendo-lhe tudo que havia feito por mim, acentuei que por maior que fosse a amizade que nos unia na terra, o afeto que hoje nos ligava era infinitamente maior.

"Oh, meu querido, exclamou Annie na sua maravilhosa entonação enriquecida pela purificação da morte, o meu amor por você não tem limites... Acompanhá-lo-ei sempre."

A Annie sucedeu W. A. Falou. Sabendo que ia passar algum tempo sem ouvir sua voz amiga, emocionei-me, e com grande sinceridade agradeci-lhe a maneira esplêndida pela qual me ajudou na assimilação da grande verdade.

Minha mulher consultou-o se eu podia referir-me a Dorothy neste livro sem lhe disfarçar o nome. "Cara Mabel, por que não? É a verdade." Referiu-se depois a uma pequena cigarreira de ouro que lhe pertencera na terra e mandou-me que nela fizesse gravar as iniciais do seu nome e a trouxesse comigo como lembrança. Também agradeceu a Valiantine a sua admirável cooperação, graças a qual pôde conversar com seus amigos da terra em voz natural.

Entre W. A. e eu formou-se uma amizade como não existe no mundo, porque se trata de sentimento que perdurará pela eternidade. Que excelente criatura! Já fez muito pelo esclarecimento da humanidade, e o seu alto espírito progredirá sempre, rumo aos mais altos píncaros.

Depois de W. A. tivemos Johannes, que falou da sua colaboração na parte filosófica deste livro.[109] Suas palavras foram íntimas e amigas. Fez sentir que estaria comigo sempre que eu dele tivesse necessidade para a continuação do trabalho empreendido. Perguntei-lhe se isso significava da sua parte ficar como um dos meus espíritos guias. "Sim, meu caro senhor, a partir deste momento e sempre que possa necessitar de

[109] Relatada no Livro III.

mim. Basta que se sente e pense em mim; virei trabalhar ao seu lado." Deu-me o "Boa-noite" de despedida e compreendi que um laço mental me ligava doravante, por todo o tempo que eu passasse na terra, àquele filósofo de dois mil anos de idade.

Apareceu finalmente Bert Everett, que nos falou a todos de um modo admirável. Disse: "Todos os espíritos encontram-se nesta sala e a todos vejo de sorriso nos lábios."

Foi essa noite um dos maiores acontecimentos da minha vida, tão grande que não cabe em palavras. Sinto-me impotente para dar as impressões sentidas. Um maravilhoso quadro de grande amor, de grande beleza, de grande esplendor...

George Valiantine embarcou para a América no Aquitânia, tendo ficado comigo em Dorincourt durante toda a sua estadia na Inglaterra.

Devo dizer que se trata do homem mais simples e cheio ele bondade que jamais encontrei na vida. Conquanto não seja versado nas coisas do mundo, como tantos de nós, a natureza o dotou duma elevação inata, superior à da grande maioria das criaturas. Tão modesto que não parece compreender o seu imenso valor como instrumento mediúnico.

Dei neste livro apenas uma rápida indicação do que obtive de tantas personalidades sobreviventes. Todos que se manifestaram fizeram-no de modo pessoal. As conversas foram em várias línguas – russo, espanhol, italiano, alemão e até no dialeto de Gales.

O resumo das sessões havidas, a maioria das quais duraram cerca de duas horas, foi reduzido ao mínimo – ao mínimo de palavras possíveis.

Enquanto os homens de renome que vieram assistir às nossas sessões se retiravam tomados de assombro, Valiantine tudo encarava como se se tratasse da coisa mais simples natural possível. Tenho a opinião de que é o maior médium que o mundo já viu.

Sua visita à Inglaterra marca uma época. Permitiu grande avanço rumo a um campo novo do conhecimento. Diante do nosso mundo desordenado um panorama novo se abriu – de ilimitada grandeza e potencialidade.

Livro III

Diálogos com Johannes[1]

[1] Esta parte foi escrita de 5 de setembro de 1923 a 7 de janeiro de 1924. Os diálogos com Johannes aparecem reunido. no fim do livro por mera conveniência lógica.

I - O fenômeno da escrita automática

A obra de criação – Escrita automática – Mrs. Travers Smith – O agnosticismo – O testemunho de Sir William Barrett – Sir Hugh Lane e o naufrágio do Lusitânia – O autor examina o casamento – Mensagens de Oscar Wilde

Setembro, 1923

O trabalho de criação é uma arte que depende do estado d'alma do escritor. Tem que vir no momento adequado; não vem quando o queremos. Dias há em que a nossa expressão se torna fluente, com as palavras a pulsarem vivas; e há dias em que a fonte se resseca; o cérebro trabalha sem que os pensamentos tomem forma.

O escritor de fancaria pude ditar torrencialmente as coisas que lhe vêm à cabeça, porque se trata apenas de manufatura sem valor. O verdadeiro escritor, não.

Para dar ideia do extraordinário fenômeno da escrita automática e da rapidez com que neste livro foram tratados assuntos filosóficos, indicarei a capacidade normal de um escritor.

O meu livro *The Eternal Masquerade*, trabalho histórico e filosófico de cerca de 80.000 palavras, foi escrito em quatro meses, o que representa a média de 5.000 por semana. Uma ou duas vezes escrevi 4.000 num dia, contando também noite; mas era loucura isso. Qualquer autor concordará que 2.000 palavras escritas num dia, sobre um tema filosófico, já constituem um bom trabalho, suficiente para justificar descanso no dia seguinte.

Sendo assim, que escritor no mundo pode produzir ensaios desta ordem com a velocidade de 2.000 palavras em menos de meia hora? Pois foi com esta velocidade que a matéria dada neste Livro III se fixou no papel por meio da escrita automática.

Para o leigo este fenômeno poderá não impressionar; mas para mim, que sou um profissional, apresenta-se como deveras notável, sobretudo atendendo aos conhecimentos de altíssimo valor assegurados.

A nossa escrita automática foi obtida graças ao concurso mediúnico de Mrs. Hester Travers Smith, muito conhecida nas rodas intelectuais depois que publicou as manifestações de Oscar Wilde, tão famosas, aparecidas no verão de 1923.

Há duas formas de escrita automática. Uma com o uso do lápis ou da pena sobre o papel, e outra – ainda mais rápida – por meio do aparelho Ouija. Este aparelho consiste num ponteiro móvel que gira sobre as letras do alfabeto, de A a Z e dos algarismos ele 1 a 9. A rapidez conseguida equivale à das máquinas de escrever comuns.

O médium coloca a mão sobre a extremidade do ponteiro giratório. Ao lado o observador toma nota das letras apontadas e desse modo consegue rapidez muito maior que a usual na escrita comum.

É frequente virem mensagens em língua totalmente desconhecida do médium.

Mrs. Smith é filha do falecido Edward Dowden, professor de literatura inglesa, autor duma biografia de Shelley, de estudos sobre Shakespeare e também investigador de problemas psíquicos. Mrs. Travers não faz profissão de médium e tem em seu acervo poucas experiências que não sejam de escrita automática.

Ainda se conserva agnóstica, isto é, sem ideias definidas sobre coisa nenhuma; essa atitude mental tem muito valor, porque elimina o lado emotivo do problema e deixa o espírito completamente liberto de influências. Nota-se nela o sentimento do medo, visto considerar perigosa a investigação psíquica. Neste ponto estou com Mrs. Travers, porque, como já declarei, as inteligências fracas ou perturbadas podem ser muito afetadas no começo dos estudos.

Apesar de toda a sua experiência, Mrs. Travers não dá nenhuma explicação pessoal das suas faculdades– e por isso não aceita nem repele teoria nenhuma.

Diz que no decurso de suas provas tem tido a assistência de vários espíritos-guias, que a seu ver funcionam como organizadores de transmissões no além. Entidades de nomes exóticos, alguns com existência já de centenas de anos. O professor William Barrett, da Royal Society, que submeteu Mrs. Travers a muitas experiências, acentua com relação a estes guias: "Considero-os como entes psíquicos distintos e não como simples fases automáticas da personalidade de Mrs. Travers."

Eis o processo que seguimos: 'Mrs. Travers senta-se à mesa com lápis e papel para funcionar como autômato; às vezes em companhia de outro autômato. Quando o guia aparece e responde às perguntas feitas, os autômatos funcionam como puras máquinas, de rapidez espantosa.

A título de prova misturamos as letras alfabéticas antes que Mrs. Travers, ele olhos vendados, fosse introduzida na sala. As respostas obtidas do além foram escritas do mesmo modo, sem que ela pudesse saber que letras o ponteiro ia marcando.

Mrs. Travers recebeu mensagens de entes que não havia conhecido na terra; e, conforme Sir Barrett o testemunhou. todas as suas manifestações provaram-se exatas.

Muitas das sessões foram realizadas com a presença do reverendo Savell Hicks e de Mr. Robinson, autor da brilhante comédia *The White-Headed Boy.* Foi numa dessas sessões que chegou a seguinte mensagem: "Sou Sir Hugh Lane, afogado. Achava-me a bordo do Lusitânia." Estas palavras impressionaram os presentes, porque Lennox Robinson e Mrs. Travers conheciam Sir Hugh. Nesse momento passaram pela rua vendedores dos jornais da noite, anunciando o desastre. Mrs. Robinson correu a comprar um – e voltou lendo; e já assinalando o nome de Mr. Hugh entre os passageiros. A sessão continuou. O espírito de Sir. Hugh descreveu a cena a bordo do Lusitânia: "Pânico. Os botes foram descidos. As mulheres entraram primeiro. Perdi-me em um escaler que revirou. Fiquei sem memória até que vi aqui uma luz."[110]

Alguns dias depois Sir Hugh manifestou-se com outras mensagens e deu conselhos a vários amigos seus e de Mrs. Travers, de Dublin. Mais tarde comunicou mais mensagens relativas a assuntos pessoais, a sua galeria de quadros, ao seu testamento e aos esforços feitos para em sua memória criar-se em Dublin uma galeria – propósito que o horrorizava, disse ele.

A teoria de Mrs. Travers sobre a comunicação dos espíritos deduz-se da observação de Sir Hugh, de que "viu uma luz". É coisa lógica, e tem tido confirmação de diversos modos. Uma luz que atrai os espíritos e habilita-os a se comunicarem com os da terra. Essa luz varia, sendo forte ou fraca de acordo com as forças psíquicas do médium e dos que o rodeiam.

A famosa comunicação de Oscar Wilde, Mrs. Travers a recebeu certa vez em que estava de sessão com Mr. V... Foi dada com ímpeto, tão apressada que a mão que a tomou mal a podia escrever. A assinatura de Wilde surgiu perfeita, e sua escrita habitual manifestou-se plenamente em todo o decurso da mensagem. Wilde recordou passagens da sua infância e referiu-se a sua irmãzinha que morrera na infância e da qual a médium nunca ouvira falar.

O estilo de Oscar Wilde transparece claramente no escrito. Os epigramas são do tipo dos de Wilde e da sua época. Citarei um, em que ao descrever os círculos escuros onde o seu espírito pairava, se mostra o mesmo sarcasta que foi na terra: "Impossível conceber-se nada mais tedioso do que a vida depois da morte, exceto o casamento e um jantar com um mestre escola."

Este epigrama é caracteristicamente wildeano e próprio de sua época. Hoje em dia o casamento é mais um tumulto devorador que tédio a dois, e existem vários professores muito mais divertidos do que nossos teatrólogos e Primeiros Ministros.

Em outras mensagens Wilde passou em revista muitos

[110] Outra confirmação da "luz" do médium.

escritores ingleses. De James Joyce disse: "Ainda eu, que sou uma sombra; mesmo eu que conheci a plenitude da vida e cheguei até a sua semente de fel, clamo em voz alta: "Vergonha sobre Joyce, vergonha sobre sua obra, vergonha sobre sua alma mentirosa! Compare-se esse monstro a Bernard Shaw, o nosso pobre Shaw. Temos aqui dois polos contrários. Ambos gritam que encontraram a verdade. Qual tímida donzela, Shaw esconde o seu imenso pudor com o véu da jactância. Joyce do seu lado, não se revela jactancioso. No seu vasto e monumental volume não vomitou tudo que tem para vomitar. Sim, porque comeu com muita pressa e tudo que entrou e não foi digerido há que saltar fora. Estou certo de que Joyce tem muito ainda a dar ao mundo, antes que a velhice chegue e o torne virtuoso. Por esse tempo estará cansado da verdade e voltar-se-á para a virtude, como para o último emético."

De Thomas Hardy disse: "Sua mente singela procura mais...; tudo porém que em mim existe de rusticidade revolta-se contra o realismo que flana desesperadamente pelas campinas do Dorsetshire. Reflita-se por um momento que obras de Mr. Hardy são simples anotações de uma estreita experiência aldeã, tingidas de um primário senso romântico. Perfeitamente inofensivo, Mr. Hardy. Quase alcançou a intrepidez, num ponto ou noutro, naquela pesada época em que escreveu. Lembro-me de como o seu "Tess" fez o coração das moças soluçar. Era uma história de atrair meninas no começo da puberdade; como obra de arte, uma coisa informe, sem valor como descrição artificial da vida rústica ou como minucioso estudo de aldeia. Mr. Hardy não passa de um provinciano da classe média. Nunca esperou vencer e apesar disso teve êxito, em parte porque abordou o tema do homem do campo, criatura que naquela época começava a surgir no horizonte."

De George Meredith disse: "Sou um leal admirador de Meredith. Era, na realidade, um homem sem nenhum senso da beleza, mas possuía a mais engenhosa maneira de jogar com as palavras, de modo que seus mais fervorosos admiradores delas nunca pudessem desentranhar nenhum pensamento. Seus pensamentos aderem-lhe às ideias como cracas ao casco de velho navio, e ele fica tão pesado que as ideias fogem e só ficam as palavras. Mas apesar de tudo, que imensa façanha é jogar com a língua inglesa! Eu de mim jamais o tentei. Minha arte consista em escolher as palavras, acariciá-las, levá-las de um lado para outro do meu gabinete até que cada uma recebesse o que lhe era devido. Meredith as entretecia tão intrincadamente que sua inteligência ficava paralisada e ninguém podia penetrar nunca na massa encrostada."

De Bernard Shaw disse: "Eu sentia minha estima por Shaw. O seu intenso desejo de originalidade apiedava-me. Mas não havia nele o menor senso da beleza, nem do lado dramático da vida. Sim, uma apaixonada fúria de ser alguém, de forçar a personalidade sobre o mundo; de afastar outros do seu caminho, ainda que esses outros demonstrassem mais méritos. Tenho um grande respeito pela obra de Shaw. Apesar de tudo, é meu patrício. Compartilhamos desse mesmo infortúnio. Penso que Shaw pode ser classificado como o verdadeiro tipo do plebeu. Quer de tal modo mostrar-se honesto e leal, que diz muito mais coisas do que pensa. Mostra-se sempre pronto para pedir ao público que admire a sua obra – e por mera simpatia, para satisfazê-lo, o público o admira."

De Arnold Bennett disse: "É o diligente aprendiz de literatura que maneja a varinha de seu mestre Flaubert, e que conseguiu convencer a si próprio, e ao público, de que aprendeu a mágica. Mas não apanhou, não, o segredo de Flaubert. Seus tipos nunca dizem nada fino, nem pensam nada extraordinário; são perfeitamente reais, tão verídicos como um quadro mau ... Bennett cometeu o crime de haver aumentado o número de tipo desagradáveis existentes no mundo."

De George Moore disse: "Meu pequenino conterrâneo de Dublin? Oh, Moore é absolutamente pequeno, de alma e espírito. É o anão que se julga gigante – coisa muito natural para uma criatura do seu tamanho. Mas, apesar disso, Moore penetrou em Londres tocando tambor e pífano. Seu grande desejo de brilhar ajudou-o na vitória. Muitos caminhos trilhou na jornada. Avança e retrocede, porque em parte nenhuma encontra a criatura que deseja. Quando falo de Moore só vejo diante de mim a futilidade. O homem que não acerta: eis Moore."

Dos versos de Stiwell disse; "Não perco meu tempo caçando rãs. Só me dirijo a cérebros de álgum valor. Não mergulho abaixo de certo nível."

Dos escritores modernos disse: "Não sou dado à admiração, mas se me perguntardes a quem, na moderna geração de teatrólogos, eu sinceramente admiro, direi que só um compreende o drama. O único que satisfaz meu senso estético é John Galsworthy. Em certo sentido, é o meu sucessor, um aristocrata das letras, o homem que se deleita em selecionar – coisa que o pobre Shaw nunca fez. Shaw mergulha e colhe o primeiro objeto em que sua mão toca – e regala-se em desfazer esse objeto. Galsworthy mostra-se lento na seleção, mas quando realiza a escolha revela um raro senso de justa medida e apresenta o modelo completo da sua ideia."

Sobre a pintura em sua conexão com a literatura: "Deixa que a imaginação se esforce. Toma uma palavra e deixa que o seu som penetre fundo em teu espírito simultaneamente com a ideia de uma rica tonalidade. A palavra purpura, por exemplo. Deixa que a profundez infinita dessa opulenta cor penetre teu ser; e faze que a música da palavra "púrpura" traga de dentro de ti os tons que vem das perfumadas violetas até que a palavra e a cor se fundam. Isto te dará ideia de como eu realizava meu trabalho artístico, e de como a música me vinha tanto das palavras como das cores (porque quando eu escrevia tinha em meu espírito a imagem do modelo construída de som e cor). E ao tecer a teia eu ia acrescentando mais riquezas, sempre afeiçoando, moldando, até que a forma perfeita surgisse. Foi este o meu modo particular de arte – uma arte que me deu luz – luz que não se dissipou com o esfacelar-se da minha reputação e com toda a má fama que a falsidade do mundo acumulou contra mim. Porque minha arte brotava diretamente da natureza – força que lhe deu vida. Fui o sacerdote que cinzelava a criação, que com infinito cuidado e esforço aperfeiçoava a forma até que esses filhos de minha mente alcançassem o completo desenvolvimento e como cisnes majestosos deslizassem sobre as águas, rumo ao infinito onde nunca pereceriam."

Sobre a mulher: "A mulher foi para mim um som, uma cor. A mulher dei-me tudo. Deu-me primeiramente o desejo, e o desejo deu vida a essa misteriosa essência que havia dentro de mim. E desse perfumado filtro de destilação profunda meus pensamentos nasceram; e de meus pensamentos brotaram as palavras. Cada palavra que usei tornou-se-me uma filha. Amei minhas palavras e acariciei-as em segredo. Tornaram-se-me tão preciosas que eu as ocultava aos olhos dos homens até que estivessem perfeitas – e então exibia-as em toda a plenitude como símbolos da mulher."

Na minha opinião, estes escritos de nenhum modo podiam ter origem no cérebro de Mrs. Travers Smith. No estilo e em tudo nada tem com ela.

É interessante a mudança de "polaridade" de um médium de escrita automática quando defronta um novo consultante. Mr. Travers experimentou uma sessão com Mr. Bligh Bond – e desapareceu completamente o controle de Oscar Wilde. Em vez de Wilde foram os monges de Glastonbury que manifestaram desejos de comunicação, relatando um após outros detalhes do enterramento das relíquias da abadia no ano de 980 – ano de grande pavor da invasão dinamarquesa, diz a história.

Em seguimento a isto a escrita automática de Mrs. Travers fixou relatos poéticos do Santo Graal e da Távola Redonda do rei Artur; e finalmente os detalhes da peregrinação de São Felipe o Evangelista, com a promessa de manifestação do seu "Evangelho" extraviado, documento só por tradição conhecido entre os padres da Igreja anteriores ao concilio de Niceia.

Por muitos anos as mensagens automáticas têm sido recebidas por muitas pessoas, mas eram geralmente tediosas e sem inspiração, sempre em tom pseudo religioso ou sentimental. Todas pareciam ditadas por espíritos de inteligência muito rudimentar.

Entrando no conhecimento de, Mrs. Travers Smith, não vi necessidade de submetê-la a provas com os olhos vendados, mormente não sendo o caso de revelações pessoais, sim apenas filosóficas. Meu propósito era experimentar a força das inteligências desencarnadas, fazendo-as dizer sobre os problemas que no momento me ocupavam, ou aos meus associados.

Diz Mrs. Travers Smith que no transcorrer de suas experiências as sessões têm variado muito. Com alguns consulentes os resultados são morosos e falhos; com outros, outro, rápidos e opulentos. Se os espíritos sentem simpatias e antipatias, nada mais natural do que supor que não queiram comunicar-se com cépticos ou antagonistas.

Acha ela que os melhores resultados são obtidos quando o médium recebe cerebralmente a comunicação e a transmite por meio do aparelho Ouija, ao mesmo tempo que o consultante fornece a força mental necessária. Também é de parecer que os guias e mais espíritos não gostam de ser submetidos a certas questões. Nada mais compreensível, pois corresponde a um hóspede cuja identidade está constantemente posta em dúvida.

O método que usei em minhas experiências com Mrs. Travers foi conservar sua mão na minha enquanto eu fazia perguntas a Johannes. Logo que a questão era proposta sua mão largava da minha e escrevia as mensagens de resposta por meio do aparelho Ouija, enquanto eu fazia taquigraficamente a necessária anotação. Embora eu consiga escrever taquigraficamente com grande rapidez, no começo me era difícil acompanhar o movimento do ponteiro Ouija. Certas mensagens eram tão longas que tínhamos ambos de parar, de cansaço. Mais tarde descobri que deixando a mão como que largada era-me possível escrever com velocidade muitíssimo maior e sem canseira nenhuma. Muitas vezes trabalhei quase que completamente às escuras, e não só a anotação me saía bem legível e clara, como sempre em linhas retas.

Duvido que exista algum escritor que possa submeter-se a semelhante prova. Respostas que requeriam séria ponderação vinham imediatamente após a pergunta.

Não existe nenhuma explicação científica para estas comunicações. A teoria de Richet, da "criptestesia" – sensibilidade oculta – é de tão difícil aceitação como para alguns a admissão da existência espiritual no além, com o poder de comunicar-se com os que vivemos na terra.

II - Sobre Deus e a guerra

Primeira experiência de escrita automática – Ianthus é Johannes – Johannes filósofa sobre a guerra: "É a sede de sangue do primitivo" – Enigma sem resposta – A "loucura selvagem"

A 6 de setembro tive minha primeira experiência com Mrs. Travers Smith. Sentamo-nos lado a lado; tornei do lápis e ela colocou a mão sobre a minha, que deixei ficar inerte. Nada aconteceu por um minuto ou dois; em seguida, sem nenhuma ideia ou esforço da minha parte, escrevi meu próprio nome e também as palavras "Johannes" e "Ianthus". Mrs. Travers tomou do lápis e eu pousei minha mão sobre a sua. De súbito, um estremecimento e ela começou a escrever com rapidez.

Disse-me que Johannes era o seu guia, mas que Ianthus lhe era desconhecido. Concordamos em usar o aparelho Ouija, como o mais rápido para a captação de mensagens.

LANTHUS – Desejo falar. Sou um dos guias do homem que está aqui. Minha pátria é a Grécia, onde nasci trezentos anos antes do vosso Cristo. Meu nome: Ianthus. Quero ajudá-lo. Esse homem tem grande força. Sou Ianthus, de Delfus. Estive por algum tempo no templo. Deixei minha terra e fui para a França, onde vivi muitos anos, mas minha pátria é a Grécia. Este homem possui muita força, mas não sabe usá-la. Ajudado por mim poderá pôr-se em íntimo contato com os deste plano. Breve poderei escrever por seu intermédio; mas há que ter paciência, esperar, visto que ainda não adquiriu a passividade necessária. Entes daqui já o rodearam procurando falar, mas ainda não é tempo. Eu poderei ajudá-lo, se ele invocar-me; acho que pode fazer muito nesse caminho. Será melhor do que com o uso do lápis. Existe uma pessoa desejosa de pôr-se em contato com ele, mas vejo-o ainda muito definido; tem que dar toda a passividade a sua mente. Venho-o acompanhando de muitos anos, mas nunca pude falar porque nunca fui chamado.

MRS. TRAVERS – Quer fazer alguma pergunta a Johannes?

BKADLEY – Não é fácil formular perguntas assim de momento. A mim o que mais me interessa é a filosofia. Peçamos a Johannes a sua opinião sobre as contínuas guerras que sossobram a civilização.

JOHANNES – Em nossa esfera também há luta, mas é diferente. Não podemos destruir o nosso físico porque não possuímos físico. Não há meios no mundo para extinguir esse desejo que leva os homens a destruírem-se corporalmente, mas o desejo de paz sobrevirá um dia, visto que a sede de destruição aproxima-se do fim; e aqui na nossa esfera não podemos deixar que nos mandem tanta gente sem nenhum preparo. O problema da guerra decorre do primitivo desejo de sangue, de sacrifício, de carne, e não pode ser completamente solvido. Aqui a luta é diferente. Não há destruição porque a destruição é impossível; mas há a possibilidade de retrocesso na Roda Evolutiva. Quando nos deixamos vencer pelo mal, retrocedemos. Sabemos aqui que o caso é de experiência e desenvolvimento e por isso temos de lutar; do contrário somos esmagados e lançados para trás. Este conhecimento é o que nos ajuda. Na terra os homens não podem adquiri-lo porque o corpo os atrapalha. Nas grandes guerras há a destruição do corpo, mas em muitos casos as almas aparecem aqui com uma aura de conhecimento, o que as livra de serem rechaçadas para o mundo de onde vieram. Se os da terra imaginam que por meio de palavras, desejos ou ideias é possível acabar com a fúria destruidora, enganam-se porque o que se dá é inevitável. O anseio da chacina nasceu com a carne. Vou explicar a diferença entre os que vêm para cá por motivo de destruição na guerra e os que vêm por morte natural. Os que vêm de modo natural não se mostram dominados por maus pensamentos; vêm a nós e nada sofrem. Com os mandados pela guerra é diferente. Lutaram e a luta põe em relevo a parte brutesca do homem. Antes que essa parte brutesca se elimine, suas almas não encontram lugar onde progridam.

BRADLEY – Há a aceitação nessa esfera da onipotência de um Deus supremo?

BRADLEY – Querido amigo, nenhum dos que há séculos e séculos aqui vivem pode responder a tal pergunta. Nosso conhecimento nesse ponto não vai além do conhecimento aí de vocês na terra. Temos vivido em vários mundos diferentes e progredido mediante a recordação das nossas existências passadas, que é uma recordação coletiva; mas Deus, tal como na terra o concebem, é tão misterioso aí como aqui. No princípio era o caos; névoas surgiam sem ordem ou forma, mas atrás desse caos existia uma profunda força misteriosa a que chamamos Deus e está tão desconhecida e oculta hoje como o estava naquele tempo. O verdadeiro começo das coisas foi quando as partículas começaram a mover-se umas em relação às outras. Esse é o sistema fundamental de tudo que existe. O sistema dos céus, das estrelas, dos planetas, das rochas, das flores, das criaturas vivas e das pobres criaturas humanas, vítimas do desejo que as ata entre si. Se você fala de Deus, algumas vezes pensa em amor, outras vezes pensa em força e crueldade – mas creia-me não há, absolutamente, limite para Deus. Ele contém tudo em si – supremo em amor, supremo em ódio e crueldade. É a base de tudo que existe e a base, portanto, das partículas que somos. E nós temos de passar para o Ser Infinito – para esse ELE que não é para ser visto nem compreendido. De tempos em tempos Ele desce ao mundo para destruir; também desce para sorrir e fazer-se fertilidade e abundância. Tudo vem dele: o homem não tem parte em nada".

❋ ❋ ❋

Assim terminou minha primeira experiência de escrita automática. O discurso de Johannes sobre a guerra parece lógico, porque a lição do mundo não nos dá muita esperança de destruir esse câncer. Se aceitarmos Johannes como espírito de alta inteligência, não há razão para termos suas opiniões como pueris. Sua opinião toma base na observação da luta humana por milhares de anos. Mas talvez a evolução do nosso plano físico acabe vencendo esta avassaladora estupidez — e eu de mim, enquanto viva, não cessarei de protestar contra a loucura selvagem.

Quando fala de Deus, Johannes define-se pela aceitação. mas confessa que apesar dos seus séculos de vida no além ainda não chegou à compreensão dessa misteriosa força.

Também me parece que seja esta a mais justa concepção de Deus. Se é ele o grande Espírito que percebemos por intuição, será insolência pretender entrar na sua intimidade logo depois da nossa saída desta vidinha elementar na terra. Aqui na terra vivemos grosseiramente os primeiros momentos da vida da alma, e em nossa viagem para a perfeição eterna não passamos de meros infantes que aprendem as primeiras lições da experiência e que das nossas loucuras vamos colhendo, aqui e ali, algumas migalhas de sabedoria.

III - A filosofia do sexo

Johannes fala da sobrevivência do instinto sexual – O nascimento dos pensamentos – Johannes contraria autor – Lugar da mulher no mundo espiritual – O grande criador – Os amantes no além – Afinidades eletivas – O amor perfeito e barbárie mental

9 de outubro

Eu não tinha nenhum tema especial de consulta, de modo que fazia perguntas ao impulso do momento. Johannes anunciou-se.

BRADLEY – Quer dizer-me, Johannes, o seu modo e encarar a questão do sexo do ponto de vista moral, e também se o instinto sexual persiste no além?

JOHANNES – Parece-me simples a resposta. Quer saber se o sexo continua deste lado e como o encaramos do ponto de vista moral?

BRADLEY – Sim, as duas coisas.

JOHANNES – Se o sexo continua, primeiro. Procurarei explicar que na realidade o sexo consiste na fusão feita de duas metades em um todo. Sem dúvida que aqui isso continua, mas não no sentido terreno. Estamos desembaraçados do corpo, transformados em só alma e espírito, mas o sexo continua de espírito a espírito; o espírito masculino aperfeiçoa o feminino, fazendo que novos pensamentos e ideias nasçam dessa ligação. Constitui erro da parte dos humanos supor que o sexo desaparece no além. O sexo é a raiz da vida – da vida das ideias tanto quanto da vida das crianças na terra, e continua desde o princípio até o fim, porque os espíritos devem completar-se mutuamente, como as mentes se completam. Está me seguindo? Meus caros, sinto que vocês nos compreendem muito pouco, do mesmo modo que se compreendem pouco aí mesmo. O Universo é governado pela atração das partículas. Essa, a lei fundamental. Sexo é um ramo dessa grande lei que rege a terra, o sol, as constelações, tudo.

BRADLEY – E o sexo do ponto de vista moral?

JOHANNES – Meu caro, por que uma criatura que me parece sensata e até sabia me propõe uma questão assim tola? Não há moral. Nada é moral ou imoral. O que há é sabedoria e insensatez, e o mau uso do sexo na terra não passa de uma forma de insensatez. Se os da terra pudessem apreciar o que há de sabedoria na moralidade, cessaria de haver imoralidade. Aqui há menos imoralidade, porque estamos em melhor situação para apreciar a parte mental dos outros, mas também há certa soma de insensatez que muitas vezes temos de pagar. Antes de chegarmos a certo estágio de desenvolvimento, também aqui se comete atos de insensatez. A parte mental acha-se aqui exposta, de um modo de todo incompreensível aos da terra, e por isso há menos erros oriundos do temperamento; mas como o espírito permanece oculto, torna-se às vezes suscetível de erros que correspondem aos vossos disparates sexuais, o que atrasa o nosso progresso, como esses disparates vos atrasam na terra. Quer mais alguma coisa neste assunto?

BRADLEY – Sim. Diga-me qual o ser superior, o homem ou a mulher?

JOHANNES – Nenhum dos dois é superior ou inferior ao outro. Tais expressões não podem aplicar-se às metades de um todo. A mulher é a mesma coisa aqui e aí. É o poder que cria os ideais do homem. É o grande ser criador, não só de novos seres, como de novos pensamentos. Sua responsabilidade é ainda maior que a do homem. Não somente a mulher dá ser aos filhos, como realmente cria os altos ou baixos ideais do ser masculino. Por esta razão é que é escolhida quando há a realizar-se um ato nobre ou santo. Esta a sua herança, a sua responsabilidade. Mas disto não se deduz que o homem não seja igual a ela. O homem não é superior à mulher; não lhe dá ideais como ela o dá a ele; mas o homem a contém dentro ele si como o jarro contém a flor – e pode formá-la ou destruí-la, conforme o seu desejo. O homem é mais forte, embora a mulher conduza a carga mais pesada. Aqui sucede o mesmo que na terra. A mulher sobrevive como alma feminina; o homem, como alma masculina. Devo observar, porém, que o que na terra chamais amor nada tem que ver com isto. O amor existe de muitas outras maneiras. O sexo é uma lei: o amor é uma inspiração. Compreenda a distinção e nunca os confunda.

BRADLEY – Que acontece no caso do homem que amou mais de uma mulher ou da mulher que amou mais de um homem?

JOHANNES – Há graus no amor, como em tudo mais. Homem e mulher são realmente partes de um todo, e a vossa ideia das afinidades eletivas, tantas vezes motejada, não é errônea; os que se amam na terra encontram-se aqui – mas conhecendo muito mais dos seus respectivos espíritos. A afinidade eletiva faz que se reconheçam imediatamente. Unem-se e completam-se mutuamente.

BRADLEY – Sim, compreendo que o amor seja uma inspiração. Mas, diga-me se duas criaturas que na terra se amam poderão encontrar-se na outra vida.

JOHANNES – O amor é uma atração. Quando existe amor, há certeza de encontro aqui. Esta é a lei de atração de que falei. Os que se amaram na terra, encontram-se no além. Não podem evitar o encontro. Mas quando o que existe na terra é simples atração sexual, já não acontece o mesmo, porque a atração sexual até na terra é de vida curta. O demais é amizade mas esta completação do todo não se evita aqui.

BRADLEY – E qual a posição do homem que nunca amou nem foi amado?

JOHANNES – É mais difícil. A natureza o fez como metade de uma noz sem a outra metade correspondente, e esse homem erra por aqui em procura da sua metade, que existirá, mas em outro grau de desenvolvimento. Provavelmente só se encontrarão depois do transcurso de muito tempo. O isolamento em que fica esse homem-metade prejudica o seu progresso.

BRADLEY – Vejamos agora o caso do homem que foi feliz no casamento e tem filhos. Ama a mulher e aos filhos, mas também ama outra mulher, não fisicamente apenas, mas de espírito e alma – ou com inspiração, como você diz. Que acontece se quebrar a ligação com uma destas mulheres?

JOHANNES – Parece-me uma questão difícil. É perigoso romper a ligação de duas criaturas quando há filhos. Explicarei por que. Ainda não chegou a hora dessa perfeição mental que não se rompe de modo nenhum enquanto o homem está na terra e se perpetua em filhos. Mas havemos também de levar em conta a dor infligida a outra mulher que ele considera sua. Figuro-me o caso em que o homem infligisse à mulher uma ferida que levaria muito tempo para sarar, mesmo aqui. Temos que pesar estes dois pontos. Será bom ficar com ela; será mau para a continuação de si mesmo e dos filhos. Não vejo o caso do ponto do justo ou do injusto. Na realidade estes extremos não existem, a não ser nos casos de crueldade e dureza, que são os únicos pecados reais.

Neste ponto houve uma interrupção, finda a qual Johannes disse: "Oscar Wilde está presente." Pausa.

MRS. TRAVERS (para Bradley) – Johannes diz que não suporta Wilde. Desgostou-se muito quando tomamos a primeira comunicação desse homem.

JOHANNES (voltando) – Fi-lo retirar-se. É uma personalidade desagradável, mas desde que os monges de Glastonbury se manifestaram[111] tornou-se menos perigoso para vocês. Não oponho objeções a que de vez em quando se comunique.

MRS. TRAVERS – Johannes, poderá dar-me sua opinião sobre Bradley?

JOHANNES – Parece-me que há uma curiosa combinação no seu caráter. Uma profunda tendência para crer, aliada a uma força raciocinante e negadora. Como se duas mentes habitassem a mesma pessoa, e constantemente se contradissessem. Uma procura evitar que a outra creia. Esta segunda tem mais império e a primeira sofre de ser reprimida. Neste homem existe uma certa verdade. Crê que as coisas vão

[111] Refere-se a mensagem de Glastonbury.

difundir-se. A ideia do aniquilamento da personalidade não o comove, dada a sua mente raciocinante; mas esse conflito sempre o fará sofrer.

Aqui terminou a sessão, que foi bastante curiosa. É de supor que Johannes apenas dá as suas opiniões pessoais, decorrentes do conhecimento individual e das inclinações da sua inteligência.

Seria erro admitir que suas opiniões fossem as "opiniões mundo do espírito". Outras inteligências do além terão outras ideias. Nada deve ser cristalizado. O que se cristaliza perde a sensibilidade e mata a emoção. Quando a vibração cessa, a rigidez a substitui.

O sexo tem para o homem um interesse permanente; é, portanto, sugestivo sabermos que o sexo subsiste no além, embora sob forma mais espiritual e susceptível de produzir êxtase mais perfeito.

Há poesia no conceito de Johannes, de que da ligação dos espíritos masculinos e femininos novos pensamentos e ideias surgem. Quanto à moralidade – uma convenção humana que cobre uma multidão de hipócritas – a ideia de Johannes é a mesma de todos os intelectos desenvolvidos. Moralidade ou imoralidade não passam de uma questão de uso ou abuso, de sabedoria ou insensatez.

A ideia de que o homem e a mulher possam amar-se da maneira mais alta e que isso receba a condenação de um estreito código moral, é absurda. Decorre da barbárie mental. A teoria de que as afinidades eletivas levam as criaturas a encontrar-se e unir-se no além, adapta-se ao sistema, e até que cheguemos a um mais alto estado de compreensão ou inteligência não podemos distinguir com certeza qual é realmente a nossa alma afim. Que o homem e a mulher acabem fundindo-se num todo é ideia que coincide com o esquema místico da criação como o compreendemos.

É provável que as complicações que na terra nos atormentam a personalidade se desvaneçam com o nosso desenvolvimento superior. E grandemente consola a ideia de que o amor e a emoção sobrevivem, e que diante de nós se abrem perspectivas de novos êxtases de uma sublimada perfeição.

IV - A iniquidade da chacina humana

História de Johannes – Como a alma entra no além – Reencarnação da terra – O grande ódio do autor: a guerra – Séculos de trevas para os promotores das guerras

16, outubro

Continuamos os nossos encontros com Johannes.

BRADLEY – Sinto-me profundamente interessado na sua filosofia, Johannes, mas antes de reiniciar a discussão gostaria que me dissesse algo do seu viver na terra.

JOHANNES – Tenho que recuar muito para dizer da minha vida terrena. Sou um judeu nascido na Judeia. Sempre senti grande interesse pelo estudo, e estudei profundamente as obras daqueles povos vis que preservavam cadáveres. Tornei-me versado nas ideias que os levavam a essa prática sinistra. O estudo das leis do Egito me era necessário para a compreensão da minha religião; mas quando cheguei a ponto de julgar, compreendi que minha religião era tão estéril como a dos egípcios, e por algum tempo perdi o interesse pela filosofia. Tenho o espírito aberto, e se vivesse quando Jesus foi condenado teria sido um dos seus discípulos, porque Jesus contribuiu para o progresso. O velho credo judaico foi feito com o fim de suprimir as ideias e paralisar o desenvolvimento. Talvez estas palavras vos surpreendam, mas é graças a minha forma de espírito que estou hoje em posição de ter memória coletiva. Fui no meu tempo considerado um homem de sabedoria. Estive em todos os templos da minha pátria e aprendi o máximo que era possível aprender na época. E vi o que há de néscio nas religiões.

BRADLEY – A decomposição do corpo sobrevém no fim da vida na terra. Supomos que a alma, ou o espírito, continua a viver em outra esfera. Pergunto: é admissível que chegue momento em que o espírito morre ou passe a outra forma de existência?

JOHANNES Diz você que depois da morte física o espírito parece continuar vivendo. E quer saber o que acontece depois. Vou explicar à sua mente limitada o que se dá no ilimitado, no infinito. Quem nasce forma-se de três partes. Uma é o corpo. Na realidade o corpo não passa de um manto que rodeia e protege a parte preciosa. que é a personalidade. A segunda parte é a que rodeia e cobre o espírito – o que os homens chamam alma, ou instinto, o que constitui algo à parte. Esta alma, como a chamais, é inteiramente intelectual e, num sentido, limitada, porque é governada pela razão. Quando na morte largais o vosso manto material penetrais num mundo com a alma encerrada no seu envoltório. O período em que a alma se conserva dentro desse envoltório é longo, muito mais longo que o da vida terrena. E durante esse período dão-se muitas experiências na passagem de uma esfera para outra, de um plano para outro. Ora bem, as esferas são lugares, como vocês na terra os concebem. Nesses lugares ficam as almas que ainda estão aprendendo o que é preciso saber, e os planos são planos intelectuais. À medida que a alma aprende, passa de um plano para outro. Em dado ponto do desenvolvimento chega ao estágio a que cheguei. É possível então rever a obra feita e o caminho percorrido. Antes disso as diferentes etapas permanecem separadas e delas só há uma recordação fragmentaria. Depois desta última etapa em que ainda conservamos a alma e a mente, vem a segunda morte, que e quando o espírito se desprende da alma e fica mera intuição. É um repouso, uma paz que não pode comparar-se a nada do que imaginais na terra.

BRADLEY – A exposição está magnifica. Diga-me agora: como julga a quem tira a vida de outra criatura, seja por vingança pessoal, seja nas matanças coletivas das guerras?

JOHANNES – O ponto é muito importante. Atenção. Tenho que começar explicando que não falo do bem ou do mal. Falo de sabedoria e insensatez, e, portanto, procure interpretar-me corretamente. Contrai uma grande responsabilidade o homem que corta o fio de uma vida em vez de deixá-la atingir naturalmente o seu fim. Isso constitui a maior insensatez e o mais severo castigo recai sob quem corta o fio de sua própria vida. É como se alguém devorasse o próprio corpo, caso, entretanto, que não pode dar-se. O ato que corta o fio dá vida provém do corpo. É uma vingança do corpo contra a alma. Corresponde a lançar a alma nas trevas e a criar um longo período em que o desenvolvimento se torna impossível. Compreende agora por que o suicídio é tão condenável? Menos insensato será matar o próximo do que a si mesmo, porque o assassinato é vingança de corpo contra corpo, enquanto o suicídio é vingança do corpo contra o espírito.

Pergunta-me você sobre a matança em massa, promovida em nome de uma causa. Inútil dizer que isto é duplamente criminoso. O que é o indivíduo para a multidão, é a guerra para o assassino. Não se trata de vingança, mas do desejo de destruir que vem diretamente da carne e esmaga o espírito. E assim como o suicídio é mais insensato que o assassino, assim também a guerra civil é mais insensata que as outras. Suponho que já ponderou nisto. A guerra civil produz mais misérias imediatas do que qualquer outra forma de luta. Aqui no além também há lutas, mas são lutas que não podem destruir; só podem ferir, porque o nosso manto de alma, que reveste o espírito, está tão mais protegido que o vosso manto de corpo na terra, que não é provável que no-lo arranquem antes do tempo, como arrancam o corpo na terra.

Tratarei agora das ideias humanas sobre a justiça. Justiça é palavra mal-empregada. A lei que condena um homem a perder a vida só é perigosa para os que a aplicam. Não me refiro aos que são pagos para administrar a lei, mas aos que estão de acordo em que se mate. Matar é um crime, e os tão cegos e errados que creem livrar o mundo de uma peste, verificarão que o remorso se torna castigo pior que o que infligiram. Por que há de ser um homem condenado por muitos? Existem na terra homens de completa brutalidade, mas temos de considerar que são criaturas de desenvolvimento mental interrompido. Tendes de refletir que a terra é o laboratório onde se fabricam coisas classificadas de boas ou más. Alguns seres não têm probabilidades de viver porque são defeituosos. Isto significa, aqui no além, que o seu progresso será lento depois da morte; mas se na sua insensatez o homem corta o fio dessa vida e com uma grande ferida aberta arroja tal alma para aqui, o progresso dessa alma ficará paralisado por longo período de tempo. E quando vierdes para aqui e compreenderdes a estupidez cometida, sofrereis intensamente por haverdes condenado uma criatura a tão grande interregno na sua evolução espiritual. O homicida pagará de qualquer modo o seu crime. O que os homens têm a fazer é apenas impedir que ele repita o ato de loucura.

BRADLEY – Quero agora propor uma questão sugerida por um companheiro de estudos. Reencarnam-se na terra os seres humanos? E, sendo assim, há um momento na vida de um homem em que lhe acuda ao espírito, consciente ou inconscientemente, de forma definida, a possibilidade de suas anteriores reencarnações?

JOHANNES – Certamente sabeis que não voltareis à terra e nela nunca estivestes antes, mas vossos amigos e entes amados são velhos conhecimentos dos quais não vos separareis no além.[112] Tendes estado em muitos lugares, alguns muito mais interessantes do que o em que agora estais, e ireis

[112] Sobre essa incongruência com o ensino da reencarnação pelo espiritismo, comum nos países de língua inglesa à época, veja-se o que Allan Kardec escreveu na Revista Espírita, em maio de 1864: "De todos os princípios da doutrina o que encontrou mais oposição nos Estados Unidos, é o da reencarnação. Pode mesmo dizer-se que é a única divergência capital, pois as outras dizem mais com a forma do que com o fundo e isto porque os espíritos ainda não a ensinaram. Explicamos as razões disto. Os espíritos procedem em toda parte com sabedoria e prudência; para se fazerem aceitar, evitam chocar muito bruscamente as ideias recebidas. Nos Estados Unidos o dogma da reencarnação teria vindo chocar-se contra os preconceitos de cor, tão profundamente arraigados no país. O essencial era fazer aceitar o princípio fundamental da comunicação do mundo visível com o invisível; as questões de detalhe viriam a seu tempo. Se a ideia da reencarnação ainda não é aceita nos Estados Unidos de maneira mais geral, ela o é individualmente por alguns (...)o que já é alguma coisa". Na Inglaterra, o preconceito era o da aristocracia em face da possibilidade de reencarnar plebeu e pobre; o efeito era o mesmo. (Nota do Editor).

para muitos outros. Por que desejaríeis voltar? Os lugares já frequentados tornam-se velhos e difusos e o anseio para lugares novos é sempre vivo. Há o desejo de mundos novos. Daqui passareis para outra estrela, a uma das estrelas azuis mais jovens que o mundo em que vos achais. Se um de vós fez de sua vida algo miserável, passará a uma estrela mais velha, voltará para trás, e a vida lhe será menos vívida, mais comatosa. Tudo está em vossas mãos. Não existe o fato inexorável; tudo podereis fazer se tendes o desejo forte de o fazer; e se vosso desejo se dirige ao mental e não ao físico, fica-vos assegurada a passagem para plano mais vivido e jovem. Mas nunca há volta à velha terra. A passagem por ela é uma só, duma vez para sempre.[113] Mas num certo sentido existe reencarnação. É possível retornar a um corpo ainda mais material, se a criatura tiver bastante insensatez para tanto.[114]

❄ ❄ ❄

Terminou aqui a sessão. Foi-nos agradável conhecer a personalidade de Johannes na terra e cada vez mais me sinto atraído pela sua mentalidade. Além dos problemas humanos ele nos dá a teoria de uma segunda morte, a da alma. Aqui na terra dependemos do corpo físico, e depois de séculos de experiência em outras esferas abandonamos o manto da alma para converter-nos em puros espíritos – etapa a que Johannes ainda não chegou. Inútil que nos esforcemos por compreender isto. A única ideia que podemos formar é de que seja um estado de fusão com a divindade.

Diz Johannes que o suicídio é considerado o pior dos crimes, ponto em que estou de acordo. Vingança do corpo sobre a alma, sim. Desejo do olvido eterno, mas o olvido que daí sobrevém é o horror do olvido consciente sem a força espiritual que leva a esforços para o desenvolvimento. Nascemos com a vontade livre. Dentro de nós há a chispa divina que podemos converter em eterno fulgor. Nossa permanência nesta vida não tem importância, como não tem importância o progresso

[113] Ver nota anterior.
[114] Estas ideias de Johannes parecem embrulhadas, mas um estudo cuidadoso as esclarece.

material. O que tem importância é o modo de desenvolver a alma e o espírito.

Analisando os graus de criminalidade da matança entre os homens, Johannes declara que a guerra é em dobro mais criminosa que o assassinato. Isto corresponde às ideias que intrepidamente expus em 1916 e 1917 ao tratar da guerra, quando os covardes organizadores da matança recearam mandar-me à prisão, vendo em mim um lutador de maior força de propósitos que eles.

Os pigmeus do poder político deviam reunir os resíduos da sua inteligência e meditar um instante. Podem continuar com o seu miserável jogo de organizar chacinas enquanto se escondem na segurança de suas salas de conselhos. Mas se lhes for possível perceber que a vida é uma eternidade de que não há escapatória, lembrem-se que se hão condenado a séculos de trevas no além.

A herança do homem é a chama divina. Se esta herança é prodigamente dissipada numa bacanal de crueldade durante o breve espaço de tempo de nossa vida na terra, uma inevitável justiça decretará, como pena para este crime, imensos períodos de pobreza espiritual e esforço penoso, até que o patrimônio perdido seja restaurado.

A guerra é em dobro mais criminosa que o assassínio.

Johannes trata da justiça humana e diz que é um crime a condenação de um homem de acordo com as nossas leis.

Os homens revelam as mais arrogantes presunções. Em sua ignorância consideram a vida apenas do lado físico e arrogam-se o direito de dela dispor, autorizados por leis que eles mesmos fizeram.

Mas homem nenhum tem o direito de ordenar o corte do fio de uma vida que não é sua.

A pena de morte precisa ser abolida. Para defesa contra o homicida basta restringir a sua liberdade de ação. Ele poderá, na reclusão, compreender o seu crime e regenerar-se de alma.

Ternos que conservar sempre a vista um ponto: existe no homicídio uma causa pessoal, mas na guerra não. A guerra é a matança organizada. O homem oculta-se numa trincheira e de lá arroja granadas contra homens desconhecidos; ou de um avião lança bombas sobre aglomerações de seres humanos contra os quais não tem nenhuma queixa pessoal. Pode assim destruir seres que seriam seus amigos, se os encontrasse na vida. Haverá lógica, sentido, justiça, ou algo que não seja pura bestialidade, num sistema destes? Será possível que nos vangloriemos de alta civilização e permitamos a vigência de uma tão bestial filosofia?

Para podermos sonhar com o progresso temos de destruir este sistema. Não há maior insulto à inteligência humana do que ver o crime da guerra aclamado, propiciado, alentado, não só pelos corruptos governos do mundo, como pelas igrejas que prostituem os códigos elementares e por malignidade vilipendiam o grande Deus que exaltam. Aos olhos dessas igrejas o Deus delas tem mais maldade que a encontrada no mais mau dos homens.

V - As artes nas outras esferas

Sobre a dor como provação necessária – O artista e o guerreiro – Jesus, o amor – Confirmação filosófica – Nascimento e morte – A arte e a sobrevivência – Os três ramos do amor

A conversa com Johannes continuou caracterizada pela rapidez da fluência.

BRADLEY – Quer explicar-nos por que se julga necessário que nós na terra soframos dores mentais e físicas?

JOHANNES – A dor faz parte da experiência. É fácil compreender que a vida na terra e no além seja necessária à experiência. Não há beleza sem contrastes. Luz e trevas! Alegria e dor! Consigo mesmo você percebe que não teria gozado as delícias do êxtase se não tivesse passado pela experiência da dor, sobretudo a dor mental, que para a alma é muito mais perigosa que a dor física. A dor é necessária para a conquista dos progressos que temos aqui. E também aqui experimentamos alegria e dor, embora com significação diferente. Dor e alegria: dois dons dos mais altos, que muitas criaturas na terra não alcançam. Quem não gozou o êxtase perfeito e não sofreu a dor mais profunda, não tem ideia real do colorido sistema do Universo. Se a alguém na terra fosse negado o sofrimento, esse alguém entraria aqui como o ser humano entra na vida – sem vista e sem ouvidos. E não perceberia os mais preciosos sons do universo. Supõe você que quem abandona o corpo e passa-se para aqui está liberto da dor? Não! Sentirá a dor ainda, mas de modo diferente, não mais a dor física ou o desespero mental que os da terra conhecem. Não dor corpórea, pois que já não terá corpo, mas o espírito poderá ser ferido e a dor será mais pungente.

BRADLEY – Qual o caráter terreno mais desenvolvido: o do guerreiro ou o do homem que ama intensamente?

JOHANNES – Pela palavra guerreiro designa você o homem disposto a lutar por qualquer causa que defenda?

BRADLEY – Sim.

JOHANNES – A guerra é manifestação da eterna estupidez da força bruta e, portanto, o guerreiro não tem o valor do artista, porque o artista é uma criação do amor. Pode ficar certo disto, e aqui do meu lado nem compreendo que me seja proposta uma tal questão. O artista é o verdadeiro filho de Deus. É a criatura mais bem dotada de espírito divino. Jesus, o vosso divino profeta, foi o maior dos amantes e dos artistas. Jesus entreteceu de música, poesia e cor a sua concepção da vida; e quem lhe penetra os ensinamentos apreende com que extensão ele compreendia o amor e o artista. Já não posso dizer o mesmo do guerreiro, porque no além esse tipo de homem não é exaltado como na terra. É o homem que perdeu o melhor, que não conseguiu chegar ao essencial e só viu o que para o homem que ama é secundário. Estou seguro, meu caro, de que você não é tão néscio que ponha em plano de comparação esses dois tipos. Porque você pertence ao tipo do homem de amor, não ao de guerra. Inútil propor-me questões de respostas tão óbvias. Quando me pergunta coisas assim eu sinto que me supõe um ser humanamente vulgar. Ninguém na terra ignora que o homem de amor ocupa o primeiro plano no céu, como dizem vocês. E mesmo na terra é o que ocupa os planos mais altos. Quero dizer que seus pensamentos movem-se numa atmosfera diferente. Não pode haver real camaradagem entre os que não são verdadeiramente irmãos.

BRADLEY – Obrigado, Johannes, pela sua confirmação filosófica. Posso agora perguntar como é a vida nas outras esferas? Vivem os espíritos em casas? andam pela terra?

JOHANNES – Bem. Começa a perguntar-me coisas sobre que posso instruí-lo. Não me é fácil falar deste assunto para pessoas dotadas apenas da imaginação existente na terra.

Creio que me compreende. Mas antes é preciso que saiba qual é o processo da morte. Já expliquei que ao abandonar o corpo ficamos divididos em duas partes, mente e espírito. A morte é, pois, um nascimento. Depois de abandonada a parte material, que é o corpo, entramos num período de descanso. Um guia nos leva a um lugar que nos parece escuro e quente, onde permanecemos em estado de passividade até que possamos compreender e suportar as novas condições em que nos achamos. Depois disto passamos algum tempo numa das esferas inferiores, em que nos vamos acostumando a viver sem o corpo. Já não temos necessidade de alimento físico, mas necessitamos de abrigo e cuidados – e lá encontramos abrigo e cuidados. Sei o que você quer que eu descreva. Primeiro, se há cidades como as que existem na terra. Não posso dizer que as haja. Em nosso plano não existe a vida em aglomerações como no mundo; isso torna-se impossível em nossa atmosfera, e, no entanto, vivemos em comunidades muito mais íntimas do que as de vocês. Aqui vemos o espírito dos outros, o que nos facilita o ajudar-nos mutuamente. Mas não tome em sentido errado o que quero dizer. O fim último é realizar-nos a nós mesmos, não ajudar aos outro. Tenha isto em mente: a completação, o aprimoramento do nosso espírito é a mira suprema. Muito ouço por aqui a palavra "ajudar". Ajudamo-nos, sim, uns aos outros, mas a razão fundamental dessa atitude está no benefício que a mutualidade nos traz. Esta é a raiz da lei que nos governa.

BRADLEY – Suas palavras parecem-me da mais alta filosofia. E as artes? São cultivadas nas outras esferas? Artes como a do pintor ou do escritor? Aparecem aí novas obras de literatura?

JOHANNES – A boa pergunta seria se os homens na terra podem ter uma concepção do que é a arte aqui. Em nossa esfera todos nós amantes estão em obra e revelam faculdades que os homens não possuem. Alcançam níveis que na terra seriam impossíveis. Falam vocês de artes; nós falamos da arte. Entre uma mente e outra existe uma estreita ligação, de modo que a arte é uma. Consiste na fusão de todas as mentes. Há, entretanto, uma forma de arte que se aproxima do espírito mais do que as outras, e até no pequeno mundinho da terra realiza o que as outras não conseguem. Refiro-me à música, ou ao som, se prefere. Na terra a música não pode ser expressada com palavras ou cor, porque uma grande extensão é espírito. É a glória do movimento, do crescimento. Cada som do Universo combina-se com outros e forma harmonias ou discordâncias. E aqui, onde as mentes são mais delicadas, a música atinge um ponto que ninguém na terra pode conceber.

Quero explicar a relação entre as artes. Cor e som são íntimos aliados. Cada som tem seu acompanhamento de cores e tons. São as diferentes expressões do movimento. Há a representação pictorial do espírito. Estou generalizando porque quero dar ideia do lugar que o escritor ocupa aqui. O escritor tem dois fins, um duplo objetivo. Sua tarefa é dar expressão ao espírito por meio de ideias alheias. São por assim dizer, médiuns, com capacidade de receber e expedir ideias da mentalidade coletiva, e têm grande responsabilidade, porque não é instintivamente que adquirem força, sim tomando-a de outras mentes. Recebem essa força e encarregam-se de aclarar as ideias. Sua obra lhes é uma função natural, como no organismo humano a assimilação dos alimentos; trabalham porque isso é função do seu ser e isso os mantém vivos como mentalidade. Compreende?

Quero que perceba a relação aqui no além destes três ramos do amor. Amor pelo movimento do Universo; amor pelas expressões deste movimento – uniformidade e cor; e assimilação e nova apresentação não só de ideias de outras mentes como também da significação dos ramos intuitivos da arte.

BRADLEY – Diga-me das funções do escultor e do pintor nessa esfera.

JOHANNES – Exprimem a ideia plástica. Quero dizer que põem em forma concreta os sentimentos que a intuição evoca, com um uso muito sutil da forma e da cor. Aqui no além forma e cor exprimem muito mais do que na terra. Não fazemos quadros de paisagens e pessoas. Pintamos pensamentos, ideias, pulsações, e podemos dar forma à beleza e ao horror, coisa impossível aos homens. Aqui do nosso lado não é preciso nenhum esforço para pintar ou dar forma ao pensamento. Na terra o homem necessita esforçar-se para formar pensamentos porque o mistério do processo está oculto ao homem; quando vierdes para aqui tereis a revelação desse processo, para vossa alegria e espanto.

❄ ❄ ❄

Seduziu-me a esplêndida filosofia de Johannes sobre a dor e o prazer. Só a insensatez desejaria cultivar o negativismo da felicidade terrena. Repousar em paz seria um aterrador esquecimento.

Se pedi a Johannes o paralelo entre o homem de amor e o homem de guerra foi apenas como desafio à estupidez dos valores humanos. O chamado grande guerreiro não passa dum ser estúpido que se rebolca no lodo da terra. Sua mentalidade é nauseante. Os artistas raros perdem tempo em rastrear-lhe a baixa inteligência. Consideramo-los como javalis que o cheiro do próprio esterco excita. Não podemos ter tais homens como nossos irmãos, sim como animais que vomitam perpetuamente as imundices que consomem.

O intelecto do guerreiro nem sequer possui a irritação estimulante do piolho; é o estercorário a revolver-se na sua podridão.

Dar um alto valor a tal tipo de homem é absurdo. Seria o mesmo que comparar a obra do pedreiro tradeunionista ao grande Arquiteto do Universo.

Quando descreve as condições da vida no além, Johannes desdobra diante de nós outra grande filosofia. Essa filosofia justifica a essência do espírito de todos os artistas: a suprema realização de si próprios.

VI - Destruição da religião de cristo

Opinião de Johannes sobre Cristo – como artista, amante e filósofo – Sabia resposta sobre a restrição da natalidade – Cremação – Cólera do autor contra a igreja

30 de outubro

Esta sessão realizou-se na noite da reprise, no teatro Haymarket, da peça de Oscar Wilde, *The Importance of Being Earnest*, Depois de convidar Mrs. Travers para assistir à representação a empresa lhe pediu que obtivesse a opinião do espírito de Wilde sobre a mesma. Esse juízo crítico de Wilde comunicado a Mrs. Travers constitui a coisa mais divertida do mundo – e a mais desconcertante. Foi publicada em vários jornais. Nessa sessão estiveram presentes minha esposa e o escultor Charles Sykes com a mulher, que se ocuparam em observar os métodos da comunicação.

Mrs. Travers e eu funcionamos como receptores e os demais como espectadores.

Cumpre notar que nunca reina nenhuma atmosfera de pesada seriedade quando Mrs. Travers e eu realizamos sessões. Fumamos os dois e rimo-nos, e conversamos sobre mil coisas. Estávamos assim nessa noite, quando Mrs. Travers estremeceu e Johannes começou.

JOHANNES – Por que estou aqui? Tenho a sensação de um recinto cheio de gente. Vejo várias pessoas que se apinham e nos miram. Todas me despertam curiosidade. Vestem-se de maneira invulgar. Terão vindo para divertir-se? São todas sombras, mas parecem-me criadas pelo cérebro de alguém. Sei perfeitamente que não passam de fantasmas que querem, infelizes, converter-se em realidades. Eu gostaria imenso que parassem de mirar-me.

BRADLEY – Tenho duas ou três questões a propor, Johannes. Aqui na terra aceitamos Cristo e suas ideias de amor, mas nas chamadas religiões cristãs os princípios de Cristo nunca são praticados; e se o fossem, seria matéria de motejo. Diga-me, como é Cristo considerado nessas esferas? Aceitam-no como o Filho de Deus, ou no sentido de filho de Deus como todos nós o somos?

JOHANNES – Vou falar de Cristo como o vemos daqui. Direi o que dele penso. Cristo é filho de Deus, como todos nós o somos. Mas possui mais espírito do que vós. Um grande pensador; também um profeta; mas suas ideias não são as que usais na terra, porque suas ideias não puderam perfurar a grossa casca dos interesses egoísticos do mundo. Aqui não há desses interesses. Isso é coisa que se esvai quando perdeis o envoltório do corpo. Mas Cristo aqui é uma influência, uma grande influência – e em certo sentido realizou a sua obra no mundo. Explicar-me-ei. Sua luz chegou, como a luz de uma estrela chega à terra. A princípio a sua influência aumentou o caos do mundo, em vez de auxiliar o mundo a alcançar a paz que ele pregava. Mas gradualmente a mudança que ele pregava abriu caminho e deixou marcas. Compreende o que quero dizer? Isto deu resultado, e agora inicia-se uma nova era em que o homem pode agir sem o ideal impossível que por tanto tempo lhe serviu de guia nas trevas. Cristo é olhado aqui como o maior dos profetas. Não como um Deus a ser adorado, mas como um artista – um homem de amor, bem como um filósofo porque a sua filosofia do amor e do sacrifício, embora velha como o mundo, trouxe novas belezas. Mas muito depressa – logo depois que Cristo produziu a sua última impressão psíquica sobre o mundo – uns homens tudo mudaram completamente. Isto adveio dos homens, não dos ensinamentos de Cristo, porque os ensinamentos de Cristo provinham desses súbitos clarões que de quando em quando iluminam o mundo. Estes clarões de luz lançam raios brilhantes, mas deixam após si sombras mais densas. Aqui no além Cristo é ainda uma unidade, uma influência singular. Resplandece como resplandeceu no mundo, e lança luz sobre os seus problemas particulares. Não sobre o problema universal, já que somente a grande multidão de sábios, poetas, artistas e amantes pode tratar deste problema cósmico.

BRADLEY – Dando como assente que a criação dos seres humanos forma parte do sistema universal, como julgam as inteligências do além o problema da restrição da natalidade?

JOHANNES – Pensamento estimulante. Interessa-me a questão porque é para vocês um problema insolúvel. Aqui para nós parecem-nos pueris os esforços para controlar o nascimento de novas criaturas. Como controlar o vento ou o mar? O nascimento é uma força maior que o vento ou o mar; podeis brincar com o problema, mas as leis naturais vos esmagarão como esmagais um escaravelho. Tanto faz pretender controlar o nascimento como controlar as estrelas. Os átomos que pensais destruir voltam para cá para serem reenviados de novo afim de que deem todo o seu rendimento. Não vos iludais com isto. O Universo é um vasto campo evolutivo em que nada foge ou erra o seu objetivo.

BRADLEY – E sobre a cremação, que nos diz? Para mim isto não representa nenhum problema, já que pouco me importa o que suceda ao corpo depois que o espírito o abandona. Pergunto-o em atenção aos que pensam de modo diverso.

JOHANNES – Faço-lhe saber, meu filho, que você tem o hábito de tirar conclusões muitas vezes bem prematuras. Em certo sentido equivoca-se quanto a cremação dos cadáveres. Aos meus olhos é um crime conservar o envoltório[115] que reveste a alma e o espírito, mas por outro lado você não tem razão em crer que a súbita destruição do corpo pelo fogo não seja prejudicial. Em parte, o é. Porque, como sabe, existe um frágil envoltório que rodeia a alma, o qual se dissipa pouco depois da morte[116]. Algo parecido com uma membrana e que adquire grande sensibilidade dentro de uma semana depois da

[115] Alusão aos egípcios, conservadores de cadáveres.
[116] Refere-se aqui ao duplo etérico, que à época ainda não estava devidamente compreendido nem assim nomeado (Nota do editor).

morte. Se se destrói de modo completo o corpo, esta membrana, que de certo modo ainda está ligada ao corpo, sofre grave dano, e seu sofrimento transmite-se à parte desencarnada. Assim, portanto, não deveis sorrir dos chamados néscios que não creem que o corpo inteiramente se separe do resto depois da morte. Antes que a alma e o espírito deixem as trevas para onde vão logo que deixam o corpo, essa membrana se dissipa – mas não imediatamente.

Neste ponto da comunicação alguém o interrompeu com uma pergunta: "Corpo astral?"'

JOHANNES – Não. Tolice. Não se trata de um corpo. É algo perecível, meio corporal, meio mental, uma coisa que se dissipa depois da morte mas que os clarividentes podem ver a rodear a alma.

Aqui Mr. Sykes pediu-me que propusesse uma pergunta sobre religião e governo, o que fiz da seguinte maneira:

BRADLEY – É a religião realmente necessária ao desenvolvimento de uma alta civilização ou simples astúcia das classes dirigentes a fim de assegurar a obediência do povo?

JOHANNES – Você poderá responder a isto você mesmo, se refletir um momento. Com as humanas limitações, por mais alto que tenha a cabeça nenhuma criatura existe sem religião. Religião é apenas um anseio por amor e proteção, coisa totalmente instintiva e de nenhum modo ajeitada pelos governos a fim de assegurar obediência a leis insensatas. Mas a religião foi convertida em maquina pelos que queriam fazer dela um instrumento. Não obstante, o anseio está sempre no amago da criatura humana – o anseio de amor e proteção. O uso da religião como instrumento é caso diverso. Creio que é disto que você quer falar – do emprego pervertido da religião. Religião nenhuma foi tão profundamente arruinada como a que o nosso profeta ensinou. Todo o seu valor moral se esvaiu e hoje não passa de mero instrumento a serviço dos propósitos do Estado. Assim, pois, a religião perdeu a sua essência e a criatura humana continua a clamar por amor e proteção e por uma nova forma de fé. Isso está vindo. Está vindo pela compreensão da pequenez do mundo como vós o vedes. É a grande religião da humildade.

* * *

Aqui terminou a comunicação. Mr. Sykes, que é um agudo observador intelectual, opinou que considerava "fenomenal" a rapidez e fluência da mensagem transmitida.

Johannes referiu-se no começo ao número de fantasmas apinhados em redor de nós. Como fossem entes infelizes, suponho que nenhum de nós foi responsável por sua presença. Todos nós nos sentíamos perfeitamente felizes, embora a felicidade seja coisa muito relativa.

As ideias de Johannes sobre a restrição da natalidade foram definidas. Somos, todos nós, pensa ele, fogos-fátuos do grande sistema universal, e nos iludimos supondo-nos com forças para mudar qualquer coisa. Um átomo que existe não pode ser destruído.

É uma teoria que pede estudo profundo, se admitimos que a alma e o espírito – o pensamento e as ideias – representam a criação. Neste caso é logico supor que se nossas ideias individuais se opõem à multiplicação da nossa própria progenie, a procriação se anula, porque a nossa ideia é conscientemente estéril. É uma atitude mental. Se introduzimos um elemento material que não seja espírito, a restrição da natalidade peca por falsa. Impossível controlar o que não existe.

Dando ao argumento uma aplicação pessoal, direi que se só tenho dois filhos, minha imaginação, que representa a parte que tomo no grande todo, estende-se somente a dois seres e não posso imaginar-me na posse de três; consequentemente, a consciência que disto tenho é reforçada por coisas materiais.

Quando Johannes foi consultado sobre Cristo teve altas ideias ao considerá-lo artista, filósofo e homem de amor. Seus ensinamentos realizaram um grande objetivo: comover as almas num trevoso período do mundo – e sua filosofia até hoje perdura incolume.

É tanta, porém a força do materialismo humano que, como diz o espírito de Johannes, "nenhuma religião foi tão grandemente arruinada como a de Cristo".

Os fundamentos, das lições de Cristo foram postos de

lado. Seus princípios foram deformados a ponto de se tornarem irreconhecíveis; sua filosofia foi infamemente adaptada às conveniências da Igreja e do Estado. Sua religião do amor foi retorcida, desnaturada, prostituída pela hipocrisia que corrói a infligência. De tal ordem se transformou em máquina que já nem serve de alavanca para a Igreja ou o Estado.

Como se atrevem as igrejas a proclamar que obram em nome de Cristo, depois da repugnante covardia e abandono dos princípios cristãos durante a sangueira da Grande Guerra? Manifestou-se a Igreja em contrário? Não aprovou com palavras e atos a repugnante carnificina? As Igrejas perderam a sua razão de existir. Puseram a mostra o seu materialismo. Os soldados nas trincheiras só para imprecações usavam o nome de Cristo.

E depois de findo o cataclismo, a decadência da Igreja persistiu. Por isso o homem, desprezando a Igreja, mas prezando a filosofia do amor de Cristo e esforçando-se por compreender o incompreensível deus do Universo, comunga com a sua própria alma na solidão.

VII - Agilidade da inteligência desencarnada

A teoria telepática – Johannes faz o que pode para responder a uma pergunta "verdadeiramente estúpida" O enigma da criação – Espectros – O espírito de Astor – Opinião dum espírito sobre Poincaré

2 de novembro, 1923

A espaços, neste livro, tenho aniquilado a teoria telepática ou do subconsciente, com que os céticos procuram explicar os fenômenos psíquicos. O argumento telepático, entretanto, não é absurdo em muitas formas da escrita automática, e embora, a meu ver, este método de comunicação conduza a grandes progressos do pensamento, é difícil estabelecer a sua autenticidade.

A título de experiência escrevi a três dos mais eminentes intelectuais da Inglaterra e sem dizer-lhes que estava cuidando de investigações psíquicas pedi a cada um a formulação duma pergunta sobre um problema do Universo ainda sem solução.

O que eu realmente desejava era conseguir que me fizessem perguntas sobre assuntos de que eu nada entendesse, de modo que nenhuma resposta pudesse ser acoimada de telepática.

Os três intelectuais a que me dirigi eram de reputação mundial – um dramaturgo, um professor e um publicista.

E das perguntas formuladas, duas eram de tal natureza que eu jamais teria tentado dar-lhes resposta.

Na manhã ele 2 de novembro reuni-me a Mrs. Travers para a experiência.

BRADLEY – Johannes, vou apresentar três perguntas, formuladas, por três pessoas. A primeira é a seguinte: "Todos temos consciência dos princípios de unidade e variação, ou de universalidade e individualidade, que agem em conjunto na natureza. Onde está o ponto de interação ou o lugar de reunião destes dois opostos?"

JOHANNES – Vou falar do nosso ponto de vista. Universalidade do pensamento é a nossa norma de desenvolvimento. Nós podemos penetrar no pensamento de todas as vossas idades e utilizar essa consciência, como a chamais, para o desenvolvimento da alma, mas compreendemos que o desenvolver-se da alma individual é o objeto da vida no vosso mundo e no nosso. Vossos pensamentos enublam-se em vossa limitada esfera, mas debaixo de tudo está o conhecimento de que o importante é a alma como unidade. Todos os vossos pensamentos tendem a um objeto. Aqui, como já disse, vivemos de modo mais comunal do que na terra. Sobretudo porque isto nos oferece mais campo para a permuta de pensamentos. Aí na terra vós vos perguntais: "Onde se põem em contato os dois pontos?" E eu respondo que isso ocorre, tanto quanto possível, em vossa nevoenta intuição; princípios mais claros começareis a desenvolver quando o espírito libertar-se do corpo. Nós aqui compreendemos melhormente o pensamento individual porque podemos ver na mente uns dos outros. Na terra é diferente. Há confusão e incompreensão, mas subjacente a tudo existe a ideia subconsciente de que a alma como unidade está se desenvolvendo através dos demais. Asseguro-vos que ainda neste momento estais recebendo luz e força mental até dos antigos povos imundos que preservavam os cadáveres dos mortos. Eles tinham o conhecimento do bem e do mal formulado de modo muito mais definido do que vós. Estais recolhendo o benefício de pensamentos criados no transcurso de incontáveis anos: os pensamentos da Grécia e de todas as nações. Nesta matéria desejo ser claro. Sou, como sabeis, judeu, mas reconheço que o que haveis recebido dos gregos é mais importante para o vosso desenvolvimento do que o recebido de qualquer outro povo.

Neste ponto tive de fazer pausa porque minha mão era impotente para seguir o fluxo das palavras de Johannes.

JOHANNES – Tem algo mais a perguntar?

BRADLEY – Permita-me que faça outra pergunta. Trata-se de uma questão que não é minha e nem sei como formulá-la. Um dos três a quem escrevi declara em carta que não se preocupa com a imortalidade e com Deus, visto que considera a ambos como improbabilidades. O problema que o interessa é este: "É o mundo qual um relógio em movimento que um dia parará em virtude da equidivisão da energia?

JOHANNES – Pergunta verdadeiramente estupida! Só pode vir de uma inteligência muito estreita. Essa criatura tem muito intelecto. Está a tal ponto tomada pelo intelecto que nela o espírito deve sentir-se abafado. Se eu discorresse sobre o assunto teria matéria para toda uma obra, mas como fui apresentado sob forma de pergunta, tenho de responder de um modo muito geral. Sem dúvida que houve um começo, mas nem sequer nós, os guias que chegamos a polarizar a memória coletiva, apreendemos ainda a grande causa primária.Lá chegaremos um dia, quando nos tornarmos mais intuitivos. Quanto à comparação do relógio, devo dizer que o Universo é uma roda em perpétuo movimento, sempre em mudança. Revolve-se e à medida que realiza esse perpétuo movimento extinguem-se sois e luas e de suas cinzas surgem novas estrelas e planetas. Um movimento perpétuo da massa criadora. Nenhum átomo se perde por mínimo que seja. Esta é lei. Aí na vossa esfera não tendes ideia da economia do Universo. Falo deste modo porque, como já disse, não tenho consciência da causa primeira, mas gostaria de lançar um pouco de luz no cérebro de quem me endereçou a pergunta. É difícil compreender que depois de tantos milênios haja na terra almas que usam seus poderes intelectuais para bloquear a intuição. Não quero dizer nada de desagradável sobre esse homem. Talvez esteja procurando descobrir a verdade.

BRADLEY – A terceira pergunta não interessa de nenhum modo a mim. "Se é verdade que há espectros, o que pressupõe um sentido para uma quarta dimensão – coisa até hoje inconcebível – por que motivo tanto ouvimos falar de casas assombrada, etc. e na Torre de Londres, o lugar por excelência dos fantasmas históricos, torre intacta desde o tempo dos normandos, esses fenômenos não são vistos ou estudados? Se há espectros, ali devem eles refugiar-se."

JOHANNES – Devo explicar o que significam espectros. É um fantasma do vosso próprio cérebro, por assim dizer. Não é espírito; nem tão pouco matéria. É uma parte da vida mental que deixa um rastro atrás de si, só perceptível pelos que têm muito desenvolvida a faculdade da intuição. Não vos iludais imaginando que o espectro que poderíeis ver na torre seja a mesma forma susceptível de aparecer depois da morte ou ao tempo da morte. Quando ocorre a desintegração que segue a morte dá-se uma mistura de condições. Essas formas são em parte intelectuais, em parte espirituais e materiais. Mas o fantasma que assombra uma casa é outra coisa. É o produto de alguma ideia ou pensamento. É a criação de uma ideia, que geralmente vaga apegada a certos sítios. A razão disto está justamente na extrema vitalidade da ideia. Uma prisão ou um hospício não constituem os lugares mais próprios para campo dos fantasmas, porque dali a vitalidade e a esperança se esvaíram. Muito mais provável que um assassino ronde o lugar onde sua vítima foi morta do que o lugar onde a vossa insensata justiça o "justiçou".

MRS. TRAVERS SMITH – Nesse caso, então, por que a rainha Maria Stuart ronda o palácio de Holywood?

JOHANNES – Maria Stuart não esteve lá como simples prisioneira. Seus pensamentos eram fortes e violentos. Nesse lugar podereis encontrar o amor, ao passo que numa prisão comum o amor fenece e morre, porque não encontra o seu alimento, que é a ternura. O ódio junta-se ao ódio e perece. Não pode subsistir em ambientes confinados; necessita o fogo e o êxtase do mal como ajuda para o seu desenvolvimento. As criaturas do ódio e do amor, os homens de espada e os artistas podem, em estado de emoção, aparecer em certos lugares; mas os que estiveram encarcerados esvaíram-se de suas forças.

* * *

A sessão terminou aqui. O tempo consumido nas respostas às minhas perguntas foi de minutos apenas, tal a rapidez com que Johannes falou – rapidez tamanha que me era difícil na anotação taquigráfica acompanhar-lhe o passo.

Não tenho a mais leve intenção de discutir a lógica e a elevação das respostas recebidas. Isso não me interessa. Mas quero frisar que as perguntas eram embaraçosas e constituíam uma prova difícil.

A hipótese da telepatia não procede no caso, visto como nem eu nem Mrs. Travers tínhamos nenhuma opinião sobre os temas abordados.

Sejam quais forem os seus méritos, as respostas vieram de qualquer parte que não o eu subconsciente, porque graças a Deus eu nunca me preocupei com nenhum desses três problemas.

Imagine-se o estado de espírito de um orador ou escritor defrontado por um problema filosófico ao qual tem de dar resposta imediata, sem permissão de refletir um segundo. O normal seria que esse homem pedisse a repetição da pergunta para que o seu cérebro conseguisse apreendê-la melhormente; e depois, se desse resposta, esta viria em palavras lentas e enfáticas.

* * *

Com o fim de prolongar a experiência combinamos uma segunda prova. Desta vez Mrs. Travers passou a tomar as notas enquanto Miss Cummings atuava como médium receptor. Miss Cummings não estivera presente à primeira sessão com Mrs. Travers e eu. Seu guia é um espírito de nome Astor, grego antigo, de ideias diferentes das de Johannes.

A discordância da filosofia dos dois não vale como argumento pró ou contra a sobrevivência. Em vez de contradição é afirmação. Na vida do além não nos tornamos infalíveis; conservamos a memória, a inteligência e a filosofia que tínhamos na terra e que se vão desenvolvendo com a nossa evolução em outras esferas. Sugerir que todas as inteligências são iguais e pensam a mesma coisa, seria pressupor uma esfera estagnada, privada de emoções. É por esse motivo que lá se conservam e se desenvolvem tanto a filosofia grega como a cristã.

MRS. TRAVERS (fazendo a primeira pergunta) –Todos nós temos consciência dos princípios de unidade e variação ou da universalidade e individualidade que se conjugam no nosso mundo. Onde se encontra o ponto de interação ou o lugar de união desses dois opostos?

ASTOR – Universalidade é um termo frequentemente mal aplicado. É um termo que podia definir-se como o conglomerado de todas as causas primárias. É essencialmente o mistério da vida tal como a representamos, nós, os espíritos e vós, os mortais. Nós aqui podemos apreender o significado da palavra individual, mas não o da palavra universal; eu posso, entretanto, pelo menos para vós, interpretar o seu significado quanto a sua aplicação à experiência de mundos mais amplos que o em que viveis. Para nós aqui o todo há que ser sempre uma combinação de muitas partes. Estas partes mesclam-se e fundem-se a fim de que possamos existir como entidades de mente e espírito. Vós mortais tendes o fator perturbador do envoltório corporal. Para encontrar a universalidade tendes de buscá-la pelo deslocamento de alguma outra partícula, isto, é, de algum outro ser humano. No vosso mundo, ainda o homem justo tem de ferir outro para viver. Fere-o inconscientemente, tomando o que devia ser a sua parte. É o problema do justo e do injusto para o qual o vosso filósofo consultante não encontra solução. Dize-lhe que nunca tente essa impossibilidade. Fazei-o saber que o justo e injusto não podem encontrar-se e mesclar-se sem que deixem de existir. Um destrói o outro. O ponto de reunião desses dois opostos? Não existe; só existe o choque de um contra o outro. Esta é a lição que tendes de aprender na terra. Constitui nosso tormento o fato de que estes opostos não encontrem ponto de reunião; haveis que resignar-vos a isso. É do sofrimento que decorre do atrito contínuo entre esses opostos que tirais a vossa experiência. Sei que Johannes quer que haja uma mescla ou fusão. Só há mescla e fusão de mentes, mas não das paixões que governam os homens. O perpétuo conflito dos desejos condena os homens à luta contínua. Só o desejo os conduz. E como é assim torna-se impossível, nunca, encontrar um real ponto de contato entre o indivíduo e a comunidade. No quanto a matéria pertence à mente, pode haver encontro e fusão, mas em tudo que é material haverá sempre conflito; tal é a lei da vossa natureza. Possuís palavras para designar certas idealistas; vós os chamais socialistas ou comunistas. São indivíduos bem-intencionados que erram num deserto de ignorância em busca desse ponto de encontro do indivíduo e da comunidade, sem se darem conta de que terão de partir o homem ao meio e separar o espírito do corpo, se quiserem realizar o sonho. É possível, no sentido material, que o indivíduo e a comunidade não tenham nenhum ponto ele fusão no mundo. Só no sentido espiritual e fusão será alcançada. O desejo impede a unidade. Podemos descrever o desejo entre os homens como o deus da guerra, causador do eterno conflito.

MRS. TRAVERS (propondo a segunda questão) – É o Universo como um relógio em movimento que parará em virtude da equidivisão da energia?

ASTOR – Que eu admita, não. O Universo está de tal modo ordenado que, como um todo, é eterno; suas inumeráveis partículas morrem e renascem. Todas, e cada uma delas, lhe dão essa segurança eterna. As partículas não podem parar na sua contínua passagem de uma forma para outra, de modo que o mundo não pode morrer. A vossa terra passará; mas outra surgirá com a mesma sucessão de vida em milhões de formas – similares, mas não idênticas. O homem que propôs a pergunta possui limitada imaginação. Esse homem não vê que por meio da mudança contínua nas partes a permanência infinita do todo é alcançada.

Mrs. Travers, finalmente, propõe a terceira questão relativa aos espectros.

ASTOR – A pergunta é pueril. O fantasma não passa da forma do pensamento desprendido pela criatura que morre. É uma coisa real. As pessoas de alta sensibilidade podem assistir à produção dos fantasmas, e neste caso vê como se visse um balão, que se enche de ar e assim toma forma sensível à visão humana. Mas a mente e o espírito da pessoa morta não se encontram nesse balão. Os fantasmas formam-se graças ao pensamento e ao desejo de um médium, quando esse pensamento e esse desejo são suficientemente fortes. Aparecem às vezes espontaneamente, porque uma tremenda emoção, misturada com o terror da mente, dá-lhes os necessários elementos de materialização. A Torre de Londres dizeis que não é lugar frequentado por espectros. Nada mais natural. Era uma prisão, segundo ouço dizer. Um lugar onde o cérebro dos prisioneiros estava embotado pela triste monotonia de sua sorte, já minado pela insensibilidade do desespero. Desespero não constitui elemento capaz de produzir fantasmas.

Abstenho-me de fazer comentarias sobre as respostas recebidas, mas as experiências pareceram-me dignas de relato.

Em nova sessão com Mrs. Travers voltei a ter contato com Johannes para que me desse resposta a outras questões.

BRADLEY – Suponhamos que um homem na terra amou física e mentalmente várias mulheres, dentro ou fora do matrimonio, e sempre com elas procedeu bondosamente, evitando que viessem a sofrer pelo fato de o terem amado. Não me refiro aqui a simples promiscuidade, sim ao amor integral. Pode isto ser considerado insensatez justificadora de castigo na outra vida?

JOHANNES – De modo nenhum. E por uma razão muito simples: isso só depende da natureza do homem. Alguns se parecem, constitucionalmente, com as cordas da lira que tem de ser tocadas por muitos dedos para que deem expressões musicais distintas. Para o desenvolvimento da alma é perfeitamente admissível muitas qualidades como necessárias. Cada mulher lhe dá alguma coisa, e juntas formam o que ele chama a mulher. Esse homem ganha e perde com a sua natureza. Ganha com a diversidade e perde não alcançando a verdadeira e única afinidade. A mulher poderá vir a sofrer. E é inevitável no caso do homem de muitas mulheres. Mas se ele a protege, dá-lhe parte da sua vida mental, não terá cometido nenhuma injustiça. Também a mulher sairá ganhando. Nenhum castigo espera esse homem aqui no além; ainda não nasceu a sua afinidade única e ele terá que esperar que a outra metade apareça para vir completá-lo.

BRADLEY – Para que esfera vão os políticos como Poincaré quando morrem? Refiro-me ao político de qualquer país, responsável pela morte física ou pela miséria mental de multidões de seres humanos.

JOHANNES – Isso constitui um crime – e dos piores. As criaturas que os cometem são repelidas. Seu desenvolvimento sofre parada, e elas têm de retornar ao estado de infância para chegarem a alguma etapa de desenvolvimento mental. Explicarei isto. O que na terra chamais esferas, são lugares. Claro que são lugares diferentes dos lugares como os concebeis na terra. São lugares mais ou menos imaginativas – estados de pensamento ou imaginação. Um homem culpado desse crime é devolvido para trás a fim de que compreenda a sua ignorância e humildemente aprenda dos que na terra ocupavam uma posição completamente obscura. Tal homem é uma disformidade mental; está dominado por uma ideia só – com tudo mais parado em seu desenvolvimento.

❄ ❄ ❄

Estas duas últimas perguntas ocorreram-me espontaneamente. Representavam a luz e a sombra da vida humana. Nós, amantes da inteligência e inimigos da hipocrisia e da miséria, conhecemos nossos valores, mas é conveniente vermo-los se confirmarem com o julgamento do além.

Os códigos estabelecidos por miseráveis e hipócritas governantes e mansamente aceitos pelo rebanho dos néscios, condena o amar e ser amado por uma mulher com a doçura dos êxtases, mas considera "patriotismo" destruir vidas humanas ou atormentá-las.

Preceitos sórdidos. Causam-nos náuseas e infundem-nos o mais profundo desprezo pelo rebanho humano.

Apesar das complicações com que os homens rodeiam a vida, a filosofia suprema é simples. Amor e bondade: eis as virtudes máximas. Crueldade e dureza: eis os grandes crimes.

VIII - Uma descrição da vida do espírito

O fim do desejo físico – Quando a alma se desprende – Visitas ao outro mundo – Johannes descreve os espíritos – O homem é um embrião – Desejo de novas aventuras

Na sessão de 14 de novembro, minhas perguntas a Johannes foram formuladas de modo que ele pudesse dar-me quantas informações quisesse sobre a vida no além.

BRADLEY – Será verdade que muitas pessoas funcionam ativamente no mundo dos espíritos enquanto o corpo está mergulhado no sono, e põem-se em contato com espíritos de criaturas amadas na tetra?

JOHANNES – É certo, mas não como o podeis imaginar. Durante um sono profundo, nada de mais que os seres humanos venham ao além e se comuniquem com os entes amados. Mas não suponha que o lugar em que se encontram seja a esfera em que vivem os seres desencarnados. É um ponto de reunião – um lugar para onde as almas seguem logo depois da morte do corpo; um ponto onde, por assim dizer, a atmosfera se adapta tanto para os mortos como para os vivos. Este encontro não é exatamente igual a um encontro ou comunicação entre vocês aí na terra. Quando você foi menino devia ter acreditado em anjos e espíritos pairantes sobre a terra. Esses seres são realmente os organizadores deste lado, e são os que favorecem esses encontros e servem de intermediárias entre os mortos e os vivos. Durante o sono a comunicação entre mortos e vivos se aproxima muito mais. Torna-se mais clara e convincente, e quando se produz reaviva o homem que dorme. Mas não é um verdadeiro encontro à moda dos da terra. Sim, uma comunicação espiritual: comunicação entre mentes momentaneamente desencarnadas, porque durante o sono uma criatura pode desencarnar-se. Isto auxilia aos que depois vêm para cá. A transição decorrente da morte deixa de ser novidade absoluta. Subsiste a lembrança de que já conhecemos essa sensação. O sono nos dá uma antecipação da vida do além.

BRADLEY – Pode fazer-nos a descrição da vida nessa esfera, e descrever-nos o aspecto dos espíritos, suas roupas, se as trazem? Fale-nos também das suas ocupações e estudos, e se adquirem rapidamente conhecimento de línguas, e se o pensamento progride com rapidez.

JOHANNES – Direi de tudo isso. Muito falam vocês em esferas e planos, e nós também, porque não temos outras palavras. Isso que chamamos esferas são lugares, mas a entrada numa esfera depende sobretudo do plano em que estais – e plano não passa dum estado mental. Em todas as esferas coexistem diversos planos. Isto quer dizer que, aqui se vive de um modo muito parecido ao da terra. Na terra também coexistem diversos planos. O bêbado por exemplo não ocupa o mesmo plano que o filosofo. Compreende? Esferas são estados de desenvolvimento, e a passagem de uma esfera para outra dá mais baixa para a mais alta, corresponde a uma adaptação mental. Se alguém fosse arrojado da terra a uma das esferas mais altas, sentiria um choque aterrador, e não poderia resistir à intensificação das suas próprias sensações. Assim, pois, a criatura que passa para o além começa na esfera adaptada ao seu plano mental. Como na passagem para aqui houve intensificação, temos de gradualmente nos ir acostumando ao novo estado. Esta é a primeira coisa que há a fazer. Nossos sentidos tornam-se muito mais agudos. A vista, mais penetrante, vê as cores de um modo impossível na terra. A luz aparece tão forte que para vocês aí seria cegante e as trevas são muito mais profundas. A mesma intensificação com o ouvido. Podemos ouvir o movimento da própria esfera, por assim dizer, e a música se transforma numa sensação nova. Surgem muitos tons desconhecidos; até o rumor do crescimento faz-se perceptível. O tato igualmente; fica muito mais agudo; a ponta dos vossos dedos vos presta muitos serviços na vida, mas aqui o tato, que vos parecia um mero atributo físico, requinta-se a tal ponto que serve de meio de comunicação de ideias, sem o auxílio da mente. Esta intensificação dos sentidos é a vossa primeira sensação no além, e determina nos primeiros tempos um estado verdadeiramente embriagador de deleite. Acho muito difícil explicar-vos a vida real. As condições são diferentes. É preciso compreender que aqui existe muita coisa que é perfeitamente natural, e não adquirida – coisas que na terra adquiris com grande esforço começais aqui num nível muito mais alto.

Em matéria de língua, por exemplo. Só temos uma língua. Como o desenvolvimento é rápido, a multiplicidade de línguas seria um estorvo. Compreendo o difícil que é fazer-vos sentir o que quero dizer quando falo de uma língua única – mas nossas ideias formam realmente uma língua única. Os que habitam o mesmo plano compreendem-se com muito maior facilidade que aos de planos superiores ou inferiores. A linguagem real, entretanto, é o som mediante o qual nos fazemos entender uns aos outros – e é a mesma para todos.

Perguntou-me sobre o vestuário. Algumas criaturas estúpidas pensam que a alma é um fluido sem forma a flutuar dum lado para outro. Absurdo. Cada alma tem sua forma adquirida na vida terrena e conservada aqui. O aspecto que apresentamos é o de homens e mulheres como na terra; usamos indumentaria que nos dá a nós a mesma impressão que aí recebeis da indumentaria terrena. São simples véus para a parte mental, algo que cobre e dá aparência à forma mental; mas não crede que ao virdes para aqui ireis viver de modo muito diferente. Essa indumentária não procede de oficinas, como as vossas; procede da ideia do indivíduo. Contribui para mostrar a mente.

Quanto às habitações do além, é muito difícil explicar. Vivemos em comunidades, e muitas das nossas moradias são vastos recintos onde as pessoas de igual mentalidade se reúnem para a ajuda recíproca. Tenho de advertir que a palavra ajuda significa que cada qual ganha com o concurso dos outros.

Aqui houve uma pausa, determinada pela dor que eu sentia na mão.

JOHANNES – Não vos iludais a respeito de tudo isto; O homem é um débil embrião enviado primeiramente ao mundo da terra e depois a uma série de mundos mais intensos e vívidos. Insetos com muitas fases de desenvolvimento, inoculados com o espírito da vida para que evoluam. Cada indivíduo não passa da partícula de um todo. Pode imaginar uma minúscula célula saturada de uma pequena porção de força vital? Quando aqui chegardes tereis percorrido uma distância tão pequena como o é possível para a minúscula célula, e a obra a realizar-se consiste em expandir-se a si próprio, em construir um espírito de intuição cada vez maior à medida que avança, cada vez mais, guiado pelo espírito, não pelo intelecto. Quando passais para aqui, é esta a nossa obra. Coisa natural, como para vós é natural a alimentação. Aqui existem os melhores meios para o desenvolvimento do espírito. Podemos escrever, pintar, conversar ou dedicar-nos à música, conforme o que nos é adequado, mas tudo tende para o mesmo fim, que é a elevação da parte espiritual existente em nós. O vosso Cristo disse muitas coisas que brotaram do seu conhecimento intuitivo. Disse também do talento. Sem dúvida que não se referia ao talento na acepção terrena, mas ao aperfeiçoamento do espírito.

❋ ❋ ❋

Impossível comentar as manifestações de Johannes sobre a vida na sua esfera, porque esse plano se encontra muito além da nossa imaginação.

Seus argumentos revelam inteligência. O processo do nosso desenvolvimento tem sem dúvida de ser gradual. Somos simples infantes. Temos muito que aprender. Temos e atravessar séculos e séculos de experiência e aquisição conhecimentos até adaptar-nos à intensa vida das esferas superiores.

A suposição de que vivemos a nossa primeira vida numa terra material e podemos alcançar um ponto culminante e imediatamente penetrar no sétimo céu não está de acordo com as aspirações de uma clara inteligência. E não seria desejável do ponto de vista da experiência falha e da emoção contrariada. A teoria do imediato trânsito a ponto culminante é crua e antiestética. Seria um desejo grosseiro que se gastaria muito depressa. Mera arrogância da inteligência inferior.

Tenho procurado todas as experiências que a vida pode proporcionar-me, exceto as intuitivamente regressivas. Não quero que em mim cesse o desejo de novas aventuras. Se a perspectiva que se me abre é de revoo para além deste pequeno mundo – revoo para ignotas regiões do universo, abrirei meus olhos para essa nova e sublime visão.

Não há ninguém que não queira viver através de experiências. É algo instintivo. Assim também, portanto, desejo completar meu conhecimento deste plano e subir sem cessar através das outras esferas, até que a chispa que vive dentro de mim se transforme na grande chama do conhecimento.

IX - Intercâmbio mental entre dois mundos

Dia confortador – Por que os espíritos voltam – Crianças da terra – Inteligência esotérica – O Deus oculto – Prognóstico do futuro

27 de novembro

Se voltarmos as páginas deste livro veremos no capítulo IX da 1.ª Parte que os acontecimentos ali relatados ocorreram na mesma data em que Johannes nos deu esta preleção filosófica. Foi um dia reconfortador. Em Hertfordshire eu havia passado uma manhã assombrosa; a tarde gastei-a lutando contra a estupidez no St. George's Hall (ver capítulo XII) e às cinco estava em Chelsea tomando chá com Mrs. Travers Smith; seguiu-se depois uma discussão sobre inteligência esotérica. Em seguida, outra discussão sentimental após a ceia em Dorincourt, que se prolongou até as onze horas. Sozinho depois disso, trabalhei nas minhas notas até a madrugada. Sentia-me tão furiosamente animado que foi muito a contragosto que cedi ao sono.

Na sessão que celebrei com Mrs. Travers eu estava com duas perguntas no bolso.

BRADLEY – Poderá explicar-me, Johannes, por que os espíritos já em planos superiores procuram intercâmbio mental com a gente da terra?

JOHANNES – Quando o espírito se passa para aqui, conserva ainda durante algum tempo a memória das coisas terrenas. Pode suceder que no começo caia em completo olvido em virtude do choque que a passagem representa. Mas quando volta a si conserva as recordações do mundo e durante algum tempo sofre grande solitude; por um esforço de imaginação poderá você figurar o estado da alma recém-nascida para o além, que gradualmente começa a utilizar-se dos seus sentidos. É como a criança que principia a andar. A intensificação da vista e do ouvido atrapalham-na. Essa aceleração de energias fá-la sofrer, e como que influída por uma corrente subterrânea a recordação da vida terrena traz-lhe desejo de rever os entes queridos. É o que leva o espírito a utilizar-se de todas as brechas para inteirar-se da vida dos entes amados que deixou no mundo. Refere-se ao desejo que move um espírito adiantado como eu o sou, ou é o lado pessoal da questão que intriga você?

BRADLEY – Sim, eu desejaria saber a razão de um espírito como o seu procurar intercâmbio com os da terra.

JOHANNES – Na fase em que me acho recebemos a incumbência de cuidar das crianças da terra, e temos que pairar no vosso plano; somos autorizados, quando desejais ouvir-nos, a dizer-vos tudo quanto possais compreender. Interessamo-nos muito pelas crianças que nos são entregues para que as ensinemos e ajudemos. Algumas mostram-se rebeldes. Permanecem surdas sempre que procuramos impressioná-las. Minha menina (Mrs. Travers) tem prestado boa atenção aos meus ensinamentos e por isso aumentarei aos poucos a sua força e o seu conhecimento, até que um guia melhor que eu a tome a seu cargo. Serei então enviado para assistir a outra criança da terra, cuja mente se harmonize com a minha, pois que os guias são escolhidos com base nesta harmonização.

❄ ❄ ❄

MRS. TRAVERS – Porque não me foi dado um guia músico, já que a música tanto me atrai?

JOHANNES – Não tardará a ter um. (E dirigindo-se a Bradley): Por que toma tanto interesse em mim, tendo, como tem, tantos guias bem harmonizados?

BRADLEY – Meu interesse, Johannes, vem das rápidas e inteligentes respostas que você dá às minhas perguntas.

JOHANNES – Posso agir assim porque o seu cérebro me favorece.

BRADLEY – Há no mundo dos espíritos uma inteligência esotérica que governa ou guia os espíritos? E se é assim, como a consideram as inteligências colocadas sob os seus cuidados?

JOHANNES – Refere-se a uma causa primária, a um Deus?

BRADLEY – Sim, ou a um conjunto de inteligências.

JOHANNES – Eu gostaria de explicar todo o sistema, mas tomaria muito tempo. Há aqui um número infinito de graus de inteligência, e há além disso inteligências intuitivas mais adiantadas que as vossas. Como os anjos e arcanjos que imaginais na terra, é razoável a suposição de inteligências esotéricas pairantes sobre a vossa vida terrena e que organizam aqui o nosso sistema de vida. E assim é. Mas para mim a grande causa primaria, a que chamais Deus, ainda se encontra oculta. Não espero tão cedo chegar a compreendê-la. Em minha esfera temos governantes e generais, do mesmo modo que na terra, embora mais aptos para a tarefa do que os super-homens terrenos. Mais aptos porque possuem a certeza, ao passo que vós só conheceis a incerteza. Nós reconhecemos-lhes o poder e obedecemo-los. Saiba que estes são os filhos de Deus, já altamente cumulados de experiências. Conhecem os cumes e abismos e por isso podem governar aos que ainda sobem a montanha ou permanecem nos vales.

BRADLEY – Pode um espírito como o seu prognosticar o futuro das coisas terrenas?

JOHANNES – Se posso prognosticar ou se o futuro pode ser prognosticado?

BRADLEY – Se um espírito como o seu, ou de outro guia, pode prognosticar o futuro?

JOHANNES – Ha guias com estudos da ciência que permite prever o porvir. São tão importantes para nós esses guias como para os da terra os astrônomos; mas possuem mais segurança que os astrônomos, os quais muitas vezes lançam conclusões sem provas suficientes – seguem rotas falsas que nós não podemos seguir. Nós, isto é, os dentre nós que se aperfeiçoam nisso. Os clarividentes que há na terra possuem guias com estudos especiais da leitura do porvir. A mim me parece coisa interessante, mas tenho consagrado meu tempo a outra ordem de coisas sem nunca ter-me especializado nessa. Astor lê o futuro melhor que eu. Não encontro interesse no caso. Astor procede de um país em que abundavam templos oraculares. Em meu país só empregávamos uma ou duas formas simples de adivinhação.

* * *

A sessão, que só durara cinco minutos, terminou aí.

As razões dadas para justificar o intercâmbio mental entre os espíritos e a gente da terra parecem-me lógicas e aceitáveis. Nada mais natural que em outros planos os que evolvem ao estado de espíritos desejem comunicar-se com os entes queridos deixados na terra.

Além disso, segundo Johannes, no mundo do espírito nos destinam guias que nos facilitem o conhecimento.

Guias que podem dizer-nos tudo quanto podemos compreender. O quantum desses ensinamentos está na dependência o grau da mente humana.

Minha pergunta a respeito da inteligência esotérica teve a resposta. Seria muita presunção pretendermos chegar à compreensão total do grande esquema da existência antes do transcurso de séculos e séculos de experiências preparatórias.

X - O problema da eternidade

Três perguntas do filho do autor – Que sucede quando o espírito chega ao pináculo? – Johannes fala das religiões – Teoria da relatividade de Einstein – A vida nos outros planetas

10 de janeiro de 1924

Um mês se passou depois de minha última sessão com Mrs. Travers, a qual havia saído de viagem. Só no começo do ano novo pudemos outra vez reunir-nos. Tivemos uma sessão em que propus a Johannes três perguntas.

BRADLEY – Johannes, tenho três perguntas a fazer, vindas em carta do meu filho Dennis. Primeira: "Se na outra vida vamos progredindo sempre, que acontece quando chegamos ao pináculo?'"

JOHANNES – Posso responder a isso, porque é problema concernente à segunda morte, isto é, a que sucede aqui à alma. O ponto supremo da evolução é alcançado quando chegamos a tal apuro que podemos dissolver-nos no ambiente. Então só existirá o espírito, que passa à existência intuitiva na qual o conhecimento de nada serve. A vida converte-se inteiramente em intuição.

BRADLEY – Já passou você a essa fase da segunda morte?

JOHANNES – Não. Em dois mil anos só cheguei à fase da memória coletiva; não ainda à intuição. Se já estivesse nesse ponto eu não poderia guiar um ser humano. Muito tenho que aprender ainda.

BRADLEY – A segunda pergunta de Dennis é: 'Como é possível explicar a eternidade?"

JOHANNES – Meu amigo, a eternidade nos envolve. Seu símbolo é o círculo. É a massa que cria e move-se sem cessar, que mudará sempre mas nunca deixará de ser. Isso é a eternidade. Não a vida imperitura da alma, mas a existência do Universo. O Universo não será sempre o mesmo, segundo sabemos aqui. Não pode desaparecer, segundo o conhecimento que adquirimos.

BRADLEY – A terceira pergunta é esta: "Espera Deus que os cristãos iniciados se conformem com o credo da igreja católica ou outra qualquer?"

JOHANNES – Não posso daqui seguir suas ideias porque não compreendo de modo perfeito as crenças humanas. Mas não é essencial para nenhuma criatura que se conforme a qualquer credo religioso. As crenças advindas desses credos são esteios uteis as criaturas demasiado fracas para sustentarem-se a si mesmas. Ou, por outras palavras, as crenças não possuem valor próprio. Mas um credo significa fé e a fé tem valor para a alma – mais valor do que podeis imaginar. Não tem importância que a fé tome a forma de um credo religioso. O ponto principal é sempre a formação duma crença real na alma, porque isto ajuda o corpo e a alma. Na terra podiam-se operar maravilhas, se a fé fosse planta de crescimento fácil à beira do caminho. Infelizmente, não é assim. Fé é planta de estufa, rara e exótica.

BRADLEY – Uma pergunta que agora me ocorreu: A teoria da relatividade de Einstein também se aplica a outras esferas?

JOHANNES – Aplica-se a outras esferas, porque aquilo que vos afeta na terra também afeta as outras esferas. Não passais de uma parte do grande todo. Antes que Einstein concebesse sua ideia, vigoravam conceitos errôneos, porque a crença de que a luz atravessa a obscuridade é absurda. Einstein concebeu ideia mais clara que a dos seus predecessores, mas não pôde alçar-se à concepção do todo – e alguém vos dará a conhecer muito mais coisas decorrentes das ideias de Einstein. A luz é essência mais sutil do que imaginais, e a posição dos planetas muito variará antes que sejais capazes de medir as distâncias reais que os separam. Einstein vos pôs no caminho da ciência da luz, que agora caminhará. Mas muito tempo se passará antes que alcanceis algum conhecimento de valor nessa ciência ainda tão nova. Está recém-nascida, e o que tem a vir é obscuro, porque em virtude da visão falha que tendes haveis que ficar em suposições.

BRADLEY – Nem eu nem Mrs. Travers nada sabemos da teoria da relatividade de Einstein.

JOHANNES – Sei disso. Mas eu tenho clara compreensão do assunto, sobre o qual poderia discorrer muito. tempo. O difícil seria saber por onde começar. A matéria exige cuidadoso preparo das vossas mentes. As descobertas humanas não deixam de divertir-me. Parecem muito simples vistas daqui. Einstein me sugere a posição do primeiro homem que descobriu a redondeza da terra. Sua teoria é elementar; apesar disso, os homens ergueram os braços, assombrados, quando ele a apresentou. A luz vai no futuro ser um dos pontos mais excitantes da ciência. Aos poucos os homens aprenderão que as estrelas não são de nenhum modo como eram representadas antes de Einstein. Todo o mapa dos céus mudará e então será compreendido o valor dos raios luminosos. As direções da luz se alterarão muitas vezes.

BRADLEY – Pode dizer-nos se existe vida nos outros planetas? São habitados?

JOHANNES – Já sabeis que existem outros mundos como o vosso. O vosso é uma etapa da viagem, mas há outras. Já vos disse, meu caro, que as estrelas mais jovens, que vos aparecem azuis, são as mais altas habitações das almas. As estrelas mais velhas são menos vitais, e os seres que na terra não se desenvolveram suficientemente vão para esses mundos, mais obscuros, como os próprios para as evoluções mais lentas. Quando os espíritos que se comunicam convosco falam de trabalho incessante, querem dizer que a vitalidade de suas existências está aumentada pelo fato de viverem em planetas mais jovens, mais carregados de vitalidade, nos quais as coisas evoluem mais depressa que aqui. Espero que me compreenda isto.

***

A sessão terminou aí.

Em sua resposta à primeira questão Johannes novamente alude à segunda morte, na qual a alma, já suficientemente desenvolvida, dissolve-se em puro espírito e dá começo à vida da intuição.

Impossível conceber as emoções que possamos experimentar nesse estado. Talvez seja a fusão na coisa suprema, de onde passamos a observar em conjunto a maravilha do Universo.

Quanto à eternidade, essa ideia sempre esteve acima da compreensão humana. Nosso intelecto não a alcança. Constitui o primeiro assombro dos anos verdes e o ultimo maravilhamento da velhice.

Não obstante, mais difícil do que compreender a eternidade é imaginar a não-eternidade.

Considere-se a alternativa do Nada absoluto. Impossível compreender o que possa significar o nada. Nem mundos, nem céus, nem astros, nem universo, nem almas, nem vida, nem espírito, nem som, nem movimento, nem átomos – só o vazio, o NADA... A meditação sobre este ponto traz mais transtorno à mente do que a meditação sobre a eternidade, porque a esta de certa forma sentimos, ao passo que de forma nenhuma sentimos o Nada.

A pergunta que fiz sobre as ideias de Einstein foi uma brincadeira que me ocorreu no momento. A vida é muito curta – e há uma multidão de coisas que ignoro por completo. Uma delas é a teoria de Einstein. Sem prestar nenhuma atenção, tenho-a visto várias vezes em debate, e justamente por isso fiz a pergunta – mas sem dizer que não possuía nenhuma ideia a respeito.

O caso degenerou em algo divertido e ao mesmo tempo de valor notável como prova. Como se explica isto pela teoria telepática? Nem eu, nem Mrs. Travers, tínhamos nenhum conhecimento do assunto, e no entanto, a resposta de Johannes nos foi dada com maravilhosa rapidez.

O manuscrito a lápis desta sessão constitui uma interessante curiosidade.

XI - O acesso à verdade eterna

Oscar Wilde novamente – O autor dá-lhe uma lição – Johannes resume a sua filosofia – O mundo sem medo – O infeliz espírito de Oscar Wilde

7 de janeiro, 1924

A última sessão que tive com Mrs. Travers e que neste livro relato realizou-se em Chelsea. Eu me sentia terrivelmente cansado, não destes estudos, que me são fascinantes, mas do esforço físico que me custavam.

Na manhã desse dia, Mrs. Travers telefonou-me dizendo que recebera uma curiosa comunicação de Oscar Wilde sobre meu livro *The Eternal Masquerade.*

Já que Wilde tinha dado largas aos seus instintos ferozes, embora tão artisticamente floreados, na crítica feita a Hardy, Meredith, Shaw, Bennett, Moore e Joyce, não via razão para que me poupasse, nem há razão para que eu me ofenda. A matéria só me inspira curiosidade. Eis a comunicação obtida por Mrs. Travers:

OSCAR WILDE – O homem interior é afogado pelo exterior. Este exterior é uma coleção de farrapos de cores tais de que se desprende a tristeza das ideias ressecas e caducas. Mas aqui encontro, conjuntamente com esta penumbra, um brilhante polido como o com que eu enfeitava meus pés quando a passeio pela Bond Street. O efeito produzido é dos bailes a fantasia, onde os trajes são trajes de eras passadas, e tudo são perfumes murchos e murchas paixões. Tudo se desbotou, mas posso apreender a essência da delicada caducidade. Mescla de espírito e forte aroma. É o moderno método de remoçar as coisas antigas e apresentá-las ao público com uma atitude que tem sabor de feira. Parece-me que a história adquiriu uma cor completamente nova. No meu tempo a história consistia nos volumes de capa negra que enchiam as horas tão mal gastas da nossa vida colegial. Vejo-a agora a uma luz diferente, pois em cada capítulo encontro-a ataviada de um vestido novo e a abrir caminho através dum número infinito de régias marionetes. (Pausa) Vou continuar por mais um pouco, porque tenho vontade de falar do espírito prodigiosamente moderno que fez este livro. Parece-me que o autor está persuadido de que ele é a um tempo historiador e crítico das atitudes do momento. Enganar-me-ei? Mas se se considera autor anedótico, este cavalheiro teria agido melhor recolhendo-se. Querida senhora, vós que tendes o senso do humor podeis compreender o valor exato do meu epigrama. Não se confunde com coisa nenhuma o que emana do espírito com inteira liberdade. O epigrama é o filho dum espírito que se deleita em colocar diante do auditório a verdade vestida de mentira. Esse personagem que tanto se esforçou por ser epigramático, apresentou a mentira sob as vestes da verdade. Mas não mentiu com a sinceridade desejável. Já que o público me considerou o criador do epigrama, não deixa de ser justo que eu lhe dê conselhos sobre o assunto. Que ele sempre se certifique de que a base do que diz é verdade, no sentido em que o público a toma, e que a expresse vestida como a mentira, mas a mentira perfeita e consciente, não a mentira ligeira. Já num dos meus livros eu disse que a mentira nada vale se não é consciente.

❄ ❄ ❄

Confesso que o juízo crítico de Wilde é muito divertido e tem realmente o sabor das suas obras. O interesse dos seus juízos críticos póstumos está nisso. São infinitamente mais vívidos do que as suas antiquadas comédias.

Sem tomar a sério a discussão, podemos dar como assentada a sobrevivência da personalidade de Wilde, que quando se crê o criador, do epigrama de novo revela a sua mórbida egolatria e o seu culto esnobismo. Disto concluo que a preguiçosa ignorância de Wilde impediu-o de ler William Congreve.

Cada cena das comédias de Congreve contém mais epigramas e de melhor qualidade do que todas as insignificâncias vitorianas saídas do gênio estéril de Wilde. Oscar Wilde pertenceu ao tipo efêmero que resplandece um momento no apogeu da hipocrisia e logo murcha, tanto mental como espiritualmente. A mentira adornada, entretanto, ainda o enleva – fecho que ele é de uma geração que representou tão mal.

Do que ele comunica deduz-se que o seu desenvolvimento está estacionado. Continua adstrito ao mundo do pensamento que deixou para trás e ainda se aferra à mentira adornada, preferindo-a a elegância nua, de forma perfeita, da verdade.

Não é cavalheiresco torturar uma alma envolta em sombras, mas também as sombras merecem lições. Há dois anos tive a desgraça de assistir a uma representação de *Uma Mulher sem Importância*. Simples puerilidade patética. Quando depois disso houve a reprise da *Importância de Ser Formal*, todos sentiram que era uma obra sem possibilidades de ressurreição. Tais comédias não servem para coisa nenhuma. Não têm vida. Só revelam a decadência já adiantada do espírito do autor.

❄ ❄ ❄

Antes de começar a sessão em que nos comunicaríamos com Johannes, apresentei a Mrs. Travers a lista das diversas questões que tínhamos discutido.

JOHANNES – Alegro-me de que haja voltado, pois terei mais um ensejo de falar.

MRS. TRAVERS – Ouviu o que Bradley disse a respeito do livro que está compondo?

JOHANNES – Sim. Espero que comunique ao mundo as minhas ideias. Quererá ele que eu resuma o que me parece que vai suceder?

BRADLEY – Isso me encantaria.

JOHANNES – Estou certo de que esse livro será de valor; minha filosofia adapta-se a muitas ideias que não são rigorosamente cristãs e por isso satisfará também aos incrédulos. Tenho muita confiança em que despertará o interesse das pessoas que nunca ouviram nossas palavras. Porque – preste atenção – é impossível comunicar verdades senão por intermédio de mente que afine conosco. Quando existe algum preconceito definido não podemos transmitir a verdade por meio de palavras, porque a mente que as recebe não as aceita. Você e minha filha (Mrs. Travers) possuem a mente aberta e por isso a impressão que sobre ela causam minhas palavras é algo definido.

BRADLEY – Quer dizer-me que método de comunicação tem mais valor? As sessões celebradas com assistência de várias pessoas e nas quais se dão manifestações físicas, ou estas que fazemos, puramente mentais?

JOHANNES – Interesso-me igualmente pelas duas formas, pois uma seria inútil sem a outra. Aqui no além discutimos essa questão com tanto fervor como vós na terra, e admitimos que para convencer o mundo temos de aperfeiçoar o emprego do que chamais ectoplasma, pois que na terra a vista convence mais que o ouvido. Na realidade, entretanto, o que vem pela vista é o mais tosco. O ouvido guarda relação mais estreita com a mente. Mas para cimentar nossas comunicações com o mundo o importante é começarmos pela vista.

Suponho que no decurso de uns tantos anos as formas ectoplasmicas vão tomar grande desenvolvimento, e a isso damos aqui muitos cuidados; pois que na terra há muito poucos homens dispostos a atender a nossa filosofia, mas quando encontramos um auditório predisposto, nem sempre encontramos o instrumento adequado. O instrumento, ou o médium, traz muita confusão, tanto para o pensamento daí, como para o daqui. Tenho de advertir, além disso, que esta confusão é aumentada por alguns comunicantes que têm de pedir a ajuda dos guias em todas as sessões. O guia é uma ponte que há de resistir ao peso das partes que se aproximam dos dois lados. Sente-se confundido pelas chamadas daqui, de modo que muitas vezes a comunicação se torna uma mistura das palavras do comunicante do além com os pensamentos do médium. O médium não pode eliminar por completo os seus próprios pensamentos, os quais batem à porta, empurram-na e passam, apesar de todas as resistências. Andamos agora a estudar a maneira de vencer esta dificuldade. Porque realmente constitui um enormíssimo embaraço. Ora vos vemos interpretando em parte vossas próprias ideias, ora interpretando em parte as nossas palavras – o que muito prejudica os nossos esforços.

BRADLEY – Pode dizer-nos há quanto tempo existem comunicações de espíritos com o nosso mundo?

JOHANNES – A comunicação entre os dois mundos estabeleceu-se de diferentes formas desde o começo. O método que aqui usamos é o mais desenvolvido e muito mais difícil para nós do que qualquer outro. Podereis perguntar por que há tão poucas pessoas que realizam esta escrita e por que encontram tantas dificuldades e desapontamento. E ainda por que são tantas vezes ofendidas pelos comunicantes. Tudo vem por falta de um guia. Não que se ponham um contato com más influências, mas porque as influências ignorantes que usam essas pessoas não sabem manejar as mentes como seria necessário. Muito difícil usar a mente de um médium sem feri-la. Nós, os guias, afastamos dos nossos filhos as influências que possam ofendê-los, danificando-lhes uma consciência preciosa que deve ser utilizada, enquanto a vida dure.

BRADLEY – Se a comunicação dos espíritos sempre existiu através dos séculos, acha que se tem desenvolvido e hoje está em grau mais alto do que já esteve?

JOHANNES – Já disse que a comunicação com o espírito vem desde o começo; mas por causa do sentimento injustificável do medo não era reconhecida. Tudo se levantava contra esse reconhecimento, porque o essencial era que o homem estivesse cada manhã pronto para tomar os seus instrumentos de trabalho e a concentrar a mente no mundo que o rodeava. A evolução tem sido muito lenta, mas o resultado da evolução através dos séculos é que hoje não é já tão importante que o homem se ocupe de modo total com os instrumentos de trabalho. O pensamento é um instrumento mais útil que os objetos reais criados pela necessidade quotidiana. Neste sentido os vossos estudos começam a ser uma base aceitável para os que vivem. A medida que o tempo se passa o pensamento se torna realidade cada vez maior. Em tempo que não será longo ficará estabelecido como fato apurado pela ciência que o pensamento cria vibrações – e isto desdobrará todo um panorama novo.

Esse avanço está próximo. Já se admite o pensamento como algo suscetível de cotação. Temos tido até agora a necessidade de nos aproximar dos vivos por intermédio da boca, porque a débil condição humana exige alimento de natureza material; mas agora já se reconhece como fato cientifico que esta comunicação com o além existe e é isto o que chamais realidade. Tornou-se coisa utilizável para todos os fins, já que é o criador de todas as coisas materiais do vosso mundo. As comunicações aperfeiçoar-se-ão, tornando-se mais convincentes – e os homens terão dado um grande passo a frente.

BRADLEY – Acaba de me ocorrer uma ideia, Johannes. Fez há pouco alusão ao medo. Eu considero o medo como o pior inimigo do homem. Não poderíamos criar um mundo de beleza, se fosse possível afastar da nossa mente o medo?

JOHANNES – Querido amigo, o medo serve a vida. Não há dúvida que o vosso mundo seria um lugar de maior beleza se não fora o medo. Mas considerai as consequências. O mundo não pode existir sem o medo. É o látego ou a espora que leva o homem a agir como é necessário. Temos que lhe reconhecer o valor. Assume muitas formas o medo, mas a forma principal é a de que se extinga a chama da vida, o que pode realizar-se de várias maneiras, embora nenhuma tão eficaz como pela oclusão dos condutos por meio dos quais o homem se alimenta. Foi o medo que induziu Adão a lavrar a terra e obter tudo quanto o rodeia hoje. Vós de hoje sois os depositários de uma grande herança toda ela devida à ação do medo. Está compreendendo o valor de um sentimento que classificou de inimigo do homem?

BRADLEY – Sua resposta causa-me absoluta surpresa – e me confunde. Não porque não seja logicamente aplicável às emoções terrenas, mas porque nega a minha visão do que podia ser este mundo. Mas como o considerais artificial, fico admitindo que só é aceitável num mundo inteiramente artificial. (Breve pausa) Outra questão me veio do debate com Mrs. Travers antes da sessão de hoje. Uma questão pessoal. Que ideia forma de Oscar Wilde? Como julga a sua vida terrena e a existência que ele leva agora?

JOHANNES – Agrada-me essa pergunta. Estava querendo falar dele, porque tenho-o impedido de vir de outras vezes em que tenta aproximar-se. Sinto por Wilde um grande desprezo, tanto pela sua vida na terra como pela que leva hoje depois de haver abandonado o corpo. Ainda não pôde largar completamente o corpo. Ainda está aferrado às suas infelicidades privadas. Teve na vida múltiplos motivos para espiritualizar-se: Havia herdado uma tendência até certo ponto mórbida que o levou à prática do que o arruinou, mas isso constituía para o seu espírito uma incomparável oportunidade para a ressurreição. Sua mente é muito curiosa, plena das ideias que lhe iam determinar a ruína. Não alimentava nenhum pensamento para o homem interior; completamente que era dominado pelo egoísmo. E depois que defrontou a grande oportunidade, deixou-se levar pelo relaxamento e a glutoneria[117] – por essa lassidão que é o irremediável fracasso dos homens. Jamais proporcionou à sua parte vital um ensejo de reerguimento, e embora não possa lisonjear-se de ser um grande pecador, podemos tê-lo como uma das almas mais preguiçosas que vieram ter aqui.

BRADLEY – Em que estado se encontra hoje?

JOHANNES – Foi enviado para uma esfera de menos vitalidade, e em vez de fomentar as suas energias, vive a remoer-se da situação. E assim continuará ainda por muitos anos.

BRADLEY – Quero fazer uma derradeira pergunta, esta de alta relevância. Já sabe que compreendo o valor da fé, sem a qual nada conseguimos. Nenhum inventor realizaria seus inventos se não tivesse fé em suas ideias, as quais acabam materializando-se e sendo aceitas. Como podemos aplicar a fé às investigações e ideias psíquicas?

JOHANNES – Esse é ponto da maior importância.

BRADLEY – Como é possível aceitarmos a fé das várias religiões da terra, se seus ministros justificam ou estimulam a

[117] Depois de deixar a prisão, Wilde de fato caiu nessa lassidão glutônica.

grande iniquidade da guerra?

JOHANNES – Sim, creio que compreendo o vosso embaraço. As religiões – ou crenças, como digo – são absolutamente necessárias para a grande maioria dos seres humanos. Mas por que motivo são necessárias, desde que há criaturas de Deus que ensinem aos homens sem recorrerem a dogmas? A razão é que a criatura humana necessita de signos ou símbolos do todo, preservadores de um ideal que é um atalho para a fé. O perigo de todas as religiões está no se destruírem a si mesmas dando corpo a doutrinas contrárias à razão humana. Apesar disso, esses símbolos devem existir porque o homem é uma criatura transitória e enquanto vive nada de melhor pode fazer do que alimentar qualquer gênero de fé.

Eu gostaria de falar do problema da guerra, que já classifiquei de vício do homem. A religião apresenta este vício como coisa heroica, e não pode obrar de outro modo, já que é impotente para ir de encontro ao caráter das nações. Entretanto, não podemos admitir que pelo fato de não conseguir extirpar o maior dos males a religião não seja algo essencial para o homem. Leva diante de si, num corredor escuro, um facho de luz, embora luz que vacila às vezes. Há tão pouca luz na terra que a bruxoleante candeia da fé cristã ainda é o melhor com que conta. Por esse motivo não há razão para desprezá-la a fundo. Vós, que possuis o amparo de ideais de maior sublimidade, não deveis ser impiedosos para com os que usam flores de papel por não terem um jardim de rosas. Não defendo nenhum dos credos terrenos, sabendo como sei que justificam a guerra, a mentira, a ganância; mas também sei que produzem fé – e a fé aproxima o homem da vida eterna.

❋ ❋ ❋

Sinto-me não hábil para dizer do efeito extraordinário que esta sessão puramente mental me causou. Uma hora levamos nela e os escritores poderão compreender o que isto significa. A filosofia de Johannes mostra-se tão clara que não exige explanações. Foi a expressão de si mesmo, com interpolações da minha parte. Tratou dos graus da evolução e do progresso dos fenômenos psíquicos. Explicou a necessidade da demonstração física, que considera essencial para o convencimento do mundo. Tratou do medo de um modo que me surpreendeu e que nunca me ocorreu. Manifestou o seu desprezo pela lassidão e gula de Wilde. Fez um magnifico ensaio sobre a fé e mostrou-se de alta tolerância para com as diversas religiões humanas – tolerância que se achava muito longe da minha imaginação sempre indignada com o que observo no mundo.

A humildade não é elemento da minha natureza, mas sinto-me humilde quando encontro a superioridade pelo meu caminho – quando se me deparam grandes palavras de inteligências maiores que a minha. Sinto então que os sábios da terra não passam de criancinhas que mamam aferrados às tetas do Universo.

Se durante a marcha deste meu estudo consegui alcançar a fé, grande resultado já obtive. Reproduzo as palavras de Johannes: "a fé é o caminho mais curto para a verdade eterna".

Livro IV

Negação e afirmação[1]

[1] Cumpre notar que a súmula contida neste livro IV foi escrita "antes" da vinda de Valiantine à Inglaterra. Os resultados da sua visita, resumida e friamente consignados no Livro II, confirmam de modo admirável tudo o que aparece nestes capítulos finais.

XII - Ponto de vista do cético

Atitude dos homens de ciência – Seis semanas para solver um enigma – Um investigador americano – O circo espiritual – Mr. Bird e sua avó – O cúmulo da estupidez – Decisão escandalosa

Dezembro, 1923

As muitas experiências enfeixadas neste livro representam o resultado de nove meses de intensa investigação e estudo do maior problema da vida. Se em tão pouco tempo é possível descobrir-se tanto, não haverá razão para afirmar que nos encontramos à vista do caminho que conduz a mais vastos conhecimentos?

A meu ver este amontoado de provas demonstra, sem deixar brecha a dúvida, que os seres humanos podem comunicar-se com as inteligências espiritualizadas do outro mundo.

Alguns dos nossos homens de ciência já admitiram este fato. Daqui por diante, pois, compete à ciência dar explicação natural aos fenômenos e consagrar-se ao seu estudo e desenvolvimento.

Aparte o valor espiritual, a comunicação com inteligências superiores pode ser materialmente valiosa para o mundo, e quando ficar instituído este novo ramo da ciência os estudos deverão ser realizados por homens de muito alta inteligência.

Nada mais tolo e insensato do que abordar o problema psíquico com ideias preconcebidas. Com exclusão de Sir Oliver Lodge e Sir William Barrett a atitude de muitos homens de ciência se tem revelado lamentavelmente ocasional e lamentavelmente estúpida.

Desta atitude absurda, filha de mentalidades mesquinhas, tive exemplo em 1923 quando Malcolm Bird, diretor do Scientific American, foi por essa publicação encarregado de investigar os fenômenos psíquicos. Mr. Bird veio à Europa e fixou o prazo de seis semanas para penetrar num enigma cuja verdadeira solução só Deus conhece.

Malcolm Bird obteve na Inglaterra e no continente toda a sorte de facilidades, graças a Mrs. Hewat Mackenzie, do British College of Psychic Science e outros estudiosos da matéria – cortesia que usam para com os investigadores de boa-fé.

Bird tornou nota das sessões a que compareceu e publicou na América um livro intitulado *Minhas Aventuras Psíquicas*. Essas aventuras consistem numas dez experiências, em nenhuma das quais foi decepcionado. Apesar disso, do começo ao fim, a sua atitude revela uma predisposição francamente hostil.

O livro merece análise porque é significativo da imensa multidão dos materialistas céticos; o castigo que Bird receber recairá sobre o rebanho inteiro.

Em seus ocasionais momentos de sinceridade Mr. Bird condena-se de modo absoluto. O representante do Scientific American limitou-se a um só problema, que tolamente considera o mais importante. Diz que só pode conceder valor demonstrativo à "produção de fenômenos físicos". Concede, portanto, suprema importância à mais baixa forma de manifestação espiritista.

Essa declaração coloca-o no estupido rebanho dos de mente tão pouco desenvolvida que só se impressionam com o que podem ver e apalpar.

Sempre que Mr. Bird se vê obrigado a contestar os fenômenos mentais, fracassa ignominiosamente. Para ele só vale o fenômeno físico, e seu ajuizamento dos médiuns só depende disto; não dá nenhuma importância ao valor mental dos médiuns. Dá relevo a um fugaz exame do notório como sendo estudo – como sendo estudo duma matéria que requer reflexão profunda e intuitiva.

Num capítulo em que descreve fenômenos de insignificante interesse espiritual, entusiasma-se e contra a vontade chega a comover-se. "Brilhante sessão com Powell", é o título desse capítulo. Cumpre fazer notar a Mr. Bird que o conceito de brilhante depende da inteligência de quem o formula. O que é brilhante para um pode ser enfadonho para outro.

Com grande espalhafato descreve extensamente como amarrou o médium Evans Powell de modo que não pudesse mover-se. Produziram-se fenômenos físicos e Mr. Bird opinou que Mr. Powell era o melhor dos médiuns ingleses. Mas ainda esta admissão não ficou fora de dúvida. Bird atou o corpo de Powell a uma cadeira e lacrou-lhe os dedos, depois de enrolá-los com barbante. Concluída a sessão, onde se deram manifestações físicas que ele classifica de notáveis, Bird verificou que Powell permanecera firmemente fitado; mas ao desfazer as ataduras notou que o barbante estava rompido. Lamenta-se de não haver presenciado o ato da ruptura e observa: "Dei mais tratos à cabeça quanto a este incidente do que a tudo mais que observei em minha estadia no estrangeiro"

Magnifico! Pomo-nos a imaginar o pobre Mr. Bird passando noites em claro a pensar no barbante. Mas não tem razão para lamentar-se, pois que no mesmo capítulo reconhece a dúvida dos seus argumentos.

Mr. Bird escreve a propósito duma sessão que teve com a médium Ada Bessinet, de Toledo (Ohio). Nada sei sobre essa médium, salvo que a consideram de boa reputação. E Mr. Bird confessa o seu assombro diante dos fenômenos físicos que se realizaram. Houve cânticos e vozes diretas, sobre os quais ele se abstém de exame analítico – prova clara de debilidade mental. Bird conserva-se em atitude evasiva, dizendo que depois de haver escolhido uma cadeira, arrependeu-se, pois de outra poderia observar melhor as coisas que viu e não consegue explicar. Parece ofuscado ou consumido pela dúvida. Quando tem de confessar a derrota procura atenuá-la com humorismos. Lança-se furiosamente sobre uma bagatela que pode parecer duvidosa e fá-la grande, mas despreza todas as montanhas de evidencias para as quais não encontra explicação.

Alguns médiuns que não gozam de independência econômica, recebem, como é natural, honorários pelos seus serviços. Os médiuns têm que viver, do mesmo modo que Mr. Bird. Mas Mr. Bird mostra-se sumamente agressivo nesse ponto. Diz que ouviu dizer que Miss Bessinet recebe em média 35 dólares por semana, o que lhe parece uma bonita paga. Aqui se manifesta a mesquinhez da sua mentalidade, se refletimos que simples pedreiros na América ganham cem dólares por semana.

A tentativa de desacreditar os médiuns que recebem honorários e a suposição de que o espiritismo é um negócio lucrativo valem por verdadeiras iniquidades. Como não indenizá-los do tempo que perdem e da vida inteira às vezes dada ao estudo? O arcebispo de Canterbury recebe 10 mil libras por ano como médium que é da Igreja, apesar de Cristo ter-se contentado com muito menos.

Com base em minha experiência posso declarar que os médiuns genuínos não são de nenhum modo mercenários materialistas e sentem profundo respeito pelos aspectos espirituais. No decorrer de minhas investigações a soma total que paguei aos médiuns não chegou a 20 libras esterlinas.

Em sua obra evasiva e impudente Mr. Bird não trata dos fatores mentais; confessa que a única demonstração que o pode convencer é a dos fenômenos físicos. Sem embargo, quando numa sessão trivial por ele descrita, e que nada lhe custou, latas, barris e bancos saltaram pela sala, nem isso o satisfez.

Semelhantes exibições irritam e repugnam minha alta concepção da inteligência do espírito, mas para Mr. Bird eram o que ele mais desejava conhecer. E contradiz-se. No começo declara que consideraria as palhaçadas psíquicas como o seu circo espiritual; depois mostra-se desiludido de que os clowns não apareçam sérios e dignos.

Este Mr. Bird é um cão de maus bofes; procura ossos físicos, e quando os consegue admira-se ele não achar neles substancia.

Tais exibições físicas desagradam aos investigadores inteligentes. Que podemos aprender com elas, sejam genuínas ou não? Claro que nenhuma filosofia de altas consequências. Como substituto de qualquer religião existente será algo desagradável e absurdo. Poderia, por exemplo, a manifestação de campainhas que tilintam no ar substituir a ilusão espiritual da missa dos católicos?

E quando Bird abandona a parte física e esforça-se por estudar ou explicar os aspectos mentais do psiquismo, faz que si próprio uma triste exibição.

Em certa passagem diz que a maioria das mensagens do além rezam assim: "Meu querido, sou muito feliz de comunicar-me contigo. Estou velando por ti. Que prazer isto causa! Tenho que retirar-me. Procure-me de novo." E mais adiante: "A riqueza de detalhes é muitas vezes impressionante e está muito além da possibilidade de ser explicada por conjecturas, nem é possível que o médium conheça tais detalhes". Como explicar estas contradições?

Aparentemente Mr. Bird não possui parentes mortos com quem deseje comunicar-se; ou se os tem, esses parentes com muita sabedoria o evitam. E Bird desvaira incoerentemente sobre a teoria telepática e do subconsciente. Em uma das sessões imagina reconhecer a descrição de sua avó, mas como não pode adquirir a certeza, irrita-se e trata todo o assunto com a maior leviandade. Em outra sessão admite que a descrição dessa avó está conforme, e revela-se tão intrigado que dá grande abundância de detalhes do incidente, de modo a nos deixar consolados de que haja sentido alguma coisa, embora seja a sua insipida avó. Não diz que ela lhe haja falado, de modo que aparentemente ambos se trataram com silencioso desprezo.

Apesar disso, de retorno à América o silencioso espírito abrandou-se, pois, com tola seriedade, Mr. Bird conta que em certa sessão recebeu uma breve mensagem escrita em lousa e assinada "Avó". Dá prazer verificar que este Bird é humano. Por duro que se mostrasse, uma mulher o amoleceu: sua avó, com umas palavras escritas na lousa.

Mr. Bird é um materialista *in excelsis.* Aereamente repele as provas mentais com o grito de papagaio da "telepatia". A telepatia é um inseto que lhe roi a mentalidade. Tem a mente rígida, as ideias estreitas e cristalizadas. Sua limitada compreensão revela-lhe a debilidade quando nas primeiras páginas do livro diz: "Hei de insistir em levar a hipótese telepática ao extremo absoluto". Ele pode chegar ao "extremo absoluto", mas como esperar que um investigador científico faça descobertas ou contribua para o progresso do assunto, se o aborda tão hostilmente e com tais predisposições?

Se a telepatia ou a subconsciência é tudo quanto podemos sugerir para os fenômenos mentais, como explicar por que motivo um médium pode subitamente, num dado instante, fornecer a força que permite ler no subconsciente? Isto requer uma explicação científica que não foi dada nunca, e é tão insusceptível de ser dada como a da misteriosa força que permite a comunicação dos espíritos. Mr. Bird foge ao exame deste ponto quando, falando da subconsciência, diz que "no rude estado atual do conhecimento não há tentar defini-la." Onde está a sua lógica? Como apresentar como explicação uma teoria se não pode ser definida?

O momento chegou de pormos de lado a teoria telepática. Como é possível que os espíritos deem notícias demonstrativas sobre questões que não existem no cérebro do médium nem no dos seus assistentes?

Como explicar o maravilhoso fenômeno da voz que diretamente nos vem diretamente dos espíritos?

Tenho mantido longas e inteligentes conversas com diversos espíritos cujas vozes se revelam claras e audíveis a todos os presentes. E a mesma afirmação fazem muitos homens e mulheres de probidade fora de dúvida.

Uma voz que fala do espaço constitui ao mesmo tempo prova física e mental da inteligência do espírito e destrói de modo absoluto as hipóteses da telepatia e da subconsciência. Mr. Bird vê-se obrigado a admitir que a hipótese da ventriloquia não dá explicação aos poucos e não muito interessantes casos de voz direta que testemunhou. Reconhece que o ventríloquo não pode atuar com eficácia no escuro; não pode enganar o ouvido como engana a vista, fazendo que a audiência olhe para o ponto de onde ele pretende que a voz parte.

Apesar destas admissões Bird aferra-se à telepatia com tenacidade próxima da loucura; e nela fica pendurado, enquanto ondas de fatos ocorrem que o deixam imerso na sua própria estupidez.

Para glória eterna de seus nomes, muitos cientistas devotaram-se à solução do grande problema de demonstrar a continuação da existência depois da morte do corpo na terra. As investigações desses pioneiros, pacientes e exaustivas, são de valor inestimável para o bem-estar espiritual e filosófico do mundo. Nada pois mais grotesco que este americano de cérebro limitado se atreva a imaginar que uma tournée de seis semanas pela Europa, dedicadas a estudos psíquicos, possa dar sentenças finais no assunto. O fato desse homem exprimir suas opiniões de modo tão agressivo constitui um insulto à inteligência das grandes mentalidades que ele não compreende.

Em vez dum esforço contribuitório para a elucidação de um problema cientifico, seu livro está feito com a jornalística preocupação do "furo', e como não é homem que possua qualidades de escritor, meteu-se a copiar o mais que pôde, enfeitando as cópias com vulgares adornos de pacotilha.

Seus comentários, positivos ou negativos, revelam-se igualmente grotescos e ocos de valor. A aceitação, que confessa, de fatos sem importância, só demonstra o grau da sua ignorância. A espaços revela-se inconscientemente humorístico, como, por exemplo, quando diz: "Não posso, sem luta, fazer o vácuo no meu espírito". Evidentemente a luta se travou em que ele tivesse consciência disso.

Que tal livro represente o espírito cientifico do Scientific American é fato que depõe contra tal publicação. Na edição de julho de 1923 aparece um extenso relatório de três sessões celebradas para investigar a autenticidade de um médium, Mr. X. – ou, na realidade, George Valiantine.

Alguns amigos deste médium persuadiram-no a submeter-se a provas, depois que o Scientific American ofereceu 2.500 dólares a quem produzisse fenômenos psíquicos fora de dúvida. Valiantine aceitou sem visar remuneração, apenas desejoso de demonstrar que possuía faculdades psíquicas.

Provas nessas condições nunca dão resultados, mormente quando intervém o dinheiro. Já verifiquei que sempre que a coisa é colocada em bases excessivamente materialísticas os resultados falham.

O Dr. Gardner Murphy, da Universidade de Columbia e Mr. Kenneth Andrews, do New York Herald, foram a Wilkes-Barre para dirigir as duas sessões experimentais com Valiantine. Essas sessões foram bem-sucedidas, causando forte impressão no espírito dos dois investigadores.

As sessões subsequentes realizaram-se em Nova York, na redação do *Scientific American*, diante dum comité de juízes frios, duros, hostilmente cépticos. O relatório foi escrito por Mr. Bird em acentuado tom de indisposição e deslealdade, cheio de contradições e de argumentação lógica.

Pois mesmo debaixo de condições tão adversas houve manifestação de fenômenos que o comité não conseguiu explicar. Durante as primeiras sessões oito diferentes espíritos manifestaram-se aos assistentes. Muito a contra gosto tiveram eles de admitir que as vozes eram perfeitamente distintas uma das outras. Mr. Bird absteve-se de fixar os diálogos. E a excusa que dá é de que as vozes "chegaram com precipitação calculada para surpreender os presentes em transitório estado de incapacidade de observação". Esta confissão revela num investigador científico uma bem débil inteligência.

Mr. Bird declara que "se produziram fenômenos *consideráveis*"; mas foge de descrevê-los. Logo depois se contradiz: "Verificamos que apesar da pobreza dos fenômenos produzidos não podíamos guardar suficientemente a sequência da sessão."

Por que não podiam guardar a sequência? Qualquer inteligência normal pode não só guardar a sequência do que ocorre em duas horas, como também reconstituir quase palavra por palavra a substancia de uma dúzia de diálogos. Se a memória de Mr. Bird é assim tão fraca, como será possível aceitarmos as suas conclusões devastadoras?

Ofuscados, mal-humorados e inquietos à vista de acontecimentos que lhes escapavam a esfera da compreensão, alguns membros do comité lembraram-se no dia seguinte de que estavam no país da eficiência e pediram a ajuda de um ditografo.

Veio o ditografo, que foi instalado às ocultas do médium com medo que os espíritos se aborrecessem ao defrontar esse produto do progresso. Um lance de gênio, não há dúvida. Um lance que lembra aquela de Bottomley, quando deu instruções a Deus para lhe mandar um telegrama segundo o código *John Bull*.

Aparelho mecânico que era, o ditografo asseguraria a imparcialidade. Na sessão havida voltaram a produzir-se fenômenos verdadeiramente notáveis, em que as vozes do além mantiveram conversação; mas embora o *Scientific American* declarasse que "fora tomada boa nota da sessão", não veio a público uma só palavra do que foi dito, nem foi dada a menor explicação do caso.

Em vista do resultado inexplicável das sessões, o comitê convenceu-se de que tinha de fazer algo decisivo, e até Mr. Bird começou a mostrar-se nervoso.

Antes de celebrar a sessão seguinte contrataram carpinteiros e eletricistas que colocassem dispositivos mecânicos ocultos ao médium. A cadeira em que Valiantine iria sentar-se foi disposta de jeito a eletricamente registrar na sala contigua todos os seus movimentos. Tais dispositivos foram arrumados a pressa sob o acicate do desespero.

Pois mesmo a despeito desse mecanismo obstrutor e talvez perturbador das condições físicas necessárias à produção ele fenômenos psíquicos, estes ocorreram. Houve numerosas manifestações. As vozes do além revelaram-se perceptíveis, e Mr. Bird admitiu que manteve longo diálogo com um dos guias do médium, cuja voz vinha do alto da sala.

Pois bem: este comitê, pela maior parte formado ele materialistas céticos, descobriu que o peso do médium não tinha sido registrado durante um período de quinze segundos, e também em outros períodos de tempo variáveis de um, três, seis, nove e quatorze segundos. E com base nisto o comitê negou crédito a Valiantine! A escandalosa decisão firmou-se num ponto de absoluta insignificância; que não provava nem refutava coisa nenhuma. O incidente serve apenas para demonstrar a estupidez e a feroz determinação desse grupo de jornalistas falsamente científicos, havidos na exploração do sensacionalismo impresso.

Com a maior ênfase Mr. Bird ingenuamente declara que se o peso exercido pelo médium sobre a cadeira mostrou-se durante alguns segundos abaixo de 125 libras, isso queria dizer que o médium nesses momentos não se encontrava na cadeira! Basta a inteligência duma criança para compreender que é impossível a quem está por muito tempo sentado deixar de mover-se. A mudança de posição descansa e alivia a tensão dos músculos, além de que é instintivamente que esse mudar de posição se dá quando há diálogos com os sons vindos ora de um ponto ou de outro; quem ouve, claro que se volta para uma direção ou outra, afim de aproximar-se da voz. Uma inclinação para a frente com as mãos apoiadas sobre os joelhos, basta para diminuir de metade a pressão do corpo sobre a cadeira. Há também a observação científica de que quando um fenômeno se manifesta o ectoplasma emanado do corpo do médium reduz o seu peso, em alguns casos, até de 60 libras. Muitos trabalhos de ciência existem com investigações sobre este ponto.

O *Scientific American* teve o desplante de publicar com grande relevo de títulos o "Paralelo Fatal", onde apenas se diz que o peso total de Valiantine não foi registrado durante alguns segundos!

Esses homens deram uma decisão condenatória apesar de terem assistido a notáveis fenômenos de voz direta, debaixo de todos os controles possíveis e apesar de Mr. Bird haver dialogado com o além durante espaços de tempo dez a vinte vezes maiores que o espaço em segundos em que o "movimento" do médium foi registrado.

Nada mais lamentável do que as contradições de Mr. Bird. Num ponto diz que as conversas foram breves, resumindo-se a uma frase; em outro alude a "longas falas" ou diálogos que ele mantivera com as "supostas vozes espirituais".

Eu sei que Valiantine provou. Eu sei que Scientific American nada provou. Toda a grande objeção se resumiu ao aferro a essa palhinha da mudança de peso do médium – e com o maior desplante foi isso dado como prova acusadora. Nem sequer os raros momentos de mudança de peso coincidem com os longos período da manifestação das vozes. Se o médium se moveu durante alguns segundos e esse movimento se relaciona à manifestação das vozes, por que motivo os aparelhos registradores deixaram de registrar tais "movimentos" durante todo o tempo em que as vozes se manifestaram? Se assim fosse, então seria possível estabelecer uma ilação qualquer entre os dois fenômenos.

Pois com base no grotesco relatório de Bird o comitê teve a audácia de repudiar a autenticidade da mediunidade de Valiantine!

Com o conhecimento pessoal que tenho deste homem minha opinião é que a maioria dos membros desse comitê não passa de perfeitos imbecis.

Mr. Richard Worrall, que se achava presente, afirmou que aqueles investigadores o haviam desgostado e aturdido. Pela imprensa declarou que o modo como trataram Valiantine não somente foi cruel como injustificável, porque nem sequer levaram até o fim as provas.

Outro ponto que deliberadamente a má fé de Mr. Bird esconde. Valiantine trazia nos pulsos braceletes fosforecentes, visíveis na obscuridade. Esses braceletes luminosos não mudaram nunca de lugar. Como explicar isto a vista da teoria do comitê, de que Valiantine andou pela sala?

O *New York Times* consagrou quatro colunas ao debate deste assunto em dezembro de 1923, seis meses depois das provas, e publicou artigos de Conan Doyle e Bird. Conan Doyle meteu a riso a decisão do comitê, e Mr. Bird reconheceu que quatro dos membros admitiam que sob certas condições era provável que se produzissem fenômenos psíquicos.

Conan Doyle mencionou alguns detalhes das experiências que fiz com Valiantine em Arlena Towers e disse no resumo: "O comitê, sem dúvida, tinha de julgar de acordo com suas próprias experiências, mas o público pode ampliar o campo de base ao julgamento, e eu cito as experiências de Mr. Dennis Bradley como de muito maior peso a favor de Valiantine do que as feitas pelo comitê."

Muito significativo que a resposta de Mr. Bird a Conan Doyle pule sobre esse ponto.

Como psicólogo, observador e investigador, creio que possuo muito mais conhecimento e experiência do que a maioria dos membros do comitê, e estou convencido de que

Valiantine é um dos maiores médiuns do mundo. A maneira como o grupo do *Scientific American* o tratou foi simplesmente vergonhosa. Essa publicação tinha empenho em salvar os 2.500 dólares prometidos, e sacrificou a verdade pelo dinheiro. Isto não passa de pura prostituição.

A regra adotada pelos comités investigadores é sempre a mesma. Cuidam de criar uma atmosfera tão hostil que evitem a produção de fenômenos psíquicos de alto interesse. Se aceitamos a existência de espíritos em plano superior ao nosso, temos de imaginar que se recusem a prestar-se às palhaçadas dos materialistas céticos.

O estado mental adequado ao cultivo dos estudos psíquicos é fazê-los de espírito aberto, sem ideias preconcebidas e sem a teimosia da mentalidade dos asnos.

* * *

Devo frisar que este capitulo foi feito em dezembro de 1923, antes que Valiantine viesse à Europa. O assombroso acúmulo de provas que recolhi na presença de muitos dos mais brilhantes homens e mulheres da Inglaterra está enfeixado no Livro II, e demonstra maravilhosamente o poder mediúnico de Valiantine.

Volto a repetir que o tratamento dispensado pela gente do *Scientific American* foi o mais injusto. Atitudes como a dessa publicação constituem ameaças para o progresso científico, e enquanto seus "peritos" não estiverem em situação de abordar o assunto com isenção de animo, muito melhor que guardem silêncio e deixem o estudo entregue a inteligências menos elementares e menos viciosas.

XII - Autora de uma era nova

O autor despede-se dos seus leitores – A estúpida mentalidade dos rebanhos – Sugestão Às igrejas – Minha filosofia – "EU SEI"

Leitor: peço a aceitação da sobrevivência com base nas provas que dei.

A vida na terra é uma fase da nossa vida.

Nosso espírito é eterno.

O corpo humano é o envoltório da alma, do qual nos desprendemos no instante da morte – isto é, no momento em que nascemos para a maravilhosa fase de vida do além.

Esta é a ordem da vida eterna.

As teorias regressivas têm que ser abandonadas afim de que o campo se desembarace para a floração das ideias novas.

Temos que aceitar o fato da sobrevivência e da comunicação com os espíritos, já liberados do envoltório corporal. Este conhecimento constitui a filosofia nova – a verdadeira.

Como aplicá-la à ciência, às religiões, às raças e à arte? E sobretudo como aplicá-la à compreensão individual?

Ponho de lado a mente insensata do rebanho, condenado a séculos de experiência antes que chegue às regiões da inteligência. Nesse rebanho coloco os materialistas recalcitrantes, os sabios que se dedicam à destruição e bem protegidos no fundo de laboratórios inventam gases letais; as damas bem vestidas e de virtude inquieta que cozem suas emoções em câmaras aquecidas artificialmente; os pedantes suburbanos que declamam vulgaridades diante de bicos de gás; os políticos hipócritas que nas salas do conselho tramam a destruição dos seus semelhantes.

Todas estas criaturas representam a parte animal da humanidade – ou a inumanidade. Passam o tempo brunindo suas espadas para a conquista de prêmios rutilantes – a rutilância da decadência.

O futuro mostrará que a comunicação com os espíritos está inexplicavelmente relacionada tanto com os elementos científicos como com os espirituais – e isto explica a função do médium.

O médium é um instrumento receptor por meio do qual se manifesta a voz de um espírito comunicante. Provei que estas vozes se ouvem e mantêm longas conversações demonstrativas de inteligência; mas o segredo da produção do fenômeno é um mistério para nós. Lembra o da telegrafia sem fios, incompreensível, mas realizável. Apoio-me aqui nas revelações de W. A. e outros que aludem à delicadeza das vibrações psíquicas.

Muito possível que haja uma corrente éterea que se estenda até outras esferas. Ao fazer esta conjectura acode-nos que se há dez anos atrás alguém falasse nas maravilhas do rádio provocaria sorrisos de comiseração.

O mistério ainda não é explicável. Não sou homem de ciência, mas encontro sumamente difícil compreender como posso estar em minha casa e ouvir uma voz que fala na América – coisa hoje de corriqueira realização.

Embora eu proclame ter firmado com provas inatacáveis a comunicação real e audível com espíritos desencarnados, não creio que se possa conseguir muito mais com os fenômenos físicos vulgares, tais como o movimento de objetos e a materialização de formas. Nos estudos psíquicos os fenômenos físicos equivalem a brinquedos de criança.

Temos o fenômeno da indução elétrica – lâmpadas que se acendem sem estarem ligadas a fonte de energia. Temos o fenômeno da transmissão dos sons sem nenhum condutor material. Se estas coisas se tornaram possíveis, é natural que os fenômenos produzidos pelas forças psíquicas se tornem suspeitos de causas similares. Só os fenômenos mentais serão aceitos no futuro – só eles se relacionarão ao além.

Se aceitamos a sobrevivência do espírito, o médium tem que ser considerado uma espécie de receptor vivo; e se sabemos que uma mensagem pode dar sete voltas em redor da planta no espaço de um segundo, claro que mensagens similares podem ser transmitidas de outra esfera a nossa.

Logo que o mundo aceite esta possibilidade os homens de ciência terão que pôr-se de acordo para o estudo do fenômeno, reunindo todas as pessoas possuidoras de faculdades mediúnicas. Estas pessoas deverão ser protegidas e desenvolvidas do modo mais conveniente para a intensificação de suas faculdades. Serão postas a serviço do progresso da humanidade, no campo da ciência, da arte e da filosofia

Sendo possível comunicar-nos com inteligências superiores de outros planos e assim alcançarmos uma filosofia superior, a estrada do conhecimento humano torna-se ilimitada.

Creio que o maior progresso será a comunicação mental direta e individual com os espíritos, o que já se vem fazendo em casos isolados. Muitas criaturas possuem faculdades supranormais. O gênio é um caso aceito de supranormalidade. Nenhum artista pode dizer de onde vem a sua inspiração. Só sabe que chega, qual um relâmpago. Influenciação de inteligências superiores e afins?

Constitui contrassenso esperar que um espírito adquira alta inteligência imediatamente depois da sua partida da terra. No plano imediato ao nosso haverá certamente uma infinidade de graus de inteligência, do mesmo modo que na terra – e as comunicações registradas mostram que é assim. A personalidade, o pensamento e as características individuais formadas na vida terrena vão sempre se desenvolvendo depois que os embaraços materiais cessam de atuar em nós.

Todos somos espíritos oprimidos pelo envoltório grosseiro do nosso corpo e quando esse corpo perece não se produz em nosso eu espiritual nenhuma mudança brusca. Não nos convertemos instantaneamente em deuses. Por que havia de ser assim, se com a morte apenas começamos a nossa verdadeira existência? Quem pode definir a mente? Nossos corpos vivem em ação, mas a mente é invisível. Absurdo admitir a descontinuidade da existência da mente.

Seria tão néscio como dizer: "Não posso ver a sua mente e por isso não creio que você tenha mente e seja capaz de pensar."

O corpo é um autômato apenas. Manifesta o espírito. Mas se atribuímos eternidade ao espírito, não se segue que devamos esperar que os espíritos nos falem com sabedoria divina.

Outra insensatez está nas religiões repelirem este novo salto no conhecimento. Em futuro próximo terão de mudar de atitude e decidir sobre as novas formas a dar a sua estrutura. Nossos bispos e arcebispos terão de pregar a sobrevivência. As Igrejas não gostarão disto porque têm feito da condução do rebanho um meio de vida – mas o rebanho despertará.

Fui educado no catolicismo romano, cujas belezas ainda exercem efeito sobre mim. Mas a atitude da igreja católica para com o espiritismo tem sido dogmaticamente hostil. Não chegou à insensatez de negar a comunicação com os espíritos, mas desaprova-a, alegando que só os espíritos malignos descem a terra. Muitas pessoas também sugerem que a comunicação com os espíritos é algo mórbido. A Igreja tem grande força e sua autoridade governa autocraticamente os milhões de fiéis dos seus rebanhos. Sou de parecer que a comunicação com espíritos é perigosa para as pessoas de mente pouco desenvolvida. Exige grande esforço mental; só possível aos muito fortes. Além disso, as atuais possibilidades fe comunicação mostram-se extremamente difíceis para que todas possam obter provas individuais. Isso justifica em parte a atitude da religião neste ponto.

A religião é necessária ao homem, e qualquer que seja ela resulta em bem para a humanidade. É necessária às nossas escolas. Não posso conceber Elton, Harrow, Dowrside, Beaumont, Stonehurst e Winchester sem a disciplina da religião.

Seria absurdo que por causa deste novo conhecimento psíquico se alterassem religiões que têm sobrevivido através dos séculos. Trata-se, pois, de uma simples questão de aceitação e aplicação.

Durante dois mil anos a Igreja Católica fomentou a cultura artística. Sua parte sensorial constitui um maravilhoso atrativo. Beethoven, Weber, Gounod, Mozart e todos os grandes compositores deram-lhe a divina inspiração de sua música. O mesmo fizeram os grandes pintores, escultores e arquitetos. Há muita arte acumulada nas igrejas e seria vandalismo destruir essa grande criação só porque entramos na posse dum novo conhecimento – o qual, em parte, é confirmatório da ideia de sobrevivência de todas as religiões.

Minha filosofia não terá transcendência, mas ofereço-a pelo que vale. Não posso aceitar, nem aceitarei nunca, uma religião que não condene a guerra como um crime pior que o assassinato. Enquanto as igrejas aprovarem esta iniquidade só sentirei repugnância por essa hipócrita negação de Deus, dos princípios de Cristo e do amor à humanidade.

O mundo tem que iniciar uma nova aprendizagem. A despeito de todos os progressos materiais não passamos de pobres criaturas que procuramos decifrar os mistérios da eternidade.

O homem defronta a sua insignificância e a do mundo que habita quando reflete sobre a imensidão do Universo. Em Harvard foi medida a distância duma constelação: seis trilhões de milhas da terra. A luz tem a velocidade espantosa de 186.000 milhas por segundo e os raios do sol gastam oito minutos e meio para chegar à Terra. Pois a luz dessa constelação, viajando 186.000 milhas por segundo, levará um milhão de anos para alcançar-nos. Este exemplo nos dá pálida ideia do infinito do tempo e do espaço, e nos mostra que os poucos milhares de anos de desenvolvimento que temos na Terra não passam de uma simples fração do pensamento.

Só uma coisa verdadeiramente grande o homem produziu: o orgulho, a presunção. Visto das alturas supremas o nosso miserável pingo de planeta não terá mais importância do que um pequeno inferno ocupado por uma multidão de crianças selvagens.

Temos de esforçar-nos por apreender um novo conceito da eternidade.

Nossa ideia de espaço e tempo é muito relativa. Havemos que por de lado a nossa arrogância e admitir que o tão famoso progresso da nossa civilização nada conseguiu de valor nos domínios do pensamento. Tudo quanto aprendemos na terra só o empregamos para o mal, mas isso não é motivo para que desesperemos. Uns tantos mil anos constituem um momento mínimo da eternidade. Dentro do Universo somos embriões, e quando estivermos a dar os nossos primeiros passos havemos de ter horror às ideias que tivemos. Antes de mais nada é preciso curar-nos da disenteria do materialismo; sem isso não chegaremos à compreensão do espírito eterno.

Quando o mundo entrar na posse de uma sabedoria superior verá que ela é de uma perfeita simplicidade. A virtude da vida deve ser o amor. A obra da vida deve ser a expressão do indivíduo e o desenvolvimento da personalidade. A doutrina do temor de Deus é um insulto à Suma Inteligência. Inferno e céu são visões que formamos em nós mesmos.

A materialização de milagres tais como a telefonia sem fios, a eletricidade e o rádio foram possíveis graças à mediação do pensamento. O pensamento faz parte do espírito e é o instinto criador.

Que somos todos nós senão indefiníveis partículas de protoplasma que graças ao pensamento do homem e ao amor da mulher deixam de ser átomos para converter-se em personalidades vivas, com extraordinários poderes para o bem e o mal?

Desta partícula milagrosa que dentro de si contém o espírito forma-se o corpo que nos envolve. No transcurso da nossa vida na terra a mente humana se desenvolve e nossos pensamentos vão inventando e criando mais e mais materializações, que decaem quando chega o tempo; a parte material do nosso corpo é perecível – só a alma e a mente são eternos.

A obsessão do materialismo é a desgraça do mundo.

A guerra é a bestialidade inspirada por governantes covardes, mas astutos, que só visam a vantagens materiais.

Ao acúmulo de riquezas e à vulgaridade da força material o rebanho consagra o respeito adulador, enquanto a arte, a filosofia e o amor depurados são tidos como coisas mínimas.

A matéria decai, e a apavorante aceitação do materialismo só pode acarretar decadência. Por esse motivo está o mundo na situação que sabemos.

A civilização encontra-se numa encruzilhada. O fumo do materialismo empanou todos os sinais dos caminhos. Um dos caminhos leva ao inferno da destruição, que é a guerra; outro leva ao reino do conhecimento de onde surge a paz. Os homens de ciência erguem-se na encruzilhada como diretores do tráfego humano. O pensamento desses homens decidirá sobre o caminho que o rebanho tomará. Entrada que seja no caminho da destruição, o heroísmo de nada valerá diante da matança científica. Mas entrada no caminho do Conhecimento, a pobre humanidade vacilante encontrará de novo a virilidade.

Qualquer que seja o caminho escolhido pelos homens de ciência, a mim pouco se me dá sua decisão, porque sei que dentro do incompreensível desígnio da vida humana está uma sabedoria superior que não podemos conceber. Os seres humanos dispõem de livre arbítrio para se desenvolverem até certo ponto; mas quando o esquema total do pensamento está ameaçado, a inteligência superior revela-se com a sua influência guiadora.

* * *

Este livro não passa de um prólogo.

Havemos que baixar o pano antes que comece o magnífico drama da existência real.

Não importa que em meu auditório haja néscios que olham de soslaio ou homens sensatos capazes de nobres emoções.

Não sou nenhum missionário. Não fiz mais do que representar meu papel de espectador num drama mental assombroso. Se eu quisesse impor minhas opiniões ao rebanho, igualar-me-ia aos caudilhos vulgares que prostituem o pensamento.

Mergulhei nas profundidades e subi às alturas. Suportei agonias da dor mental e experimentei os êxtases da alegria.

Pouco se me dá a opinião do mundo, porque o mundo não pode dar opinião; há dez anos esse mundo só revela a imunda mentalidade da destruição.

Este livro faz um bosquejo da sobrevivência humana, baseado na revelação das vozes diretas dos espíritos.

Que Igreja, que profeta, jamais ofereceu tanto?

Que realidade apresentaram os profetas do passado, além de vagas e imprecisas manifestações?

Que realidade pode oferecer qualquer igreja?

Que há de tangível nas promessas das religiões? Que há nelas mais que a promessa de uma vaga sobrevivência na paz inalterável? A inteligência humana tem o direito de exigir coisa mais substancial.

Pois aqui ofereço a prova de um Além infinitamente mais sugestivo do que quantos já foram dados aos homens.

Por um estranho concurso de condições tive ensejo de sondar nas ocultas profundidades do conhecimento. Parte do que descobri está enfeixado nesta obra. E é tudo quanto, posso conceder.

Os que querem fazer na vida descobertas de valor, podem fazê-lo, se se sacrificam. Mas nada tenho com isso.

A esplêndida compreensão das altas inteligências das outras esferas é muito atrativa, e a filosofia que captamos faz-nos sorrir das hipocrisias deste mundo.

O amor, livre das leis dos homens, é a coisa suprema da criação.

O ódio é o pensamento repugnante que só conduz à destruição.

Amor ou ódio? Matéria de escolha. São os elementos espirituais e materiais.

Nos grandes problemas tratados neste livro limito-me a narrar fatos e a dizer como sobre eles eu filosofo. Apresento um balanço e deixo que os leitores formem sua própria opinião. É a parte que lhes cabe.

A investigação que empreendi chegou ao fim.

Já não me baseio em crenças.

Eu sei.

FIM

Lendas do Celeste Império

CHIANG SING

Formato 14 x 21 cm • 160 p.

Contar histórias é uma antiga habilidade chinesa. Os contadores de histórias eram muito queridos pelo povo chinês. Eles percorriam cidades e aldeias e, diante um auditório modesto, tanto em freqüência como em cultura, contavam histórias escritas pelos grandes sábios, ou mesmo colhidas entre o próprio povo, pois acreditavam que por trás de cada mito se ocultava uma verdade perdida. E assim, conduziam aqueles que os ouviam a um mundo de maravilhas e magias, em que tudo é possível.

Os contos que compõem este livro possuem um rico conteúdo simbólico. Para compreendê-los plenamente, precisamos ler com os olhos do espírito. Somente então compreenderemos as mensagens místicas ocultas sob o véu da palavra. Em *O Dragão Dourado* viajamos pelo mundo magico dos elementais, *O Sortilégio de Angkor* aborda "o eterno ciclo do retorno" ou a Roda de Sânsara, já *A Lenda da deusa Kuan Yin* nos conduz a uma aventura ao Astral inferior, em que nos sensibilizamos imensamente com a dor de seus habitantes.

Lendas do Celeste Império é mais uma primorosa obra escrita por Chiang Sing, cujos contos fantásticos são verdadeiros veículos de acesso às grandes verdades espirituais.

RUMO ÀS ESTRELAS

foi confeccionado em impressão digital, em agosto de 2019

Conhecimento Editorial Ltda

(19) 3451-5440 — conhecimento@edconhecimento.com.br

Impresso em Super Snowbright_b 70g